湖南省高新区
创新发展绩效评价研究报告

2022

Hunansheng Gaoxinqu Chuangxin Fazhan Jixiao Pingjia Yanjiu Baogao

湖南省科学技术信息研究所　　著

中南大学出版社
www.csupress.com.cn

· 长沙 ·

图书在版编目(CIP)数据

湖南省高新区创新发展绩效评价研究报告.2022 /
湖南省科学技术信息研究所著. —长沙：中南大学出版
社，2023.2

ISBN 978-7-5487-5289-9

Ⅰ. ①湖… Ⅱ. ①湖… Ⅲ. ①区域经济发展—研究报
告—湖南—2022 Ⅳ. ①F127.64

中国版本图书馆 CIP 数据核字(2023)第 033368 号

湖南省高新区创新发展绩效评价研究报告 2022
HUNANSHENG GAOXINQU CHUANGXIN FAZHAN JIXIAO PINGJIA YANJIU BAOGAO 2022

湖南省科学技术信息研究所 著

□出 版 人	吴湘华	
□责任编辑	刘锦伟	
□责任印制	李月腾	
□出版发行	中南大学出版社	
	社址：长沙市麓山南路	邮编：410083
	发行科电话：0731-88876770	传真：0731-88710482
□印　　装	长沙玛雅印务有限公司	

□开　　本	889 mm×1194 mm 1/16	□印张 11	□字数 324 千字
□版　　次	2023 年 2 月第 1 版	□印次 2023 年 2 月第 1 次印刷	
□书　　号	ISBN 978-7-5487-5289-9		
□定　　价	138.00 元		

湖南省高新区创新发展绩效评价研究报告 2022

编委会

前 言

为认真贯彻党的二十大精神，全面落实"三高四新"战略定位和使命任务，以高新技术产业开发区（以下简称"高新区"）高质量发展引领"五好"园区建设，加强对湖南省高新区的分类指导、绩效评价和动态管理，根据国务院、科学技术部、湖南省政府相关文件精神，湖南省科学技术厅持续对全省高新区开展了创新发展绩效评价工作。《湖南省高新区创新发展绩效评价研究报告2022》（以下简称"《报告》"）是基于2021年度湖南省高新区创新发展绩效评价工作的研究成果，为系列报告的第5期。

《报告》评价对象为2022年1月1日前认定的湖南省49家高新区，包括8家国家高新区和41家省级高新区，实际参与本年度评价排名的高新区为46家（望城、开福和衡阳白沙绿岛高新区未参与评价排名）。《报告》采用《湖南省科学技术厅关于印发〈2022年高新区创新驱动发展综合评价考评办法〉的通知》（湘科发〔2022〕63号）文件印发的指标体系。指标体系由创新能力和创业活跃度、结构优化和产业价值链、绿色发展和宜居包容性、开放创新和国际影响力、综合质效和持续创新力5项一级指标组成，下设27项定量指标，权重占90%；1项定性指标，权重占10%，共28项二级指标。

《报告》从"五好"（规划定位好、创新平台好、产业项目好、体制机制好、发展环境好）角度总结了全省高新区2021年的发展成效，并对全省高新区整体创新发展情况以及创新发展指数情况进行了分析研究，从创新资源配置、产业结构优化、绿色安全发展、协同开放创新、综合质效提升五个角度提出相应的发展建议；围绕28项二级指标对全省高新区进行分模块、全方位地分析，并对参与评价排名的46家高新区进行个性化剖析，分析其创新发展优劣势，提出对策建议。《报告》从不同层面对全省高新区2021年度创新发展情况进行客观地监测和评价，以期为各级党委政府加强对高新区的分类指导、动态管理和服务优化等提供决策支撑，为各高新区管委会加强园区建设提出对策建议，为关注和研究高新区发展的研究人员提供参考，为社会各界关心关注湖南省高新区发展提供窗口，共同唱响湖南省高新区高质量发展序曲，见证科技创新发展力量。

《报告》在相关研究和撰写过程中得到了省科学技术厅、省统计局、省自然资源厅、省生态环境厅等单位和国家高新区发展战略研究会常务副会长宋捷先生的大力指导与支持，在此，谨代表编委会致以诚挚的感谢！

奋进新征程，建功新时代。《湖南省高新区创新发展绩效评价研究报告2022》将按照国家、科技部和省委省政府对高新区高质量发展要求，坚持又"高"又"新"发展方向，持续跟踪、监测和评价全省高新区创新发展成效，切实把党的二十大精神真正转化为推动高新区高质量发展的实绩实效，为湖南省打造具有核心竞争力的科技创新高地作出新的更大贡献，在奋力推动全面建设社会主义现代化新湖南中彰显责任担当。

编委会

2022 年 12 月

目 录

第一篇 湖南省高新区创新发展综合分析

1

第三篇 湖南省高新区创新发展园区分析

湖南省高新区创新发展绩效评价研究报告2022

Hunansheng Gaoxinqu Chuangxin Fazhan Jixiao Pingjia Yanjiu Baogao 2022

第一篇

湖南省高新区创新发展综合分析

第一章　湖南省高新区 2021 年创新发展成效

　　湖南省高新区作为实施创新驱动发展战略的重要载体，是全面落实"三高四新"战略定位和使命任务的主战场，是打造具有核心竞争力的科技创新高地的主力军。2021 年，参与评价排名的 46 家高新区以占全省 139 家省级及以上产业园区（以下简称"园区"）33.09%的数量，完成了全省园区 43.77%的技工贸总收入、40.38%的园区生产总值、46.59%的规上工业企业营业收入、41.06%的上缴税金，亩均生产总值、亩均税收、亩均固定资产投入分别达 95.94 万元/亩、12.07 万元/亩、77.01 万元/亩，在规划定位好、创新平台好、产业项目好、体制机制好、发展环境好等方面取得了显著成效。

一、规划定位好，高新区发展路径更加明晰

　　各级党委、政府高度重视高新区创新发展，坚定不移突出创新驱动发展示范区和高质量发展先行区的"两区"新使命，不断强化顶层设计规划布局，鼓励高新区根据产业属性和资源禀赋规划发展路径，高新区队伍不断壮大，发展质效不断提升。

　　顶层设计"办法"，高新区认定管理进一步规范。湖南省科学技术厅、湖南省发展和改革委员会联合出台《湖南省省级高新技术产业开发区认定和管理办法》（湘科发〔2021〕121 号，以下简称"新《认定管理办法》"），完善了"十四五"时期高新区创新发展的顶层规划设计。新《认定管理办法》依据《国务院关于促进国家高新技术产业开发区高质量发展的若干意见》（国发〔2020〕7 号）、《湖南省人民政府办公厅关于创建"五好"园区 推动新发展阶段园区高质量发展的指导意见》（湘政办发〔2021〕19 号）等文件，进一步规范了认定条件和认定程序，明确了省市县与园区联动管理机制。石门县、炎陵县、华容县、邵阳县、衡阳市白沙绿岛 5 家园区成为"十四五"期间首批认定的省级高新区，全省高新区数量达 49 家。

　　科学编制"规划"，高新区谋定"十四五"发展蓝图。各高新区围绕生产、生活、生态"三生"融合目标，高起点谋划"十四五"园区发展，推进规划形态、园区业态、产业生态"三态"协同发展。组织开展专题研究，科学研判新时期高质量发展要求，找准园区在全国和全省发展大局中的目标定位，充分发挥区位交通、资源禀赋、科创资源、产业基础等比较优势，确定主导产业、特色产业和未来产业，推动高新区高质量发展。如长沙高新区编制《长沙高新区"十四五"科技创新发展规划》，高质量谋划打造具有世界影响力的高科技园区；娄底高新区出台《娄底高新区"十四五"发展规划》，高质量谋划打造具有全国影响力的"材料谷"，建设新材料和智能制造产业创新中心；株洲、湘潭、湘西等多数高新区均谋划编制了"十四五"规划。

二、创新平台好，高新区内生动力不断增强

全省高新区持续推进创新研发和创业孵化体系建设，引导高校、科研院所等优势科技创新资源向园区聚集，科技创新成果不断涌现，创业孵化能力不断提升，有力夯实了高新区高质量发展基础。

高能级研发平台加速布局。 全省高新区积极推动校地、校企合作，着力推进产学研用一体化建设，鼓励支持企业与高校、科研院所合作共建新型研发机构、重点实验室、工程技术研究中心等研发平台，推动更多创新资源向园区汇聚。2021年，全省高新区建成省级及以上研发机构1422个（含国家级研发机构199个），占全省园区总数的68.10%。高水平科技创新平台的涌现，带动全省高新区科技创新实力稳步提升。如长沙高新区积极推动国家第三代半导体技术创新中心（湖南）、湖南省先进技术研究院等九大创新平台成功落户，高新技术承载实力不断增强；株洲高新区集聚国创轨道、国芯科技等八大平台企业，组建一体化平台系统为轨道交通领域创新发展提供有力保障。

创新投入产出交易活跃。 高新区进一步加大财政科技投入力度，引导企业加大研发投入，加强关键核心技术研发，并取得丰硕成果。2021年，全省高新区规上工业企业研发经费投入占其营业收入的比重为2.38%，高于全省平均水平0.23个百分点，高于全国平均水平1.05个百分点；新增专利申请授权数15290件，同比增长19.16%，占全省园区的52.70%，其中新增授权发明专利4828件，同比增长53.61%；完成技术合同交易额376.96亿元，同比增长49.85%，占全省园区的52.38%；高新区人均技术合同交易额达2.39万元/人，同比增长34.84%，保持高速增长态势。

全链条孵化体系日益完善。 全省高新区已逐步建立起"众创空间+孵化器+加速器+产业园"的全链条创新孵化体系。2021年全省高新区拥有省级及以上孵化载体215个，占全省园区的47.57%；其中国家级科技企业孵化器21个，国家备案众创空间33个，国家大学科技园2个；当年全省新增的6家国家级科技企业孵化器全部落户于高新区；长沙高新技术产业开发区创业服务中心、长沙中电软件园有限公司、株洲高新技术产业开发区动力谷科技创新服务中心、岳阳城陵矶临港产业新区科技创业服务中心等4家国家级科技企业孵化器获评优秀；2021年，98%的高新区组织或举办多场创新创业活动，半数以上的高新区举办或承办湖南省创新创业大赛。

三、产业项目好，高新区核心实力持续攀升

全省高新区持续推进企业创新主体培育，强化产业协同创新发展，坚持高水平"引进来、走出去"，逐步构建起上下贯通、集群创新的产业生态，培育了一批具有核心竞争力的创新型产业集群。

企业创新主体队伍持续壮大。 2021年，全省高新区各类入园企业达25663家，同比增长10.5%，占全省园区的36.74%；拥有高新技术企业4399家、科技型中小企业4424家，同比增长分别为20.32%、47.12%，占全省总数的39.76%、38.80%；全省12家科创板上市企业有9家在高新区，占比达75%，全省高新区逐步形成支撑高新技术产业发展的企业群体。长沙高新区构建了"雏鹰企业—瞪羚企业（小巨人）—冠军企业"的梯度培育体系；株洲高新区采取"梯次并进"式、"育苗造林"式等高新技术企业与科技型中小企业培育方式，支持科技型企业发展壮大。

高新技术产业集群持续扩容。 2021年，全省高新区实现高新技术产业主营业务收入1.43万亿元，同比增长18.05%，高新技术产业主营业务收入占技工贸总收入的比重达57.22%，同比提高3.3个百分点，高出全省园区8.29个百分点；实现高新技术产业增加值3561.71亿元，同比增长

20.09%，占全省园区的 50.53%。岳阳临港高新区的智能制造装备、常德高新区的重大成套设备制造、湘潭高新区的风能产业、娄底高新区的建筑工程机械制造 4 个创新型产业集群入选科技部 2021 年度创新型产业集群试点（培育），全省入选总数 6 家，居全国第 5、中部第 2。

对外开放水平持续提升。2021 年，全省高新区实现招商引资总额 2309.93 亿元，其中实际使用外资额 12.90 亿美元，同比增长 161.02%，占全省园区的 77.64%；实际使用省外境内资金额 2226.70 亿元，同比增长 34.18%，占全省园区的 44.17%，展现出良好的招商引资吸引力。全省高新区进出口规模稳中有升，实现进出口总额 1281.67 亿元，同比增长 14.60%，其中衡阳、郴州和隆回等高新区抢抓湘南湘西承接产业转移示范区建设机遇，出口额持续快速增长。全省高新区积极参与国际标准和规则制定，加大产品国际认证力度，新增国际标准和境外专利授权数 297 件，同比增长 74.71%，国际知识产权保护水平进一步提升。

四、体制机制好，高新区先行先试成效显著

全省高新区持续深入推进管理体制机制改革，有效发挥改革探索"试验田"的作用，在管理模式、园区合作、科技金融等方面，形成了一批典型性经验成果。

管理创新实践出新模式。高新区认真落实全省园区体制机制改革文件精神，推行"小管委会+大公司"管理模式，实行大部制运行机制，精简提效管理机构，强化园区经济管理、产业发展、科技创新等方面功能定位，进一步突出园区主责主业，内生动力进一步增强。湘潭高新区优化组织架构、强化经济功能定位，产业、科创等主责主业部门占比达 71%、人员占比达 75%；湘西高新区实行"管委会+部门+办"扁平化运行模式，管委会内设部门由原来的 15 个精简为 7 个，促进管理机构高效运行；宁乡高新区授予委属集团公司一定事项决策权，支持集团公司自主运营决策，建立与市场化相匹配的快速反应机制，赋予园区发展新动能。

协同创新探索出新路径。全省高新区不断深化"园园合作"，加快推进资源共享、产业共建。岳麓高新区、雨湖高新区、荷塘产业开发区开启全省首个三地园区先行合作联盟，签订《长株潭区域一体化园区"一体三互"先行战略合作框架协议》，实现了三区"规划、产业和服务三位一体"和"产销互供、招培互补、人才互动"的"一体三互"战略合作，共同推进长株潭一体化"产业同兴"。韶山高新区与雨花经开区合力打造了长株潭地区首个飞地园区——雨韶智能制造产业园，打破了行政区划限制，打造"飞地经济"样板。

服务创新试点出新政策。试行知识价值信用贷款风险补偿，印发实施《湖南省科技型企业知识价值信用贷款风险补偿试点实施办法》，长沙、湘潭和株洲高新区首批开展科技型企业知识价值信用贷款风险补偿试点，为解决科技型企业贷款难、首贷难等问题探索了方法和路径。开展企业积分制评价，长沙高新区成为科技部首批 13 家试点单位之一，积极探索企业创新积分制，完成 4000 多家科技型企业数据集成，打造线上创新积分查询、百强榜单发布、政策精准推送、企业增信支持（金融超市）、重点企业培育、政策评价引导、人才服务等七大运用场景，得到科技部火炬中心肯定。多元探索科技金融产品，雨湖高新区推动"中小微企业助力贷"等金融产品落地见效，为湘潭固可得等入园企业争取融资近 3500 万元；韶山高新区充分发挥产业引导基金作用，与第三方共同组建基金管理公司，成立产业基金扶持园区产业发展。

五、发展环境好，高新区"三生"融合稳步推进

全省高新区积极践行新发展理念，持续深入推进"放管服"改革、绿色园区建设、产城融合发展，行政高效、绿色低碳、宜居宜业成为园区的普遍形态。

"放管服"改革持续深化。全省高新区深入推进"放管服"改革，持续推进相对集中行政许可权改革；部分高新区全链条承接人民政府放权赋能，优化企业全生命周期服务，打造"一件事一次办"园区版，实现"园区事园区办"，高新区行政审批服务效能进一步提升，市场活力和社会创造力持续激发。湘潭、株洲、常德和怀化高新区进入全省园区 2021 年度营商环境评价排名前 10 位。湘潭高新区承接了新下放的 204 项权限，全面实施"拿地即开工"、产业项目"闭环"审批等改革；株洲高新区率先实现企业开办"一窗办理"，46 项高频事项实现长株潭"跨域通办"，放管服改革经验获全省宣传推介；常德高新区对项目审批实行"全程代理"，让企业"最多跑一次"，实现项目供地"四证齐发""交地交证即开工"；怀化高新区"标准地+承诺制+代办制"改革经验，获省委深改委和省政务管理服务局在全省推广，经省人民政府批准成为湖南省第一家相对集中处罚权试点单位。

绿色园区建设持续推进。高新区深入实施绿色制造工程，加快构建绿色制造体系，布局了 5G、AI、新材料、新能源等与碳达峰、碳中和息息相关的高新技术产业，打造绿色制造先进典型，从追求经济总量扩张向绿色化、低碳化、安全化、循环化转型发展。2021 年全省高新区污水集中处理设施外排废水监控达标率 100%，空气质量指数优良平均天数达 336.5 天。长沙、常德、道县、桃源、洪江、汨罗和邵阳县高新区获评 2021 年度湖南省绿色园区。

宜居宜业环境持续优化。全省高新区持续推进园区生产、生活、生态融合发展，园区城市生活配套、生产服务体系日益完善，人才集聚能力逐步提升。截至 2021 年底，全省高新区实现行政管理、市政公用设施配套率 100%，居住生活硬件设施配套率 98%，新建了一大批教育、医疗卫生、商业服务和金融邮电设施，其中郴州高新区加快新基建步伐，完成 58 个 5G 基站规划，建成 51 个。2021 年，全省高新区本科及以上学历从业人员数达 27.78 万人，同比增长 5.10%，占全省园区的 47.62%；海外留学归国人员和境外常驻人员 4348 人，同比增长 6.20%，占全省园区的 38.21%，实现了占比、增速"双增长"。

2021 年是"十四五"开局之年，全省高新区坚持创新驱动发展，推进"五好"园区创建取得良好成效，但自主创新能力、产业核心竞争力、区域创新发展支撑能力仍有待进一步提升。一是自主创新能力亟待进一步提升，表现在高端创新资源集聚不足，引领性原创成果突破不够，支撑高水平科技自立自强的作用尚未得到充分发挥。二是主特产业核心竞争力有待加强，表现在产业优势不突出，对地方经济贡献支撑还不够。三是发展质量不平衡，表现在高新区个体之间、国家级与省级高新区之间、四大地区高新区之间发展差距比较大，支撑区域协调发展的能力还有待增强。四是国际化程度有待提高，表现在与国际接轨的环境亟待改善，开放合作的深度和广度不够。

第二章 湖南省高新区 2021 年创新发展指数

本章基于高新区创新发展绩效评价指标体系，对湖南省各高新区①相关数据进行正向处理后，以 2020 年发展情况为基期值（100 点），合成 2021 年全省高新区创新发展指数，其数据和态势总体表现如下。

一、湖南省高新区创新发展指数

（一）创新发展总体指数与分项指数

全省高新区创新发展总体指数如图 1-1 所示，2021 年增长了 7.95 点，表明在新冠肺炎疫情蔓延影响、全球经济下行压力加大、国际经济贸易摩擦频繁等多重因素影响下，全省高新区迎难而上，创新发展能力保持稳步增长。

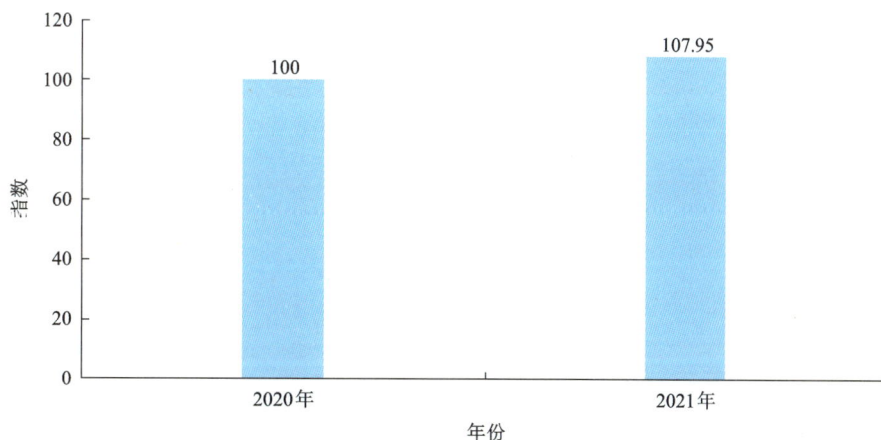

图 1-1　全省高新区创新发展总体指数

---

① 2021 年新升级的石门、华容、邵阳县、炎陵和衡阳白沙绿岛高新区不参与创新发展指数分析；望城和开福高新区因统计数据不完整未参与创新能力指数分析，实际参与创新能力指数计算的高新区数量为 42 家，详见附录。

全省高新区创新发展分项指数如图 1-2 所示，开放创新和国际影响力指数增长幅度最为显著，达到 12.55 点，综合质效和持续创新力指数增长幅度为 9.32 点，创新能力和创业活跃度指数增长幅度为 8.46 点，绿色发展和宜居包容性指数增长幅度为 6.42 点，结构优化和产业价值链指数增长幅度为 4.32 点。

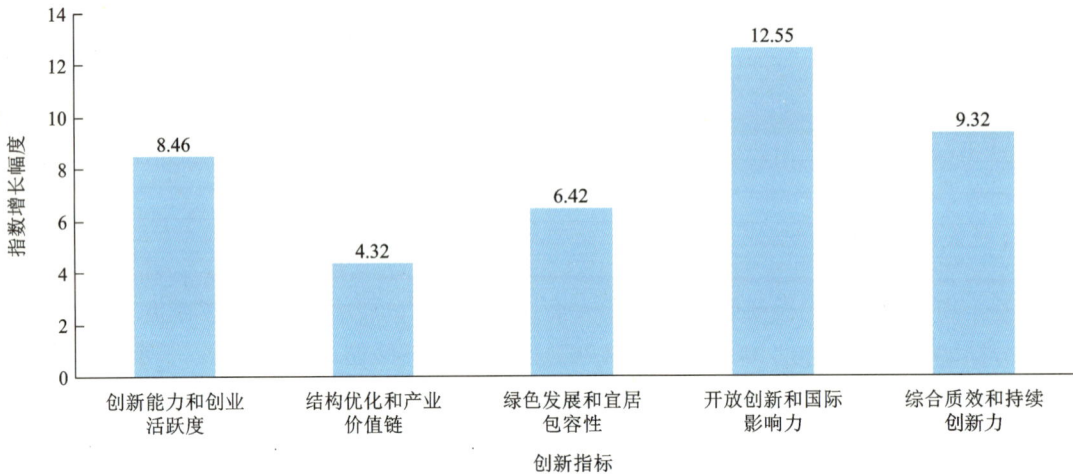

图 1-2　全省高新区创新发展分项指数增长情况

（二）创新发展指数构成

全省高新区创新发展分项指数对总体指数增长的贡献情况如图 1-3 所示，创新能力和创业活跃度指数对总体增长贡献最大，贡献了 2.54 点，贡献度为 31.92%；综合质效和持续创新力指数贡献了 2.33 点，贡献度为 29.30%；其余依次为开放创新和国际影响力指数、绿色发展和宜居包容性指数、结构优化和产业价值链指数，贡献度分别为 15.79%、12.12% 和 10.87%。

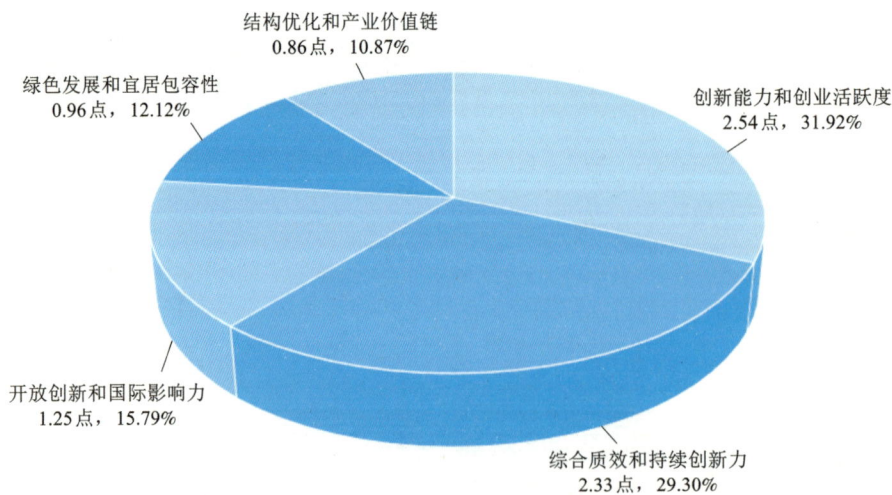

图 1-3　全省高新区创新发展分项指数增长与贡献度

全省各高新区创新发展总体指数最高达 158.52 点，最低为 84.98 点，39 家高新区超过 100 点。

在各高新区创新发展分项指数中，创新能力和创业活跃度指数最高达 285.57 点，最低为 57.73 点，31 家高新区超过 100 点；结构优化和产业价值链指数最高达 211.10 点，最低为 52.86 点，28 家高新区超过 100 点；绿色发展和宜居包容性指数最高达 149.67 点，最低为 64.91 点，20 家高新区超过 100 点；开放创新和国际影响力指数最高达 224.38 点，最低为 23.08 点，22 家高新区超过 100 点；综合质效和持续创新力指数最高达 178.28 点，最低为 80.07 点，37 家高新区超过 100 点。

全省高新区创新发展总体指数保持增长态势，但有 3 家高新区小于 100，分别为临湘、祁阳和沅江高新区。此外，各高新区间各项创新发展能力差异也比较大，创新能力和创业活跃度指数、开放创新和国际影响力指数差距甚至达到了 200 点以上。

二、不同类别高新区群体创新发展指数表现对比

不同类别高新区群体的创新发展指数表现对比主要包括国家和省级高新区群体的对比、稳定期和新升级省级高新区群体的对比。按照不同类别高新区群体分别计算创新发展总体指数和分项指数，以观察不同类别高新区群体在 2021 年创新发展能力的差异和特征。

(一)国家高新区和省级高新区表现对比

对全省国家高新区和省级高新区群体分别进行创新发展指数分析，从创新发展总体指数来看，如图 1-4 所示，2021 年，省级高新区创新发展总体指数远高于国家高新区，指数增长 15.45 点，高出国家高新区 12.46 点。

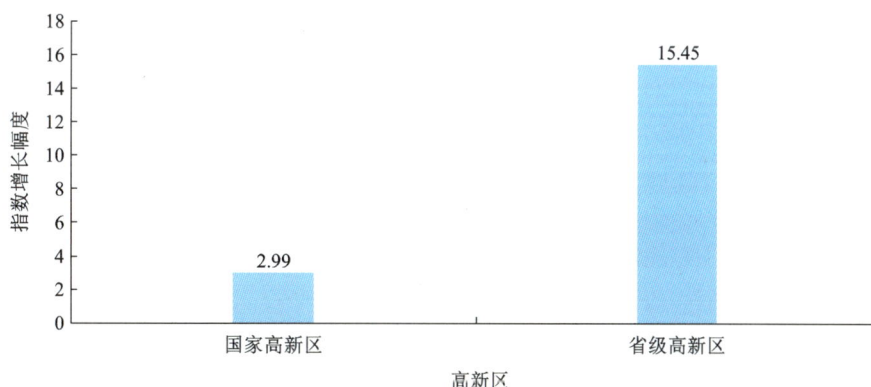

图 1-4 国家及省级高新区创新发展总体指数增长情况

从创新发展分项指数来看，如图 1-5 所示，2021 年，国家高新区和省级高新区的开放创新和国际影响力指数增幅最为明显，特别是省级高新区指数增长幅度达到了 23.18 点，高出国家高新区 15.54 点；国家高新区绿色发展和宜居包容性指数略优于省级高新区，其余分项指数均低于省级高新区，结构优化和产业价值链指数差距最大，达 24.30 点，主要体现在国家高新区的营业收入利润率、净增高企及其增速等指标指数呈现负增长，国家高新区相对基数较大，发展比较成熟，园区企业盈利潜力、高新技术企业挖掘的空间相对比较小。

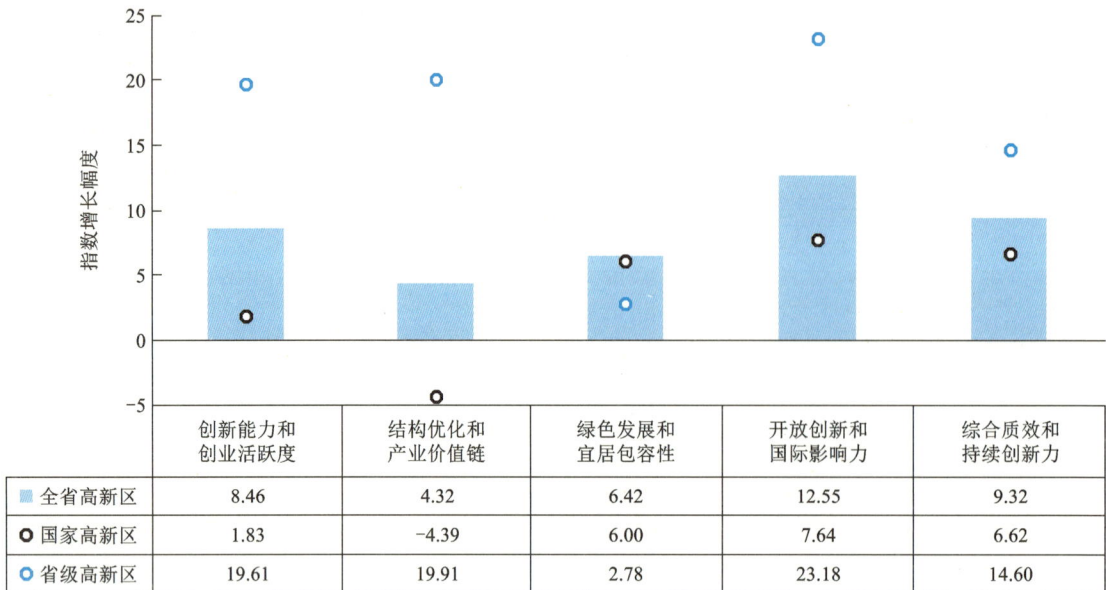

	创新能力和 创业活跃度	结构优化和 产业价值链	绿色发展和 宜居包容性	开放创新和 国际影响力	综合质效和 持续创新力
■ 全省高新区	8.46	4.32	6.42	12.55	9.32
○ 国家高新区	1.83	-4.39	6.00	7.64	6.62
○ 省级高新区	19.61	19.91	2.78	23.18	14.60

图1-5 国家及省级高新区创新发展分项指数增长情况

(二)稳定期和新升级省级高新区表现对比

以2017年为界,将2017年以前升级的省级高新区视为稳定期省级高新区,共13家;将2017年至今升级的省级高新区视为新升级省级高新区,共27家。实际参与创新发展指数计算的共21家,详见附录。

对全省稳定期和新升级省级高新区群体分别进行创新发展指数分析,从创新发展总体指数来看,如图1-6所示,两类省级高新区创新发展指数增长幅度相当,分别为17.29点和16.52点。

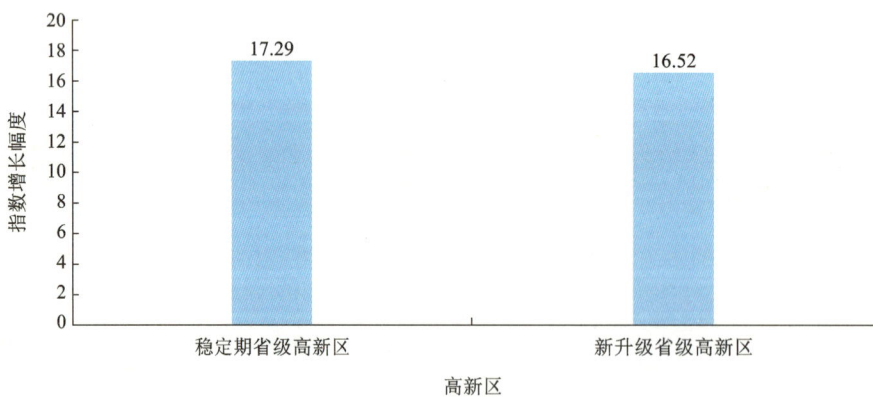

图1-6 稳定期和新升级省级高新区创新发展总体指数增长情况

从创新发展分项指数来看,如图1-7所示,新升级省级高新区的创新增长优势更多体现在创新能力和创业活跃度、开放创新和国际影响力方面,主要得益于新升级省级高新区在"以升促建"过程中对创新能力和创业活跃度方面的改善成效更为明显,同时得益于57.14%的新升级省级高新区属于湘南、大湘西地区,在承接产业转移、带动对外开放方面表现突出;稳定期省级高新区在结构优化和产业价值链、综合质效和持续创新力方面更具增长优势,稳定期省级高新区在"发展高科技、实现产业化"指导下,经过多年的创新发展,在产业结构转型升级、综合质效提升上成效更为显著。

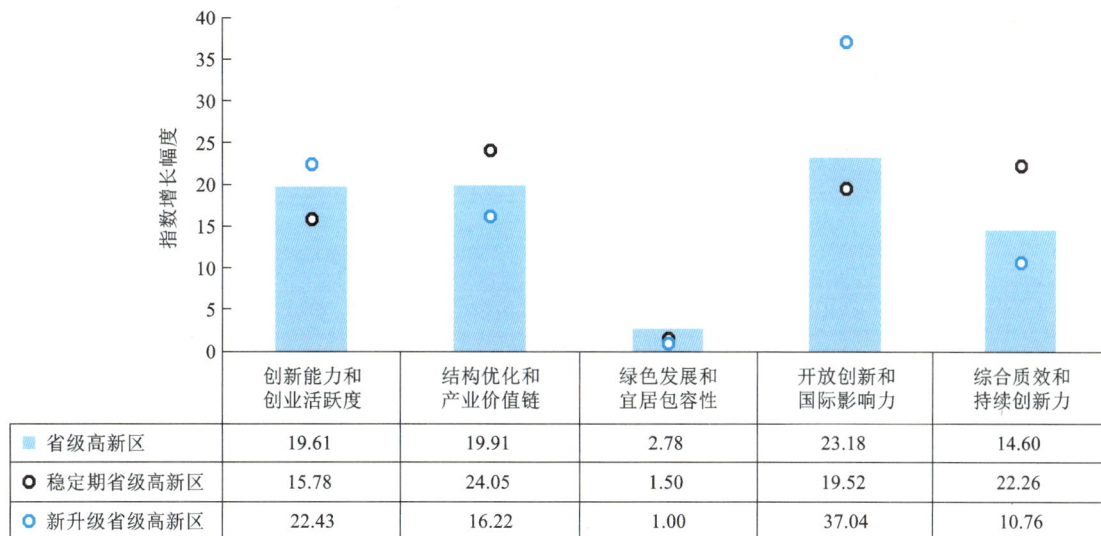

	创新能力和 创业活跃度	结构优化和 产业价值链	绿色发展和 宜居包容性	开放创新和 国际影响力	综合质效和 持续创新力
省级高新区	19.61	19.91	2.78	23.18	14.60
稳定期省级高新区	15.78	24.05	1.50	19.52	22.26
新升级省级高新区	22.43	16.22	1.00	37.04	10.76

图 1-7 稳定期和新升级省级高新区创新发展分项指数增长情况

三、不同区域高新区群体创新发展指数表现对比

不同区域高新区群体创新发展指数表现对比主要包括长株潭地区、洞庭湖地区、湘南地区和大湘西地区等四大地区高新区群体的创新发展指数对比,以及湖南省十四个市州高新区群体的对比。按照不同区域高新区群体分别计算创新发展总体指数和分项指数,以观察不同区域高新区群体在2021年创新发展能力的差异和特征。

(一)四大地区高新区表现对比

按照长株潭地区、洞庭湖地区、湘南地区和大湘西地区四大地区对高新区进行群体划分,进行创新发展指数分析,观察不同地区高新区群体创新发展能力的表现。

从创新发展总体指数来看,如图1-8所示,洞庭湖地区的高新区群体创新发展总体指数增长幅度最高,达14.92点,其他依次为大湘西地区、湘南地区和长株潭地区,分别为10.77点、9.02点和5.24点。

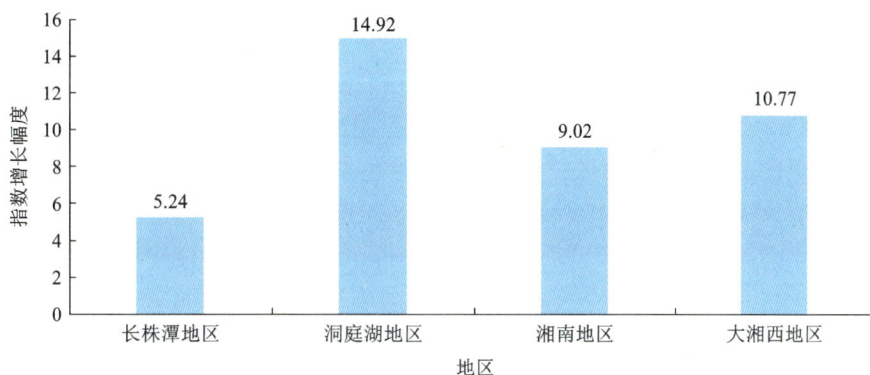

图 1-8 四大地区高新区群体创新发展总体指数增长情况

11

从创新发展分项指数来看,如图1-9所示,2021年四大地区高新区群体的创新发展分项指数分别表现如下:长株潭地区高新区在绿色发展和宜居包容性指数上增长优势较为明显,洞庭湖地区高新区在结构优化和产业价值链指数上增长优势较为显著,湘南地区高新区的创新能力和创业活跃度指数上增长贡献较大,大湘西地区高新区在开放创新和国际影响力、综合质效和持续创新力等指数上增长优势表现突出。

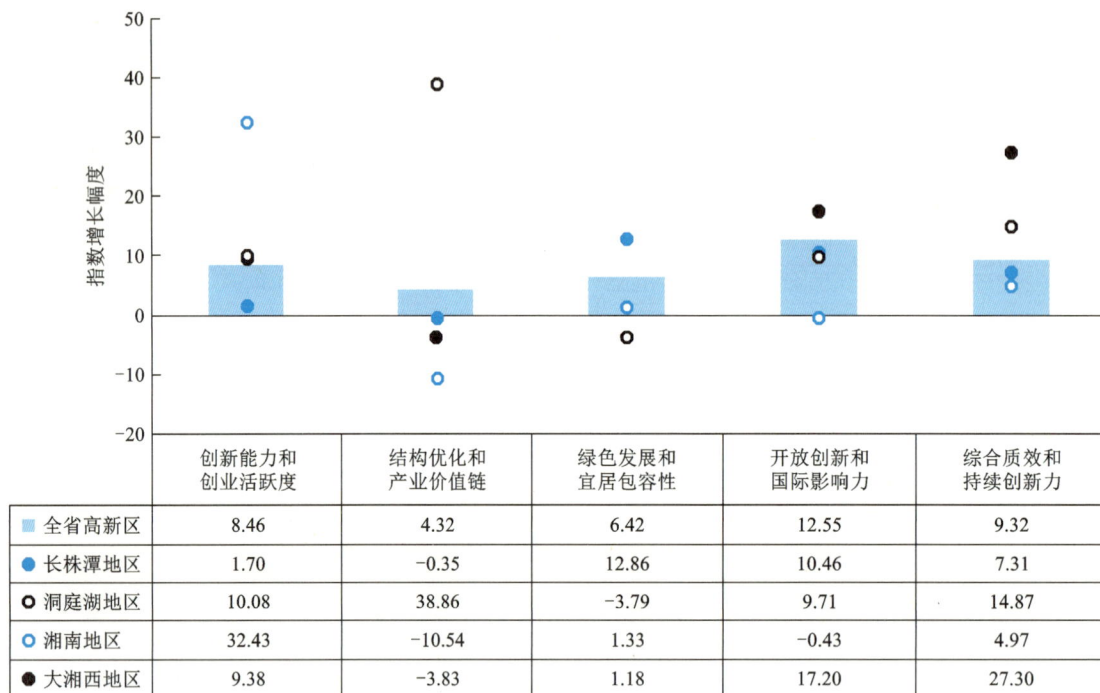

	创新能力和创业活跃度	结构优化和产业价值链	绿色发展和宜居包容性	开放创新和国际影响力	综合质效和持续创新力
■ 全省高新区	8.46	4.32	6.42	12.55	9.32
● 长株潭地区	1.70	−0.35	12.86	10.46	7.31
○ 洞庭湖地区	10.08	38.86	−3.79	9.71	14.87
○ 湘南地区	32.43	−10.54	1.33	−0.43	4.97
● 大湘西地区	9.38	−3.83	1.18	17.20	27.30

图1-9 四大地区高新区群体创新发展分项指数增长情况

(二)各市州高新区表现对比

按照高新区所属市州对高新区进行群体划分,做创新发展指数分析,观察不同市州高新区群体创新发展能力的表现。

从创新发展总体指数来看,如图1-10所示,邵阳市高新区表现尤为突出,增长幅度达到了42.70点,其次为娄底市高新区,达22.35点,还有5个市州高新区群体的增长幅度超过10点,张家界市高新区增长幅度最小,仅3.52点。

从创新发展分项指数来看,如表1-1所示,在创新能力和创业活跃度方面,衡阳市和永州市高新区表现出较强的增长优势,增长幅度分别为47.5点和39.6点,邵阳市和张家界市高新区出现负增长;在结构优化和产业价值链方面,邵阳市高新区呈强势增长趋势,增长幅度达到111.1点,而郴州市、衡阳市和怀化市等5市高新区呈负增长;在绿色发展和宜居包容性方面,邵阳市和株洲市高新区表现较好,增长幅度分别为28.9点和15.2点,而郴州市、益阳市和张家界市等6市高新区呈负增长;在开放创新和国际影响力方面,娄底市、湘潭市高新区增长幅度达50点以上,益阳市、永州市和衡阳市高新区呈负增长;在综合质效和持续创新力方面,邵阳市高新区表现突出,增长幅度达78.3点,衡阳市高新区呈负增长。

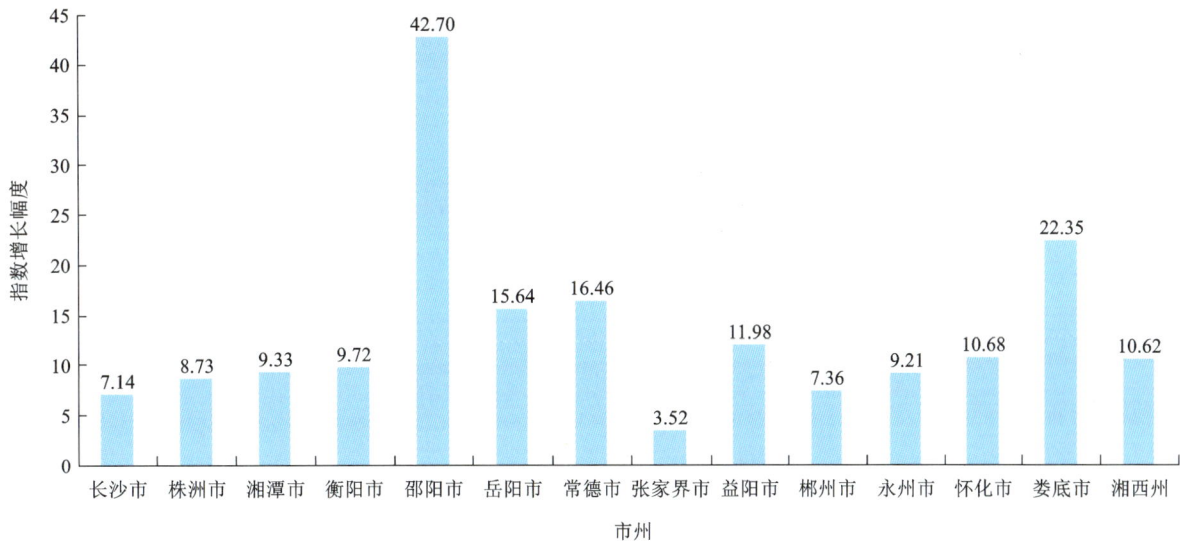

图 1-10　各市州高新区创新发展总体指数增长情况

表 1-1　各市州高新区创新发展分项指数增长情况

市州	创新能力和 创业活跃度	结构优化和 产业价值链	绿色发展和 宜居包容性	开放创新和 国际影响力	综合质效和 持续创新力
长沙市	13.67	0.64	5.72	5.89	5.85
株洲市	1.66	8.52	15.18	17.12	10.15
湘潭市	0.89	0.20	8.72	54.81	8.96
衡阳市	47.45	-13.30	2.45	-3.24	-7.58
邵阳市	-11.30	111.10	28.94	-0.43	78.28
岳阳市	5.31	32.72	-0.49	15.98	23.92
常德市	10.44	37.94	-1.15	29.14	11.99
张家界市	-18.08	1.56	-6.04	22.59	29.13
益阳市	20.98	44.45	-7.65	-41.79	8.50
郴州市	18.98	-23.65	-15.11	44.22	16.97
永州市	39.58	-7.15	11.63	-37.70	3.17
怀化市	11.85	-8.97	-2.48	13.72	31.67
娄底市	18.08	-3.56	1.83	72.58	40.41
湘西州	8.87	20.03	1.69	18.21	7.52

　　从各市州高新区创新发展指数来看，如图 1-11 所示，2021 年各市州高新区群体的创新发展分项指数增长情况如下：

　　长沙市高新区群体：创新发展总体指数为 107.1 点，分项指数中创新活力和创业活跃度指数表现较好，达 113.7 点，各分项指数均大于 100 点，各项指数分布较为均匀。

　　株洲市高新区群体：创新发展总体指数为 108.7 点，分项指数中开放创新和国际影响力指数表现较好，达 117.1 点，各分项指数均大于 100 点。

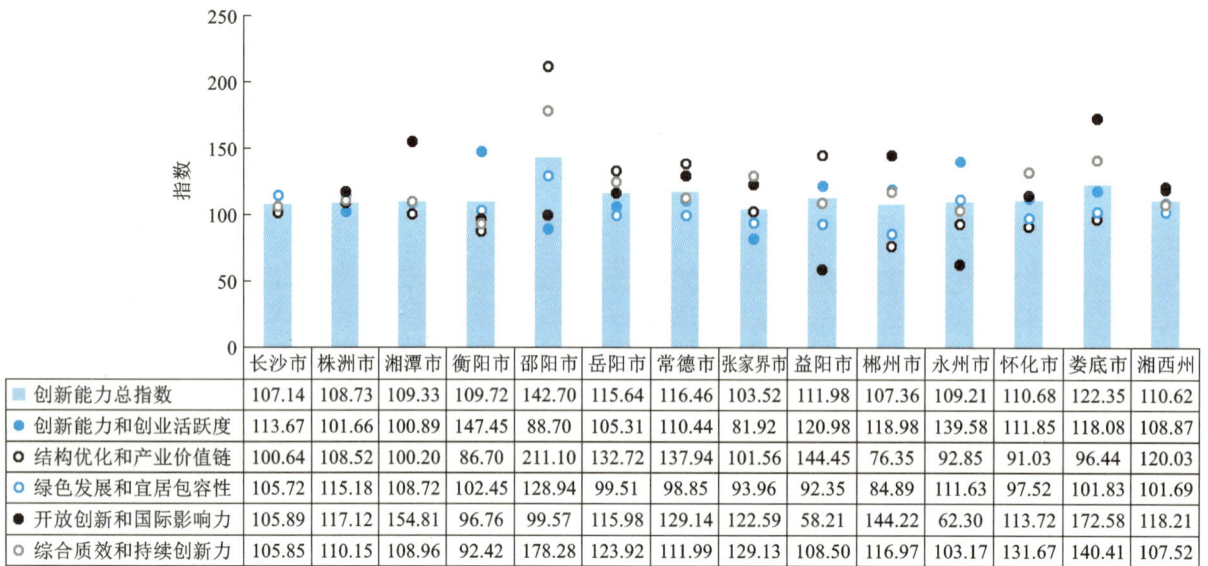

	长沙市	株洲市	湘潭市	衡阳市	邵阳市	岳阳市	常德市	张家界市	益阳市	郴州市	永州市	怀化市	娄底市	湘西州
创新能力总指数	107.14	108.73	109.33	109.72	142.70	115.64	116.46	103.52	111.98	107.36	109.21	110.68	122.35	110.62
创新能力和创业活跃度	113.67	101.66	100.89	147.45	88.70	105.31	110.44	81.92	120.98	118.98	139.58	111.85	118.08	108.87
结构优化和产业价值链	100.64	108.52	100.20	86.70	211.10	132.72	137.94	101.56	144.45	76.35	92.85	91.03	96.44	120.03
绿色发展和宜居包容性	105.72	115.18	108.72	102.45	128.94	99.51	98.85	93.96	92.35	84.89	111.63	97.52	101.83	101.69
开放创新和国际影响力	105.89	117.12	154.81	96.76	99.57	115.98	129.14	122.59	58.21	144.22	62.30	113.72	172.58	118.21
综合质效和持续创新力	105.85	110.15	108.96	92.42	178.28	123.92	111.99	129.13	108.50	116.97	103.17	131.67	140.41	107.52

图 1-11　各市州高新区创新发展分项指数情况

湘潭市高新区群体：创新发展总体指数为 109.3 点，分项指数中开放创新和国际影响力指数表现较为突出，达 154.8 点，其余各分项指数均大于 100 点。

衡阳市高新区群体：创新发展总体指数为 109.7 点，分项指数中创新能力和创业活跃度指数表现较好，达 147.5 点，结构优化和产业价值链、开放创新和国际影响力、综合质效和持续创新力指数小于 100 点。

邵阳市高新区群体：创新发展总体指数为 142.7 点，分项指数中结构优化和产业价值链指数表现较为突出，达 211.1 点，其次为综合质效和持续创新力指数，达 178.3 点；创新能力和创业活跃度、开放创新和国际影响力指数小于 100 点。

岳阳市高新区群体：创新发展总体指数为 115.6 点，分项指数中结构优化和产业价值链指数表现较好，达 132.7 点，其次为综合质效和持续创新力指数，达 123.9 点；绿色发展和宜居包容性指数小于 100 点。

常德市高新区群体：创新发展总体指数为 116.5 点，分项指数中结构优化和产业价值链指数表现较好，达 137.9 点，其次为开放创新和国际影响力指数，达 129.1 点；绿色发展和宜居包容性指数小于 100 点。

张家界市高新区群体：创新发展总体指数为 103.5 点，分项指数中综合质效和持续创新力、开放创新和国际影响力指数表现较好，分别为 129.1 点和 122.6 点，创新能力和创业活跃度、绿色发展和宜居包容性指数小于 100 点。

益阳市高新区群体：创新发展总体指数为 112.0 点，分项指数中结构优化和产业价值链指数表现较好，达 144.5 点，其次为创新能力和创业活跃度指数，达 121.0 点；开放创新和国际影响力指数仅为 58.2 点。

郴州市高新区群体：创新发展总体指数为 107.4 点，分项指数中开放创新和国际影响力指数表现较好，达 144.2 点，其次为创新能力和创业活跃度、综合质效和持续创新力指数，分别为 119.0 点和 117.0 点，绿色发展和宜居包容性、结构优化和产业价值链指数小于 100 点。

永州市高新区群体：创新发展总体指数为 109.2 点，分项指数中创新能力和创业活跃度指数表现较好，达 139.6 点，开放创新和国际影响力、结构优化和产业价值链指数小于 100 点。

怀化市高新区群体：创新发展总体指数为110.7点，分项指数中综合质效和持续创新力指数表现较好，达131.7点，绿色发展和宜居包容性、结构优化和产业价值链指数小于100点。

娄底市高新区群体：创新发展总体指数为122.3点，分项指数中开放创新和国际影响力指数表现较为突出，达172.6点，其次为综合质效和持续创新力指数，达140.4点；结构优化和产业价值链指数小于100点。

湘西州高新区群体：创新发展总体指数为110.6点，分项指数中结构优化和产业价值链指数表现较好，达120.0点，其次为开放创新和国际影响力指数，为118.2点，各分项指数均大于100点。

第三章　做实做好"高""新"两篇文章的工作建议

习近平总书记强调，创新驱动要从高新科技园区开始，高新区就是又要高又要新。高新区高质量发展关键在于围绕技术创新、产业创新、开放创新、管理创新，走绿色化、融合化、集约化发展道路，做实做好"高"和"新"两篇文章。

一、强化资源配置，推动高水平技术创新

一是提升科技创新策源能力。抢抓"四大实验室""四大科技基础设施"为核心的创新平台体系建设契机，积极争取高能级创新平台在高新区落户或设立分支机构；鼓励行业龙头企业围绕"四个面向"，加强基础研究和应用基础研究，提升高新区科技创新策源能力。二是加强关键核心技术攻关。落实落细落地财政支持企业科技创新21条、精准服务企业科技政策10条等企业创新政策，推动高新技术企业所得税减免、研发费用加计扣除等政策"应享尽享"，引导企业加大研发投入；引导支持高新区科技领军企业聚焦产业发展需求，加大关键零部件、核心技术攻关力度，着力提升产业链供应链韧性和安全水平。三是加速创新人才引育。用好用活"三尖"创新人才政策，依托重大创新平台、重大科技项目，引进和培养一批园区产业发展所需的科技创新人才和团队；深化产教融合、园校合作、企校合作，共建共管产业学院、实训基地，培养创新型、应用型技术技能人才。四是加快成果转化落地。完善创业孵化平台与各类创新要素的对接机制，培养一批高素质科技成果转化专业人才，引进建设一批创业孵化、科技金融、知识产权等专业化科技服务机构，加快科技创新成果在园区落地转化、产业化。

二、优化产业结构，建设高水平产业集群

一是推动科技型企业增量提质。将科技型企业培育作为高新区高质量发展的切入点，深入实施科技型企业"十百千万"培育工程，建立健全高成长企业发掘、筛选和培育机制，完善高新区科技型企业梯度培育体系，着力培育一批小巨人企业、独角兽企业和创新型领军企业。二是推动产业集群集聚发展。大力实施"万千百"工程，持续围绕全省"3+3+2"产业集群建设，巩固"老三样"、建设"新三样"、培育"未来三样"，提升主特产业核心竞争力，瞄准战略性新材料、新一代半导体、人工智能等前沿科技主动谋划布局未来产业，加快形成集聚效应和品牌优势。三是推动数字经济融合发展。积极引导推动数字技术和制造业、服务业深度融合，加快推进数字技术赋能，开展智能制造、

智慧农业、智慧交通等应用场景构建行动，鼓励高新区实施一批"5G+工业互联网"等引领型重大项目和新技术应用场景工程，推动企业"上云用数赋智"，引进新技术、新产品，形成一系列新场景、新模式、新业态。

三、践行绿色理念，推动高水平产城融合

一是推进绿色发展。鼓励园区企业按照用地集约化、生产清洁化、能源低碳化、废物资源化原则，开展绿色产品、绿色工艺、绿色建筑等改造。以绿色低碳技术驱动源头降低污染物产生量为核心，深化生产全过程管理和园区系统化污染防治。积极谋划绿色低碳产业发展，支持有条件的园区建设低碳专业产业园，发展绿色低碳技术咨询、碳资产管理，强化绿色产品、绿色装备、绿色低碳解决方案供给。二是坚守安全底线。全面贯彻落实安全生产责任和管理制度，推动落实落地安全生产"十五条硬措施"等相关要求；充实和加强监管力量，进一步提升专业服务水平和应急保障能力，督促各类生产经营单位落实安全生产主体责任，全力确保园区安全生产形势持续稳定向好。三是加速产城融合。强化政府引导，统筹做好城市规划、产业规划、市政配套同步规划协同定位。完善教育、医疗、养老、托育、商务、文化、娱乐、体育等公共服务设施，创新公共服务供给机制，建立健全主体多元化、方式多样化的公共服务体系，打造生产配套"优"、生活气息"浓"、生态环境"佳"的产城融合示范区。

四、深化开放合作，实现高水平协同发展

一是融入重大区域发展战略。积极融入长江经济带、粤港澳大湾区等国家重大区域发展战略，扎实推进长株潭一体化发展、湘南湘西承接产业转移示范区、环洞庭湖经济带等区域建设，推动创新资源互联互通、技术创新协同协作、创新平台共建共享、创新政策互融互认、产业发展成链成群，提升区域整体创新能级。二是探索区域协调发展模式。完善区域发展合作机制，鼓励高新区加强与自创区、自贸区、可持续发展议程示范区的政策对接、产业联动，创新"飞地经济"、伙伴园区、异地孵化等多种合作模式，深入开展"孵化+加速""科技创新+场景应用""产业链供应链协同"等合作，打造协同创新共同体。三是优化对外开放营商环境。进一步深化"放管服"改革，推进投资项目审批改革，实行企业投资项目承诺制、容缺受理制。引导园区建立健全法治体系，积极推进经济活动多层次多领域依法治理。探索建立与国际投资和贸易通行规则相衔接的政务服务、知识产权保护体系，形成更具国际竞争力的营商环境。

五、细化服务创新，营造高水平创新生态

一是推广"企业创新积分制"。全面推广科技部火炬中心"企业创新积分制"政策工具，积极探索企业创新积分应用场景和配套政策，主动靠前服务，引导科技创新资源、财政优惠政策、金融资源、产业投资等各类创新资源向科技企业精准聚集，提升高新区精准施策能力和现代化治理水平。二是促进科技与金融深度融合。全面推广科技型企业知识价值信用贷款风险补偿试点，加强与金融机构长效协同联动，引导覆盖企业各成长阶段的金融机构进入园区，探索设立天使基金、孵化基金，开发高企贷、科技贷等多样化的科技金融产品，着力解决园区科技型企业轻资产融资难问题，助力

企业成长。三是加速亩均效益改革。在高新区招商引资等方面贯彻亩均效益要求，科学设置准入门槛，科学论证新项目可行性；探索建立科学合理的企业亩均效益指标测算体系，建立园区内企业"亩均论英雄"分类评价机制，在用地、能源、水电、排污、碳排等方面实行差异化资源要素配置。

湖南省高新区创新发展绩效评价研究报告2022

Hunansheng Gaoxinqu Chuangxin Fazhan Jixiao Pingjia Yanjiu Baogao 2022

第二篇

湖南省高新区创新发展指标分析

第一章 湖南省高新区创新发展综合能力评价分析

根据《2022年高新区创新驱动发展综合评价考评办法》(湘科发〔2022〕63号)，从创新能力和创业活跃度、结构优化和产业价值链、绿色发展和宜居包容性、开放创新和国际影响力、综合质效和持续创新力五个方面对我省高新区进行综合评价分析，得出全省高新区创新发展绩效评价综合情况。

在2021年度高新区创新发展绩效评价综合排名结果中，除4家新升级高新区首次参与排名以外，排名发生进位的高新区有20家，其中进位在5名(含)以上的有6家高新区，分别为洪江、津市、娄底、雨湖、岳阳和道县高新区；排名退位的高新区有10家，其中岳阳绿色化工、汉寿、张家界、宁远和临湘等高新区排名退位5名(含)以上；12家高新区排名保持相对稳定。

如表2-1所示，2021年全省高新区创新发展绩效评价综合得分90分以上的高新区有2家，较上年度新增1家；80~90分的高新区有3家；70~80分的高新区有16家，较上年度新增8家；60~70分的高新区有25家，较上年度减少7家。国家高新区排名前三的分别为长沙、株洲和衡阳高新区；省级高新区排名前三的分别为宁乡、岳阳临港和岳麓高新区。

表 2-1　湖南省高新区创新发展绩效评价综合排名

高新区名称	得分	排名	高新区名称	得分	排名
长沙国家高新区	93.79	1	郴州国家高新区	73.84	13
株洲国家高新区	90.30	2	平江高新区	72.96	14
衡阳国家高新区	84.14	3	雨湖高新区	72.08	15
湘潭国家高新区	83.80	4	娄底高新区	71.61	16
宁乡高新区	82.34	5	隆回高新区	70.96	17
益阳国家高新区	79.98	6	祁阳高新区	70.67	18
怀化国家高新区	78.15	7	湘阴高新区	70.67	18
常德国家高新区	76.75	8	津市高新区	70.56	20
岳阳临港高新区	76.63	9	桂阳高新区	70.26	21
岳麓高新区	76.39	10	江华高新区	69.99	22
浏阳高新区	74.32	11	岳阳绿色化工高新区	69.99	22
湘西高新区	74.32	11	桃源高新区	69.50	24

续表2-1

高新区名称	得分	排名	高新区名称	得分	排名
韶山高新区	69.28	25	石门高新区	67.15	36
岳阳高新区	69.26	26	双峰高新区	66.95	37
洪江高新区	69.11	27	衡阳西渡高新区	66.84	38
澧县高新区	68.47	28	新化高新区	66.31	39
汉寿高新区	67.90	29	张家界高新区	66.31	39
道县高新区	67.71	30	衡山高新区	66.20	41
沅江高新区	67.61	31	泸溪高新区	65.71	42
临澧高新区	67.55	32	华容高新区	64.70	43
宁远高新区	67.39	33	邵阳县高新区	64.64	44
攸县高新区	67.39	33	临湘高新区	63.21	45
汨罗高新区	67.18	35	炎陵高新区	62.88	46

如图2-1所示，根据湖南省高新区创新发展绩效评价综合得分，全省高新区得分呈三梯队分布。

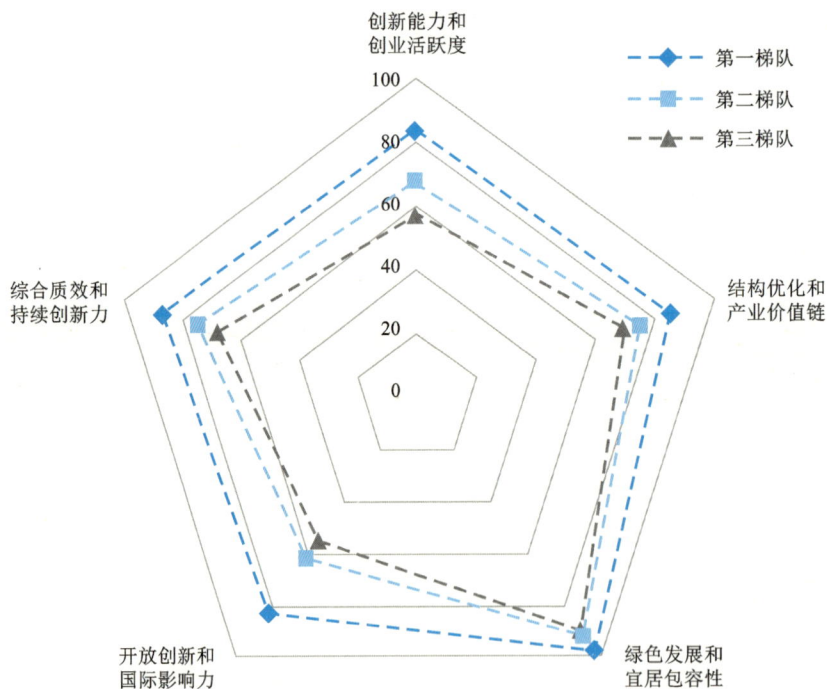

图2-1 分梯队高新区五大能力得分分布对比

第一梯队：综合得分在80分以上的高新区有5家，包括长沙、株洲、衡阳、湘潭4家国家高新区和宁乡1家省级高新区，第一梯队高新区发展态势强劲，产业基础雄厚，创新禀赋优越，是建设长株潭自主创新示范区、长株潭衡"中国制造2025"试点示范城市群的重要支撑，对区域经济高质量发展起着重要示范引领和辐射带动作用。

　　第二梯队：综合得分在70~80分之间的高新区有16家，包括益阳、怀化、常德、郴州4家国家高新区，12家省级高新区。第二梯队高新区存在这些特点：一是区位条件优越，如岳麓、浏阳、雨湖高新区位于长株潭自主创新示范区内，高校院所等科技创新资源雄厚，创新潜力巨大；二是产业转型与绿色发展成效较好，第二梯队高新区位于"3+5"城市群辐射范围、湘南湘西承接产业转移示范区范围内，通过把握承接产业转移、湘粤联动等产业转移机遇，在产业转型、绿色发展方面具有一定优势；三是创新水平存在差异，第二梯队高新区普遍在开放创新合作与国际影响力方面存在短板。

　　第三梯队：综合得分在60~70分之间的高新区有25家，均为省级园区。第三梯队高新区中，长株潭地区3家、洞庭湖地区11家、湘南地区5家、大湘西地区6家，在创新能力、创业活力、开放创新等方面差距较大。

　　综合来看，全省高新区综合得分差异最小的为绿色发展和宜居包容性，差异最大的为开放创新和国际影响力。第一梯队高新区综合能力相对均衡，第二梯队高新区在开放创新和国际影响力、创新能力和创业活跃度两方面存在一定差距，第三梯队高新区除在绿色发展和宜居包容性方面差异度较小，其他指标均存在较大差距。

　　如图2-2所示，从所属地区来看，长株潭地区高新区整体领先优势明显，五大能力均表现最佳。洞庭湖地区高新区在结构优化和产业价值链、综合质效方面表现较好，湘南地区高新区在创新能力和创业活跃度、绿色发展和宜居包容性方面表现较好，大湘西地区高新区在绿色发展和宜居包容性方面表现较好，在开放创新和国际影响力方面与其他地区存在较大差距。

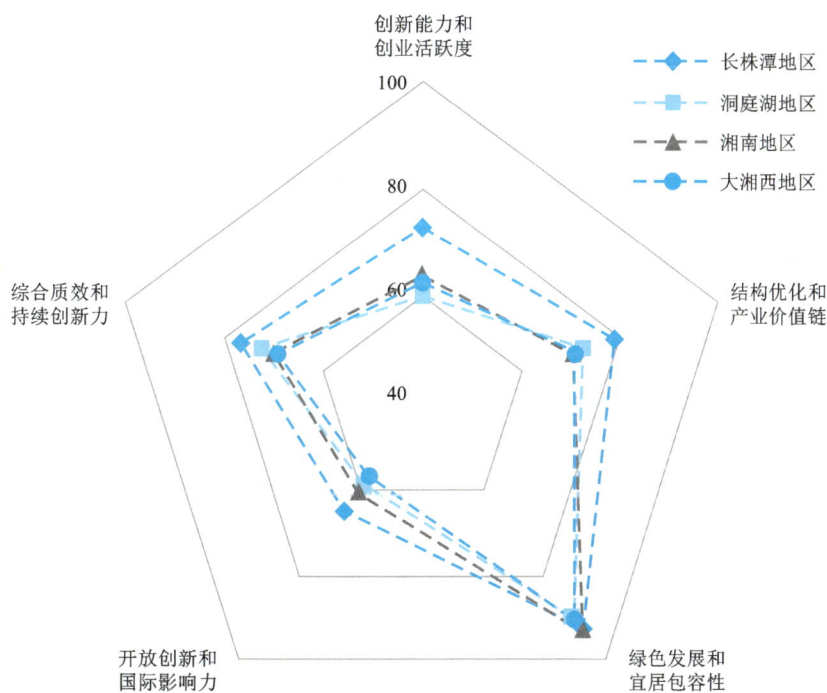

图2-2　分地区高新区五大能力得分分布对比

第二章　创新能力和创业活跃度分析

一、创新能力和创业活跃度发展情况

全省高新区作为实施创新驱动发展战略的重要载体，不断集聚创新创业要素、营造良好的创新创业环境、充分发挥在科技创新中的先导作用，坚持科技体制机制改革创新发展，大力培育壮大创新型产业集群，为湖南振兴实体经济和加快转型升级提供了坚实支撑，充分彰显了高新区主力军作用。

创新能力和创业活跃度指标重点反映高新区创新创业方面的表现和成效，下设 7 个二级指标，分别为"研发投入强度贡献""省级及以上研发机构数""规上工业企业研发机构覆盖率""科技企业孵化器和众创空间数""万人新增授权专利数""当年净增企业数及增速""当年登记入库的科技型中小企业数及增速"。

依据 7 个二级指标，结合相关指标和数据，分别从研发投入、创新产出、创新创业活力和创新创业环境等 4 个方面对全省高新区创新能力和创业活跃度发展情况进行分析、阐述与总结。

(一)研发投入持续增加，创新能力稳步提升

在创新能力和创业活跃度指标中，采用"研发投入强度贡献""省级及以上研发机构数""规上工业企业研发机构覆盖率"3 个指标体现园区研发经费投入、对创新发展重视程度和研发机构布局情况。

"研发投入强度贡献"反映园区对研发活动和技术创新活动的重视程度及投入能力，通过规上工业企业研发经费投入强度和园区研发经费投入强度 2 个三级指标来体现，规上工业企业研发经费投入强度指规上工业企业 R&D 经费内部支出额与其主营业务收入之比，园区研发经费投入强度指园区研发经费内部支出总额与园区生产总值之比。

2021 年全省高新区规上工业企业研发经费投入强度均值为 2.38%，高于全省规上工业企业研发经费投入强度(1.76%)0.62 个百分点。如图 2-3 所示，全省有 19 家高新区规上工业企业研发经费投入强度低于全省高新区平均水平，其中 9 家高新区低于全省平均水平；有 24 家高新区分布在 2.38%~4%之间，3 家高新区达到了 4%以上，分别为岳麓、郴州和宁远高新区。

2021 年全省高新区研发经费投入强度均值为 7.89%，高于全省全社会研发经费投入强度(2.23%)5.66 个百分点。如图 2-4 所示，全省有 30 家高新区研发经费投入强度高于全省高新区平均水平，超过 10%的有 9 家高新区，怀化和韶山高新区超过了 15%；还有 5 家高新区研发经费投入强度低于全省水平，分别为宁远、临湘、临澧、道县和炎陵高新区。

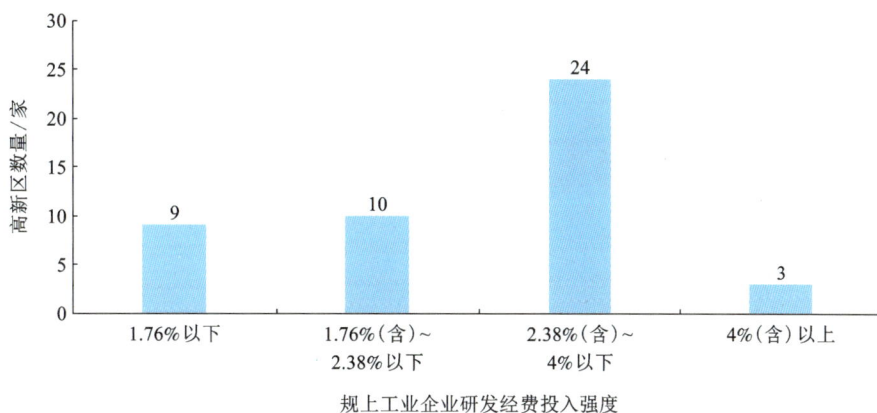

图 2-3 全省高新区规上工业企业研发经费投入强度分布情况

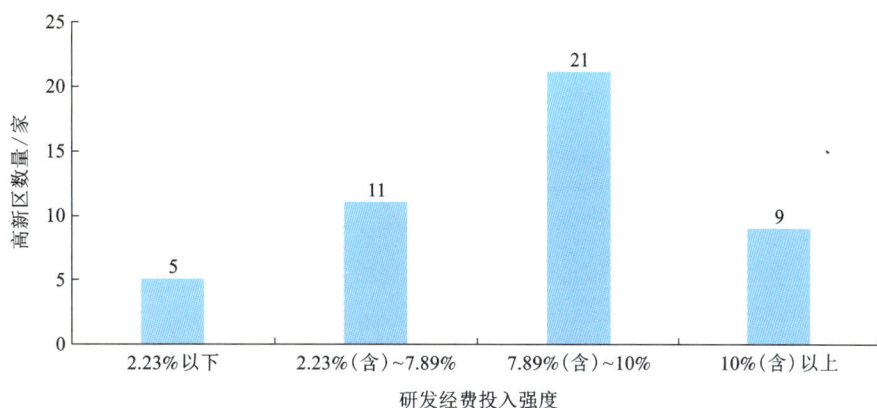

图 2-4 全省高新区研发经费投入强度分布情况

"省级及以上研发机构数"反映园区对各类研发载体的引进和培育程度,体现园区开展研发活动的基础实力,包括园区拥有经认定的国家级和省级工程(技术)研究中心、企业技术中心、重点实验室、工程实验室、院士专家工作站、博士后科研工作站、技术创新中心、外资研发机构、新型产业技术研发机构、各类大学科技园等。

2021 年全省高新区省级及以上研发机构平均水平为 30.9 家,如图 2-5 所示,其中超过全省高新区平均水平的 9 家高新区集聚了 76.16%的研发平台,主要集聚在长沙、株洲、益阳、衡阳和湘潭等国家高新区,以及较好承接科教资源溢出效应的雨湖、宁乡和岳麓高新区。新《认定管理办法》中规定的认定条件——需建有经认定的省级及以上研发平台数不少于 3 家,而邵阳县、炎陵和宁远高新区的研发机构仅 2 家,华容高新区暂未报有省级及以上研发平台。

如图 2-6 所示,2021 年全省高新区省级及以上研发机构中企业技术中心最多,达 443 家,占比 30.85%;紧随其后的为工程技术研究中心、重点实验室和工程研究中心,以上四类研发机构累计占到了总数的 71.87%。

"规上工业企业研发机构覆盖率"反映园区规上工业企业的研发实力、自主创新能力以及企业对开展研发活动的重视程度。通过建有研发机构的规上工业企业占规上工业企业总数的比重来体现,即拥有市级及以上研发机构的规上工业企业数占园区规上工业企业数比重。

2021 年全省高新区规上工业企业研发机构覆盖率均值为 17.08%,较上年度提升 0.56 个百分点。如图 2-7 所示,全省规上工业企业研发机构覆盖率最高未超过 50%,洪江、衡阳和泸溪高新区

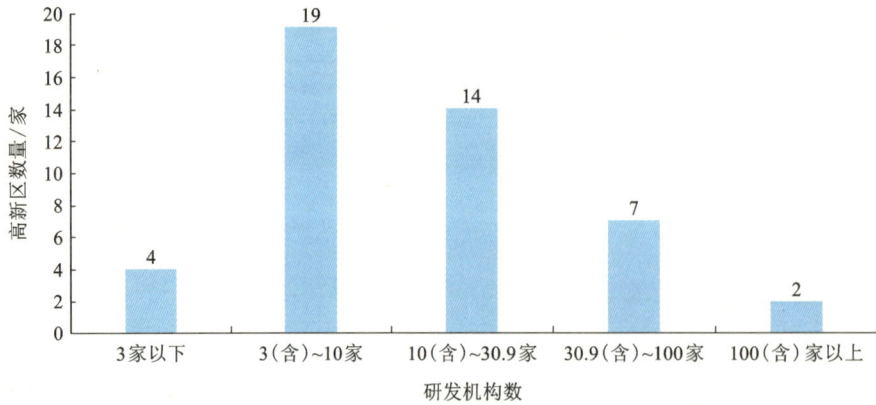

图 2-5 全省高新区研发机构分布情况

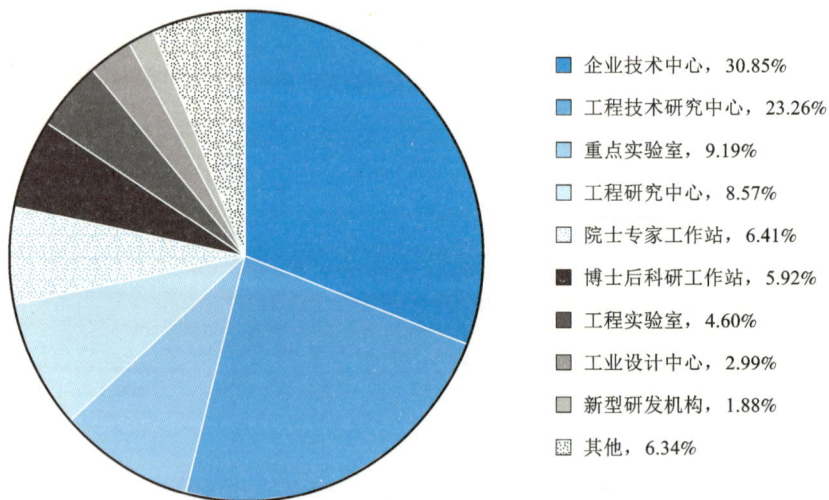

- 企业技术中心，30.85%
- 工程技术研究中心，23.26%
- 重点实验室，9.19%
- 工程研究中心，8.57%
- 院士专家工作站，6.41%
- 博士后科研工作站，5.92%
- 工程实验室，4.60%
- 工业设计中心，2.99%
- 新型研发机构，1.88%
- 其他，6.34%

图 2-6 全省高新区省级及以上研发机构组成

位居前三，分别为49.37%、49.30%和40.00%，有13家高新区规上工业企业研发机构覆盖率超过全省高新区平均水平，而邵阳县、沅江、宁远、隆回和华容5家高新区覆盖率在5%以下，其中华容高新区覆盖率不足1%。

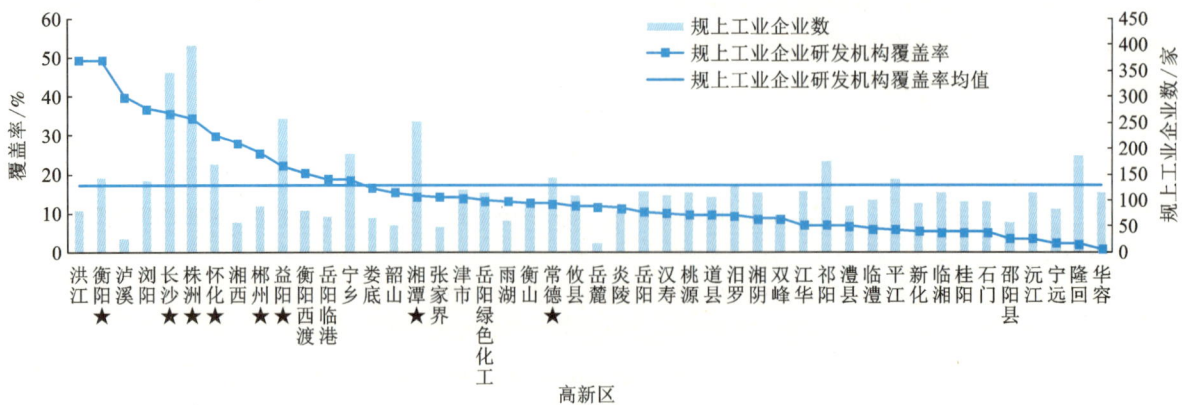

图 2-7 各高新区规上工业企业研发机构覆盖率

（二）创新能力持续提升，创新成果不断涌现

在创新能力和创业活跃度指标中，采用"万人新增授权专利数"表现高新区创新产出效率，衡量高新区企业高质量创新成果的人均产出效率，引导企业开展具有较高原创性的创新活动。

如图2-8所示，2021年，全省高新区每万人新增授权专利当量数为195.77件/万人，较上年度增加了61件/万人。其中11家高新区超过全省高新区平均水平，岳麓高新区每万人新增授权专利当量数高达824件/万人，位居第1；其次为怀化和长沙高新区，分别为564件/万人和433件/万人，而津市、双峰、洪江、桂阳、邵阳县、宁远和隆回等7家高新区不足50件/万人。尽管全省高新区创新产出效率整体提升较快，但各高新区间个体差异较大。

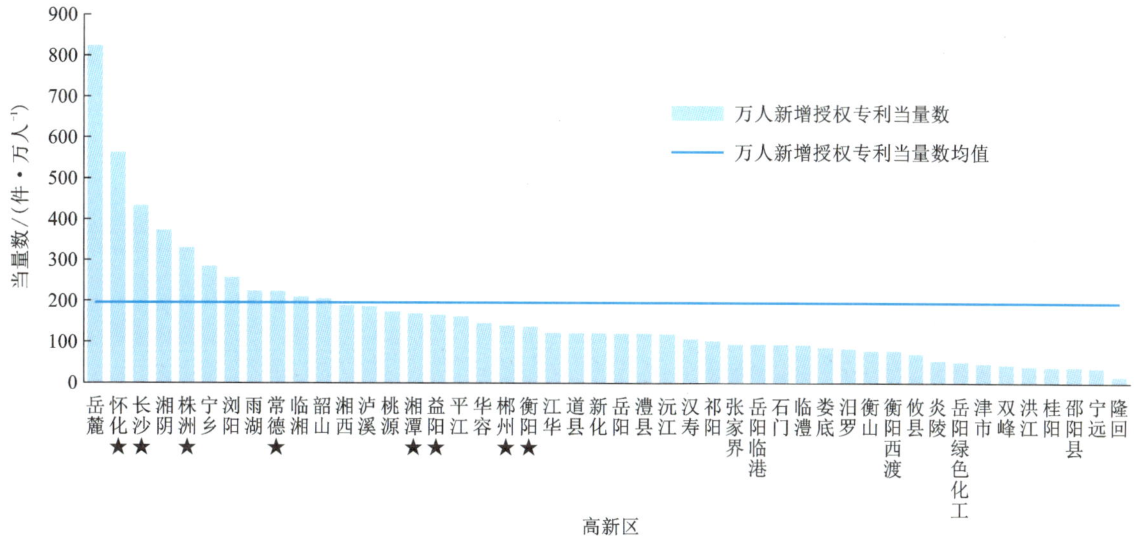

图2-8　各高新区每万人新增授权专利当量数

（三）孵化体系逐步完善，创新主体活力激发

在创新能力和创业活跃度指标中，采用"科技企业孵化器和众创空间数""当年净增企业数及增速""当年登记入库的科技型中小企业数及增速"体现高新区创新创业活力。

科技企业孵化器和众创空间是创新创业活动的重要载体，包括国家级科技企业孵化器、国家级众创空间、省级科技企业孵化器、省级众创空间，以及星创天地、创新创业孵化基地等，主要通过测算孵化载体当量数来体现。

2021年全省高新区孵化载体均值为4.7家，如图2-9所示，12家高新区超过全省高新区平均水平，长沙、株洲和湘潭高新区建有10家以上的省级及以上孵化载体；仍有15家高新区低于新《认定管理办法》中规定的认定条件——需建有经认定备案的省级及以上科技企业孵化器、众创空间、星创天地等2家以上，而岳阳、衡山和攸县等高新区尚未建有孵化载体。

如图2-10所示，全省高新区215家孵化载体中，国家级科技企业孵化器和国家备案众创空间占到了孵化载体数量的25.12%，省级孵化器及众创空间占到了50.23%，其他孵化载体占到了24.65%。

如图2-11所示，2021年全省高新区净增企业均值为59家，其中15家高新区超过全省高新区平均水平，湘潭、岳阳临港和长沙高新区净增企业分别达313家、300家和230家，位居全省高新区

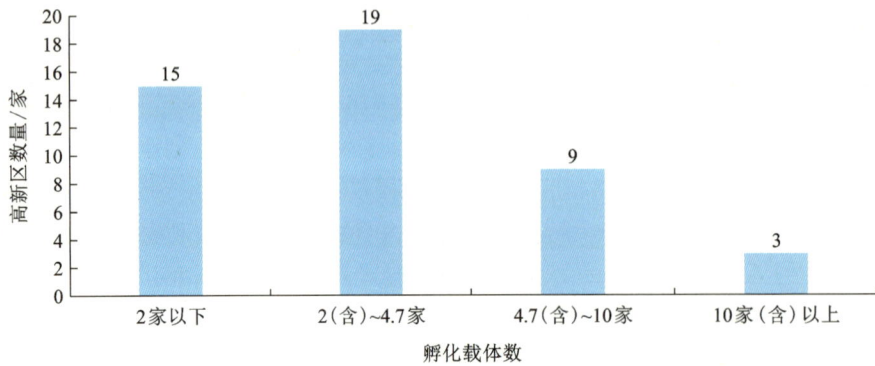

图 2-9　全省高新区孵化载体数分布情况

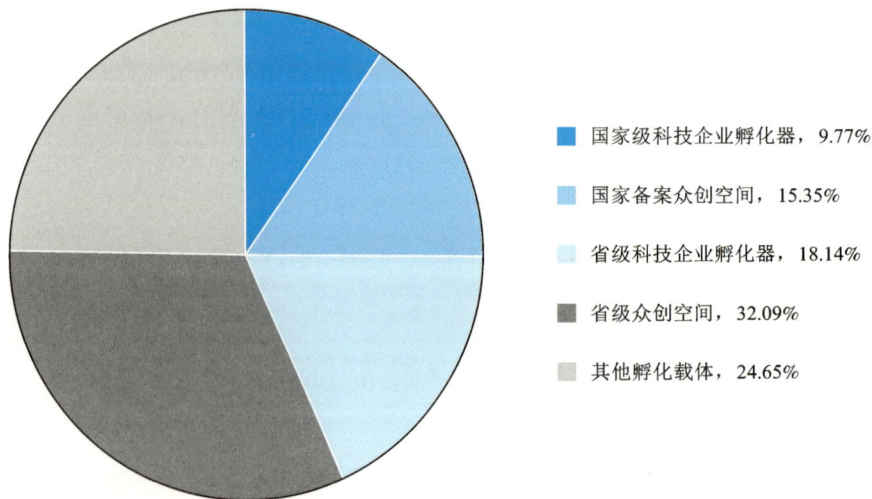

- 国家级科技企业孵化器，9.77%
- 国家备案众创空间，15.35%
- 省级科技企业孵化器，18.14%
- 省级众创空间，32.09%
- 其他孵化载体，24.65%

图 2-10　全省高新区孵化载体构成

前三，而沅江高新区净增企业数最少，仅 1 家。从增速来看，全省高新区净增企业平均增速为 11.81%，其中 23 家高新区超过全省高新区平均水平，岳阳临港高新区增速最快，高达 73.71%，岳阳、临澧高新区增速分别为 54.84% 和 45.67%，位居全省高新区第 2、第 3。

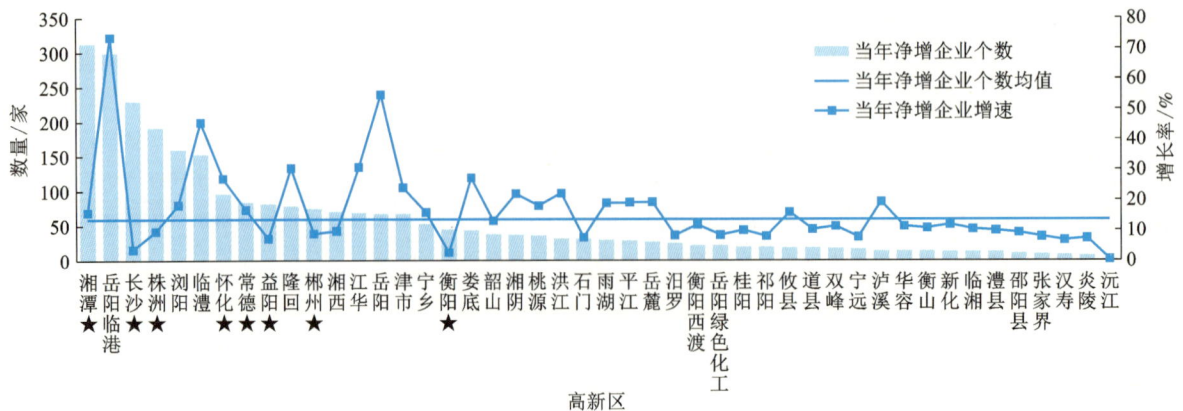

图 2-11　各高新区当年净增企业个数及增速

"当年登记入库的科技型中小企业数及增速"能够反映园区科技型企业新生力量的培育情况。如图 2-12 所示，2021 年全省高新区登记入库的科技型中小企业平均有 96 家，较上年度增长了 28 家，其中 8 家高新区超过全省高新区平均水平，长沙、株洲和衡阳高新区分别为 1265 家、397 家和 261 家，位居全省高新区前三，全省高新区均达到新《认定管理办法》中规定的认定条件——经登记入库的科技型中小企业不少于 20 家。从登记入库的科技型中小企业增速来看，全省高新区登记入库的科技型中小企业增速均值为 41.43%，其中 17 家高新区超过全省高新区平均水平，道县高新区增速最快，达 253.85%，还有石门、衡阳西渡、衡阳和衡山等 4 家高新区增速也超过了 100%，而华容和湘阴高新区呈现负增长。

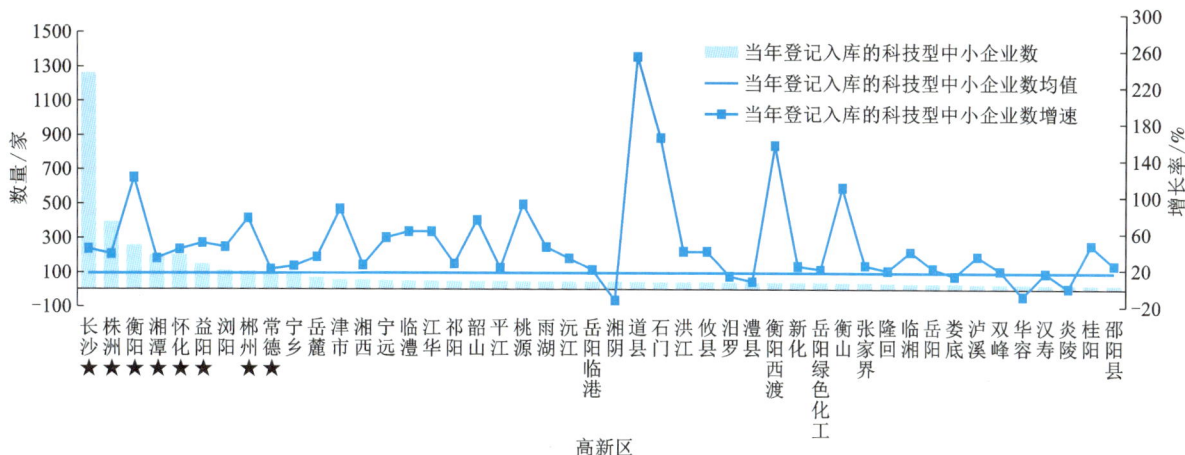

图 2-12　各高新区当年登记入库的科技型中小企业数及增速

（四）创新创业环境不断优化，创新驱动力增强

良好的营商环境是高新区吸引企业、吸引投资、吸引人才的重要砝码，也是高新区高质量发展的重要支撑。"管委会营造创新创业环境及发展导向符合国家总体要求评价"能够综合衡量园区支撑创新创业的环境建设以及创新驱动示范区和高质量先行区的发展定位。

在人才环境方面，全省各高新区及所属地方政府纷纷出台灵活的人才引进政策，设立知识更新教育基金、试行企业科技人员个人所得税返还和培养技术创新支持人才等。如图 2-13 所示，77% 的高新区建立了标志性专项人才计划，各高新区相继优化人才"引育留用"措施。长沙高新区启动"千博万硕"引才工程，实施《长沙高新区承接国防科技大学军民融合项目入园及引进转业人才创新创业的政策意见》，对国防科大专业人才给予安家补贴。湘潭市健全"点单式"创新人才引培机制，出台《湘潭高新区高层次人才津贴实施办法》；常德高新区出台《常德高新区企业人才引进、认定和扶持实施细则（试行）》；湘西州建立了"订单式"人才培养机制；衡阳市持续推动"人才雁阵"计划、"万雁入衡"行动在高新区落实落地，着力引育一批高层次创新人才。岳麓高新区举办首届长株潭三地人才交流沙龙活动，畅通人才互动供需通道；双峰高新区出台《双峰高新区引进高学历高层次人才实施方案》。

在创新创业支持方面，高新区通过参与承办或推荐企业参与创新创业大赛、创新挑战赛和组织举办创新发展论坛，开展创新创业活动等方式，提升高新区创新创业水平，激发创新创业活力，营造良好创新创业氛围。长沙高新区 2021 年举办创新创业活动高达 536 场，其中创业教育培训活动达 198 场。如图 2-14 所示，全省高新区为支持大众创业提供了相关服务，包括精简前置审批、清理

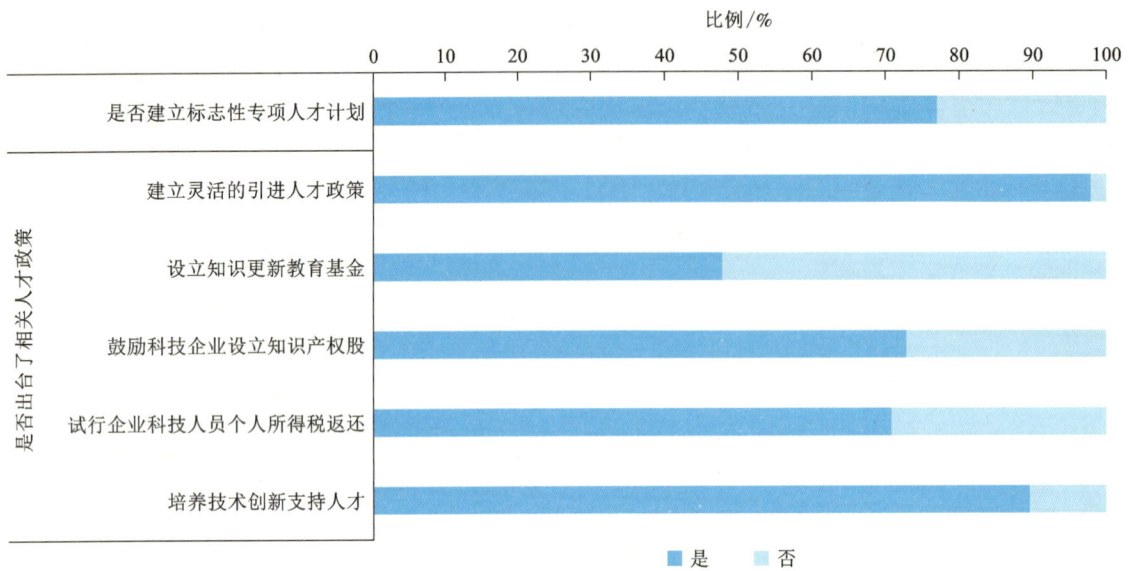

图 2-13　高新区实施人才战略情况

规范涉企收费等，切实减轻企业负担，对众创空间等新型双创平台开展政府购买服务、无偿资助或提供业务奖励等；83%以上的高新区搭建了互联网+线上线下联动的创业网络平台，提供创业担保贷款等服务；54%的高新区提供了下放科技成果使用处置和收益权服务。

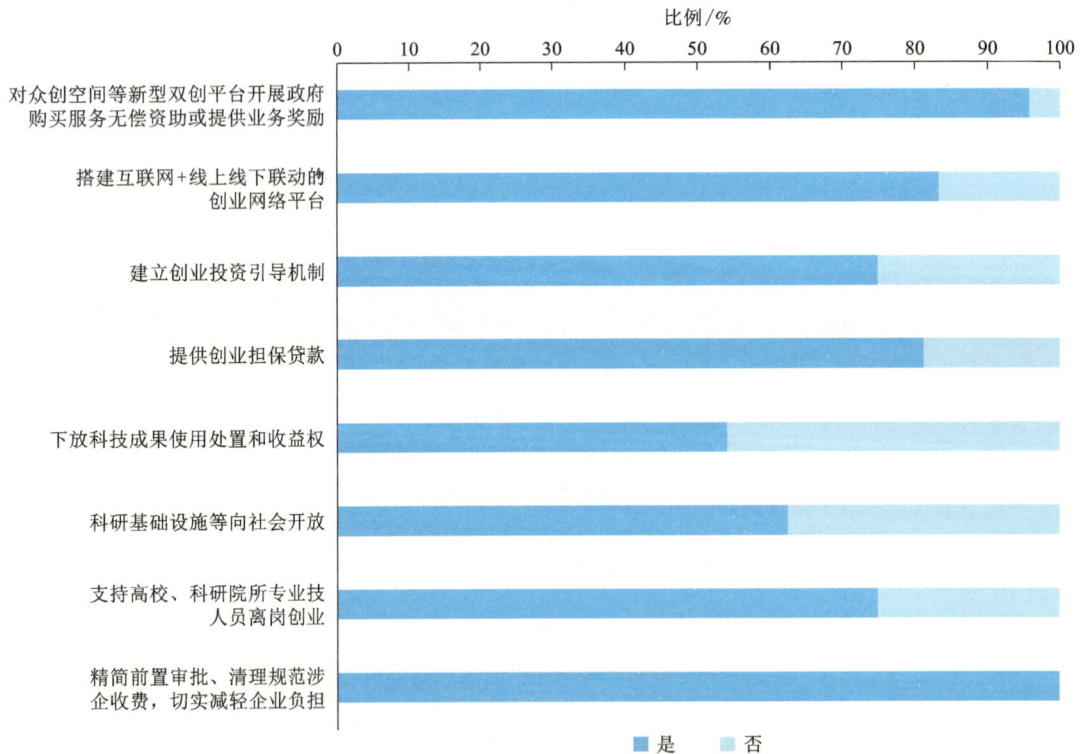

图 2-14　全省高新区为支持大众创业提供的服务

在技术合作创新平台方面，如图 2-15 所示，92% 的高新区拥有国家级或省级企业技术中心，79% 的高新区拥有国家或省级工程技术研究中心，69% 的高新区拥有国家或省级工程研究中心，60% 以上的高新区拥有科研院所或院士工作站，50% 以上的高新区拥有国家级或省级博士后科研工作站，其中，长株潭地区高新区分布技术创新平台最多。

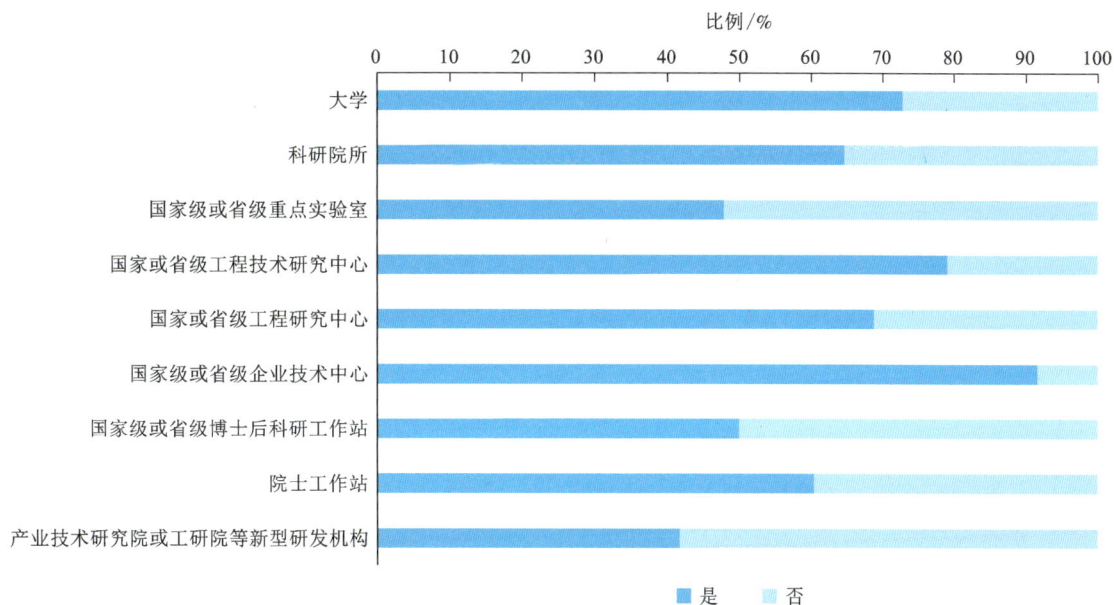

图 2-15　全省高新区技术合作创新平台分布情况

二、创新能力和创业活跃度排名

如表 2-2 所示，2021 年全省高新区的创新能力和创业活跃度指标得分 90 分以上的高新区 2 家，80~90 分的高新区 2 家，70~80 分的高新区 8 家，60~70 分的高新区 13 家，排名前 6 的均为国家高新区。国家高新区排名前三的为长沙、株洲和怀化高新区；省级高新区排名前三的为岳麓、浏阳和雨湖高新区。

今后，各高新区应充分用好各类支持和激励政策，发挥财政资金的杠杆作用，引导园区企业加大研发投入。支持企业积极创建国家级、省级技术研发平台，鼓励高新区内企业与高校、科研院所开展产学研协同创新，支持规上工业企业自建或共建研发机构，提升创新主体核心竞争力。鼓励园区建设公共检测、科技成果交易中心、众创空间孵化器、科技金融等公共服务平台，营造有利于科技人员创新创业、科技成果产业化、科技企业孵化的体制机制与环境。

表 2-2　湖南省高新区创新能力和创业活跃度排名

高新区名称	得分	排名	高新区名称	得分	排名
长沙国家高新区	94.79	1	衡山高新区	60.84	24
株洲国家高新区	90.58	2	平江高新区	60.45	25
怀化国家高新区	86.92	3	娄底高新区	59.88	26
衡阳国家高新区	84.95	4	石门高新区	59.42	27
益阳国家高新区	79.58	5	岳阳高新区	59.03	28
湘潭国家高新区	78.45	6	道县高新区	58.96	29
岳麓高新区	78.20	7	岳阳绿色化工高新区	57.38	30
浏阳高新区	75.07	8	桂阳高新区	57.16	31
郴州国家高新区	72.68	9	祁阳高新区	57.13	32
雨湖高新区	72.46	10	张家界高新区	57.00	33
宁乡高新区	70.68	11	宁远高新区	56.91	34
岳阳临港高新区	70.04	12	汨罗高新区	56.63	35
湘西高新区	69.79	13	新化高新区	56.62	36
津市高新区	66.82	14	隆回高新区	56.01	37
泸溪高新区	65.83	15	澧县高新区	55.22	38
洪江高新区	65.75	16	沅江高新区	55.17	39
常德国家高新区	65.63	17	汉寿高新区	54.62	40
韶山高新区	65.12	18	攸县高新区	54.25	41
衡阳西渡高新区	64.33	19	双峰高新区	53.32	42
江华高新区	62.97	20	邵阳县高新区	52.09	43
桃源高新区	62.97	20	炎陵高新区	50.38	44
湘阴高新区	61.43	22	华容高新区	49.57	45
临澧高新区	61.41	23	临湘高新区	49.26	46

第三章 结构优化和产业价值链分析

一、结构优化和产业价值链发展情况

湖南省高新区按照"发展高科技、实现产业化"方向，聚焦"四个面向"，科学确定主导产业、优势产业、特色产业和未来产业，以培育具有国际竞争力的企业和产业为目标，推动产业链的延链、补链、强链、固链，优化产业布局，加快升级整合，建设高新技术产业发展体系完备、高新技术成果产出丰硕、对湖南省重大战略支撑引领作用进一步增强的产业高地。

结构优化和产业价值链指标重点反映高新区经济结构优化和产业升级方面的表现和成效，下设5个二级指标，分别为"营业收入利润率""高新技术产业贡献""当年新认定高新技术企业数及增速""万人拥有本科（含）学历以上人数""人均技术合同交易额"。

依据5个二级指标，结合相关指标和数据，分别从园区产业结构优化、高新技术企业培育、园区人才结构优化、创新型产业集群培育4个方面对全省高新区结构优化和产业价值链发展情况进行分析、阐述与总结。

（一）产业结构不断优化，创新赋能成效明显

高新区是促进高新技术产业发展的重要基地，在转变发展方式、优化产业结构等方面发挥了重要作用。在结构优化和产业价值链指标中，采用"营业收入利润率""高新技术产业贡献"2个指标主要体现产业结构优化成效。

"营业收入利润率"主要衡量高新区企业的盈利能力和发展绩效，如图2-16所示，2021年全省高新区营业收入利润率平均值为4.09%，较上年度提升0.07个百分点，其中利润率超过8%的高新区有3家，分别为双峰、娄底和岳阳高新区，其中双峰高新区营业收入利润率达10.21%；营业收入利润率低于2%的高新区有5家，分别为泸溪、岳阳绿色化工、华容、韶山和湘潭高新区。

"高新技术产业贡献"反映园区产业结构调整情况，同时强调和鼓励发展高新技术产业。如图2-17所示，2021年全省高新区高新技术产业主营业务收入占技工贸总收入比重均值为57.22%，较上年度提升3.32个百分点，娄底、汨罗、宁乡、江华、澧县、隆回、平江、沅江、攸县、岳阳、津市和临湘等12家高新区超70%，较上年度增加2家；全省高新区的高新技术产业主营业务收入占技工贸总收入比重均超过30%。

全省高新区的主特产业定位比较清晰，调查显示，全省高新区的主特产业主要包括先进制造、

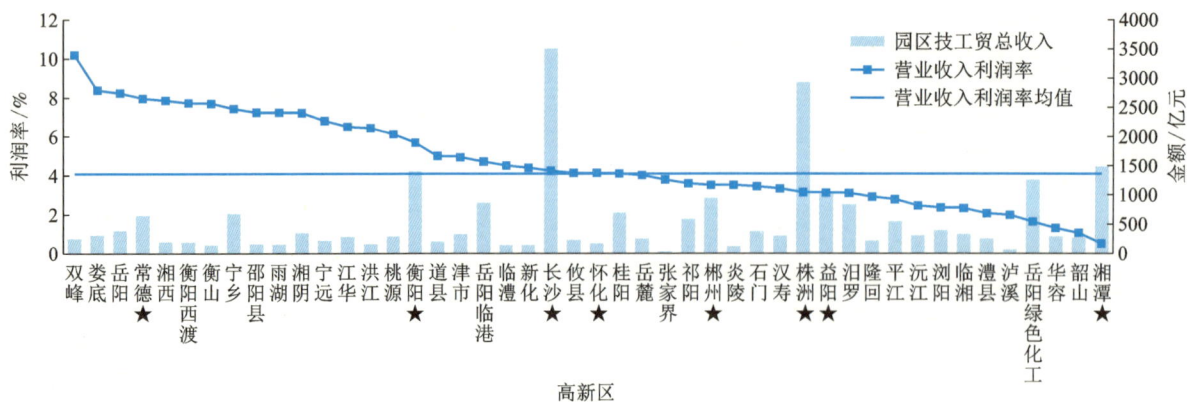

图 2-16 各高新区营业收入利润率

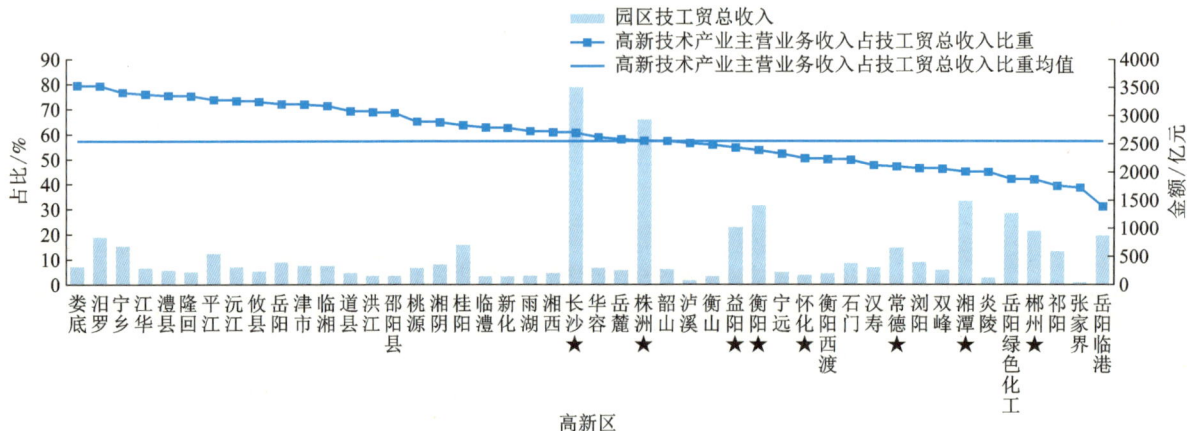

图 2-17 各高新区高新技术产业主营业务收入占技工贸总收入比重

电子信息、新材料、生物医药、新能源、高技术服务、现代农业、纺织、交通运输、其他等十个领域，如表 2-3 所示。

表 2-3 湖南省高新区主特产业领域统计表

高新区	新材料	先进制造	电子信息	生物医药	现代农业	新能源	纺织	高技术服务	交通运输	其他
长沙★		●	●			●				
株洲★		●				●			●	
湘潭★	●	●						●		
益阳★	●	●	●							
衡阳★		●		●						●
郴州★	●		●					●		
常德★	●		●	●						
怀化★	●		●	●						
岳阳临港		●	●						●	
韶山	●	●		●		●				

续表2-3

高新区	新材料	先进制造	电子信息	生物医药	现代农业	新能源	纺织	高技术服务	交通运输	其他
衡阳西渡	●	●			●					
沅江		●							●	
汉寿		●		●						
岳阳	●	●		●						
平江	●				●					●
宁乡	●	●		●		●				
浏阳		●								
湘阴	●	●			●					
津市	●	●		●						
娄底	●	●		●						
泸溪	●	●								
岳麓			●					●		
衡山	●	●								
隆回			●		●		●			
岳阳绿色化工	●						●			
汨罗	●		●				●			
桃源		●	●		●					
张家界	●			●						●
江华	●									
新化	●									
攸县	●	●								
澧县	●				●		●			
桂阳	●		●		●					
宁远		●					●	●		
洪江	●	●								
湘西	●		●	●						
雨湖	●	●								
临湘	●									●
临澧	●	●								
祁阳		●					●			
道县		●		●						
双峰		●		●	●					
石门	●		●		●					
邵阳县	●	●					●			
华容				●			●			
炎陵	●		●				●			

对全省46家高新区的主特产业领域进行分类统计，如图2-18所示，新材料、先进制造、电子信息、生物医药等四大产业仍然是全省高新区布局最多的主导产业，其中分别有31家高新区将新材料、29家将先进制造产业作为园区主导产业，占总体数量的2/3左右。各高新区将主导产业布局在新材料、先进制造、电子信息3个产业中的1~2个，符合我省园区"3+3+2"产业布局。

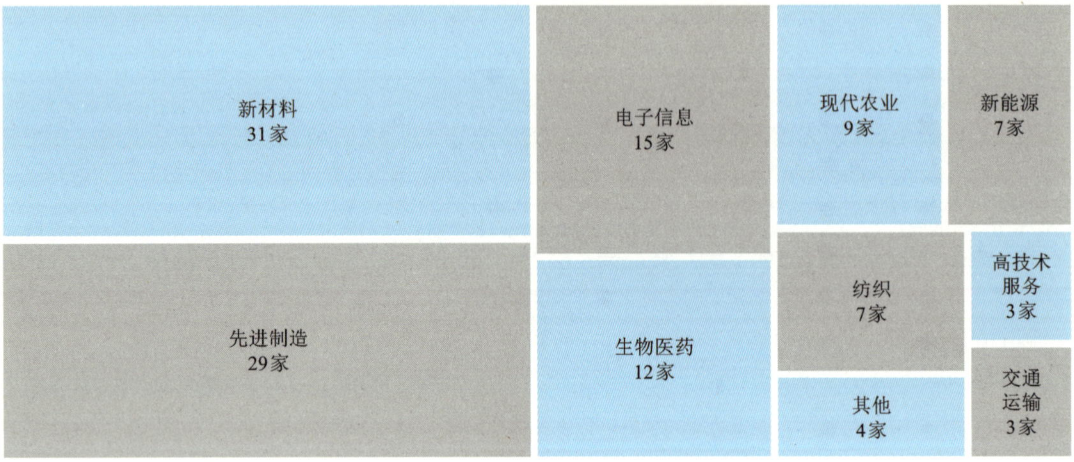

图2-18　全省高新区主导产业领域树状图

如图2-19所示，2021年全省高新区高新技术产业增加值平均为74.20亿元，同比增长8.32%。全省有12家高新区高新技术产业增加值超过全省高新区平均水平，其中长沙和株洲高新区超过300亿元，衡阳和湘潭高新区超200亿元，此4家高新区占全省高新区的36.24%。从高新技术产业增加值增速来看，全省高新区高新技术产业增加值增速均值为13.27%，其中36家高新区超过全省高新区平均水平，23家高新区超过20%，较上年度增加10家，洪江高新区以74.11%的增速位居第1，仅临湘高新区1家高新区增速为负，较上年度减少3家。

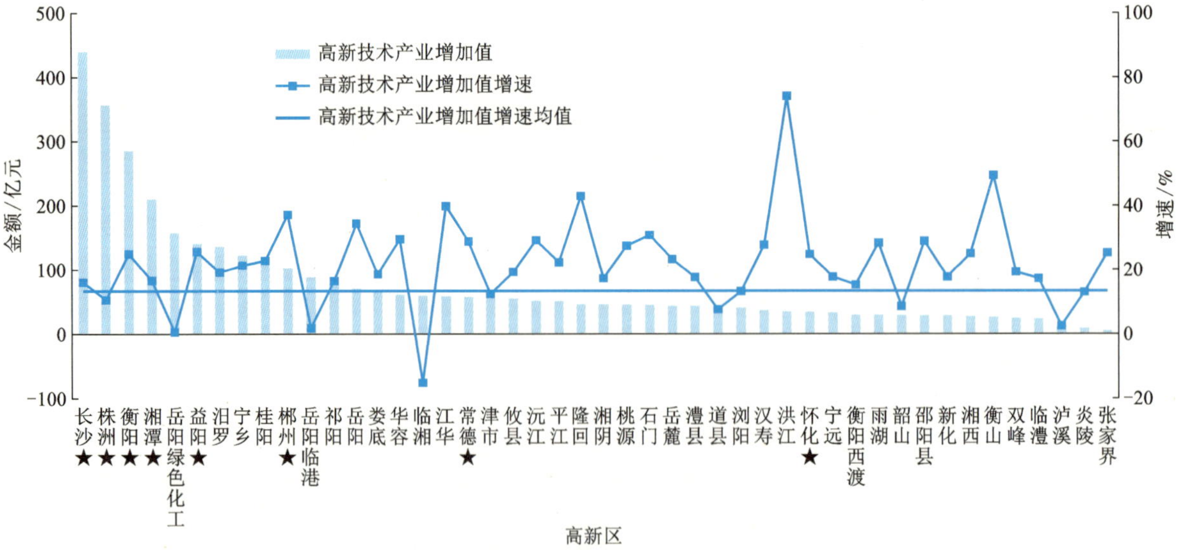

图2-19　各高新区高新技术产业增加值及其增速

(二)高企数量稳步增长,企业创新主体持续壮大

创新主体是高新区创新体系的重要组成部分,全省高新区持续将企业创新主体培育作为推动园区高质量发展的重要工作,通过项目招引、政策支撑和环境优化,在创新主体培育方面取得了显著成效。在结构优化和产业价值链指标中,采用"净增高新技术企业数及增速"体现高新技术企业培育成效。

"当年净增高新技术企业数及其增速"指标用来衡量高新区高新技术企业培育孵化情况,引导园区企业转型升级,促进产业价值链提升。2021年全省高新区净增高新技术企业数均值为14个,较上年度减少5个,高新技术企业净增数量减少,各高新区需加快发展科技型中小微企业,不断壮大高新技术企业培育库,做强存量、做优增量。如图2-20所示,净增高企数超过50个的有2家高新区,分别为长沙和株洲高新区;还有3家高新区净增高新技术企业数为负值。

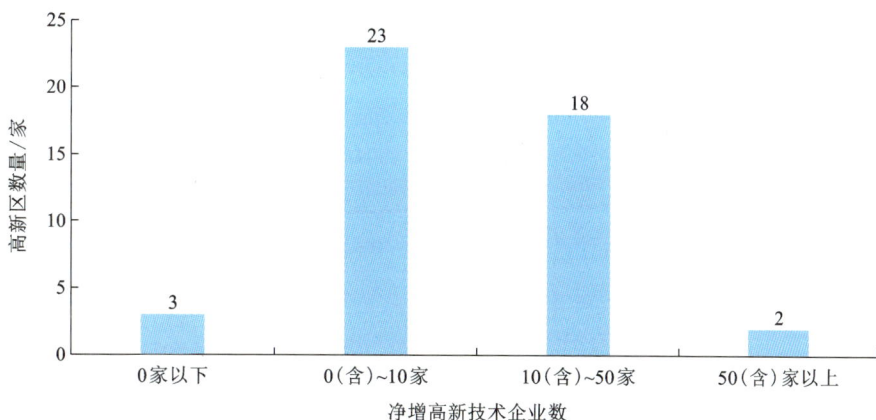

图 2-20　全省高新区当年净增高新技术企业分布情况

在净增高新技术企业增速方面,全省高新区净增高企数增速均值为17.68%,同比降低11.52个百分点,净增高企增速放缓。如图2-21所示,在各高新区中,净增高新技术企业增速达10%以上的有36家高新区,其中增速50%以上的有5家高新区,分别为岳阳临港、衡山、华容、桃源和石门高新区,其中,岳阳临港高新区增速达70%以上。

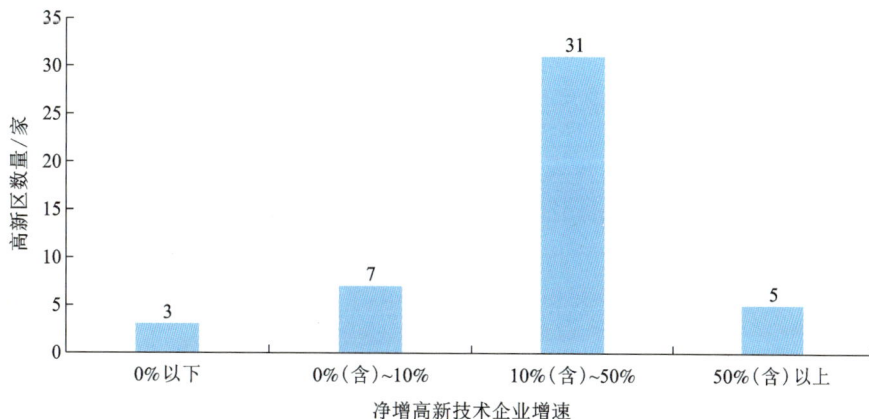

图 2-21　全省高新区当年净增高新技术企业增速分布情况

全省高新区通过完善企业发掘、筛选和培育机制，健全企业支持政策与企业梯度培养体系。如图 2-22 所示，2021 年全省83.33%的高新区实施了高新技术企业培育计划，如长沙高新区出台的《长沙高新区企业倍增计划三年行动方案(2021—2023 年)》，支持各类企业创新主体量质提升，通过实施"柳枝行动"重点支持高新技术企业培育计划，2021 年长沙高新区高新技术企业净增 129 家；衡阳高新区的《培育和引进高新技术企业实施办法》、株洲高新区的《株洲高新区(天元区)高新技术企业、规模企业培育方案》等均取得明显成效，高企数量稳步增长；75%的高新区实施科技型小微企业培育计划，如长沙高新区的"雏鹰计划"，汉寿高新区实施"科技型中小微企业培育计划"，澧县高新区将科技型中小微企业作为重点扶持对象，给予资金和科技项目支持，成效显著；39.58%的高新区实施领军企业培育计划，如津市高新区出台了《关于实施重点培育"一主一特"产业领军企业的若干意见》，湘阴高新区出台了《加快实施产业发展"万千百"工程行动方案》。

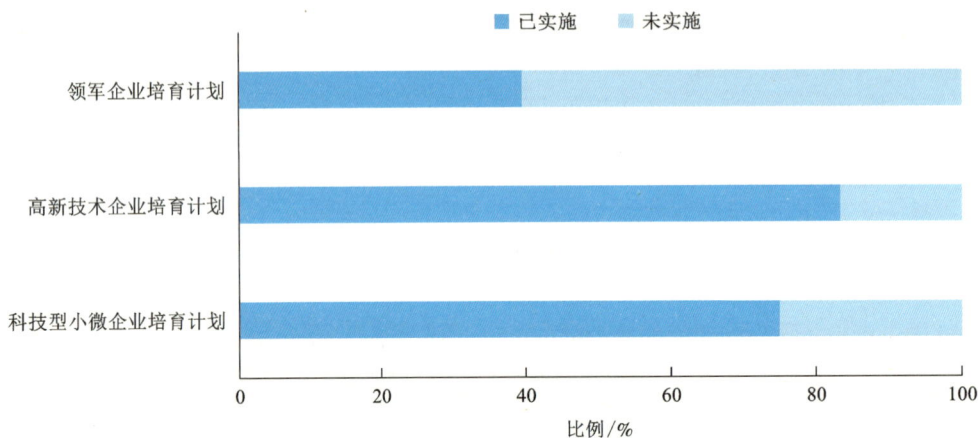

图 2-22　全省高新区实施企业培育计划情况

(三)创新人才结构优化,产业创新活跃度提升

人才是创新发展的第一资源，在关键领域集聚一批战略科技人才、一流科技领军人才和创新团队，助力高新区建设成为更具吸引力的人才高地。在结构优化和产业价值链指标中，采用"万人拥有本科(含)学历以上人数""人均技术合同交易额"体现园区人才结构及创新活跃度。

"万人拥有本科(含)学历以上人数"是评估园区从业人员的知识结构、引导企业进一步提升从业人员综合素质、衡量产业结构优化的重要指标。如图 2-23 所示，2021 年全省各高新区万人拥有本科(含)学历以上人数平均为 1764 人/万人，同比增长 48 人/万人，其中 13 家高新区万人本科人数超过平均水平，岳麓、长沙和湘潭高新区超过了 4000 人/万人，11 家高新区不足 500 人/万人，其中汨罗、隆回、宁远、岳阳、衡阳西渡、邵阳县和炎陵等 7 家高新区不足 200 人/万人，人才集聚差异明显，长株潭自创区在创新人才聚集及人才结构上表现优异。

"人均技术合同交易额"旨在衡量园区技术交易活动频度和规模，体现园区科技创新活跃度态势。2021 年全省高新区人均技术合同交易额平均值为 2.39 万元/人，同比增长 32.78%。如图 2-24 所示，12 家高新区人均技术合同交易额超过平均水平，其中临澧高新区人均技术合同交易额 14.39 万元/人，位居第 1，湘潭和道县高新区分别以 8.08 万元/人、7.01 万元/人位居第 2、第 3；祁阳、石门、韶山、沅江、娄底、桂阳、岳阳临港、郴州和宁远等 9 家高新区不足 0.5 万元/人，其中郴州和宁远高新区仅为 0.027 万元/人、0.003 万元/人。

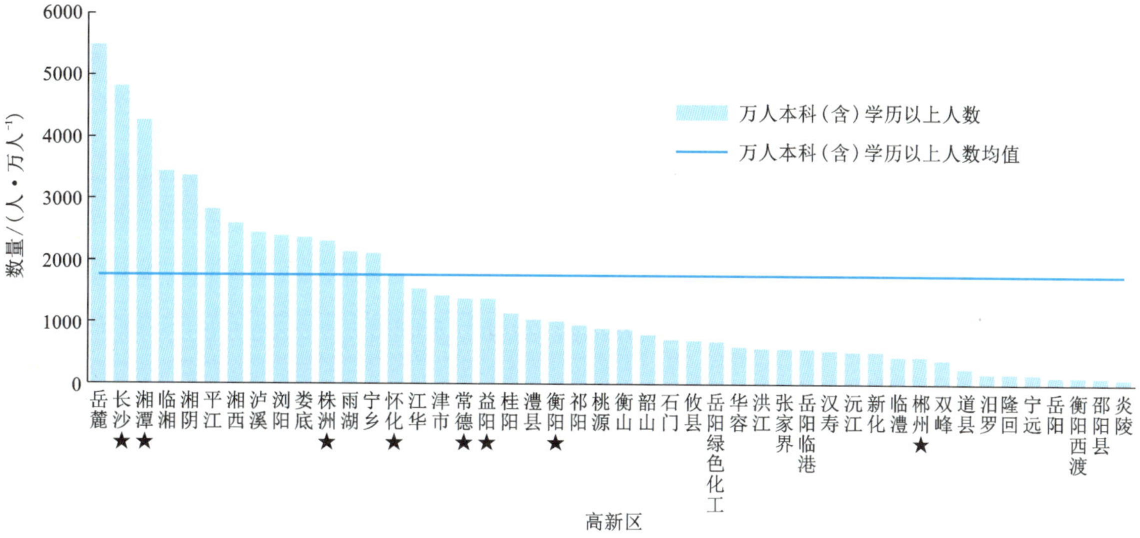

图 2-23　各高新区万人拥有本科(含)学历以上人数

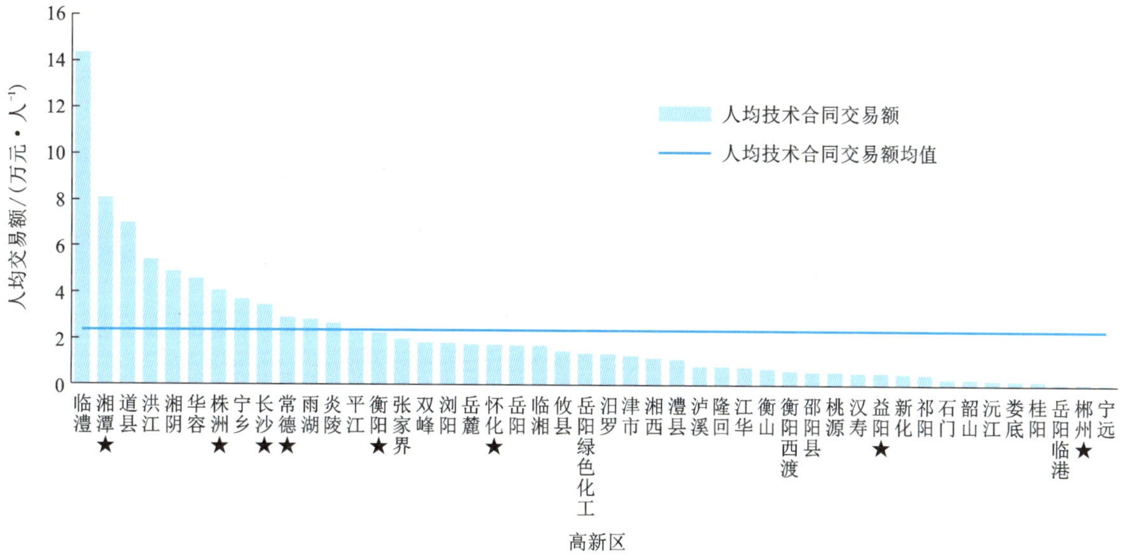

图 2-24　各高新区人均技术合同交易额

(四)服务平台建设加速,产业服务体系化发展

高新区通过建立各类产业服务促进机构,搭建企业与各类创新要素的合作与交流平台,不断推进产学研协同创新和科技成果转移转化。在结构优化和产业价值链指标中,产业服务促进机构主要包括以下七大类:省级及以上高新技术产业化基地、火炬特色产业基地、生产力促进中心、技术转移机构、产业技术创新战略联盟、产品检验检测机构以及其他省级及以上产业促进机构。

如图 2-25 所示,2021 年,全省高新区拥有省级及以上高新技术产业化基地的比例为 45.65%,较上年度提升 2.46 个百分点,其中怀化、郴州和益阳 3 家国家高新区尚未建有高新技术产业化基地;拥有省级及以上火炬特色产业基地和生产力促进中心的比例均为 21.74%;拥有省级及以上技术转移机构和产业技术创新战略联盟的比例均为 28.26%;拥有产品检验检测机构和其他省级及以上产业促进机构的比例均为45.65%。综合来看，炎陵、汨罗、石门和华容等高新区暂未建有省级及以上产业服务促进机构。产业服务促进机构对培育高新技术企业、推动高新技术产业集群发展具有非常重要的作用，各高新区应根据自身实际情况和产业特色加快建设火炬特色产业基地、生产力促进中心、技术转移机构、产业技术创新战略联盟或产品检验检测机构等产业服务促进机构，为高新区高新技术产业集群发展提供良好服务。

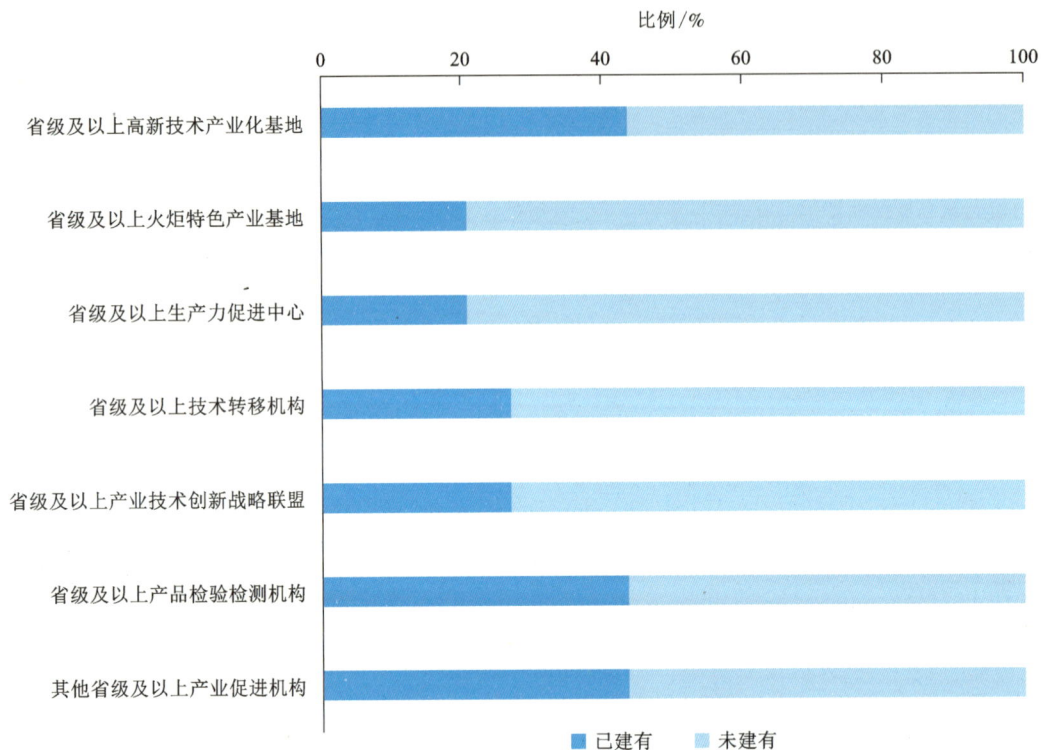

图 2-25 全省高新区产业服务促进机构设置情况

二、结构优化和产业价值链排名

如表2-4所示，2021年全省高新区结构优化和产业价值链指标得分90分以上的高新区有2家，80~90分的高新区有7家，70~80分的高新区有18家，60~70分的高新区有18家，50~60分的高新区有1家。国家高新区排名前三分别为长沙、湘潭和株洲高新区；省级高新区排名前三分别为宁乡、岳麓和湘阴高新区。

今后，各高新区需结合自身资源禀赋和产业基础，围绕产业链部署创新链，按照国家高新区"两主一特"、省级高新区"一主一特"的原则重点发展主导特色产业，聚焦主导特色产业，强化创新资源配置，优先布局相关重大产业项目，加快形成集聚效应和品牌优势，发挥优势产业战略引领作用，集成大中小企业、研发机构、服务机构，带动关联产业协同发展，打造各具特色的产业生态，形成一批具有竞争力的创新型企业和产业集群。

表 2-4　湖南省高新区结构优化和产业价值链排名

高新区名称	得分	排名	高新区名称	得分	排名
长沙国家高新区	91.07	1	汨罗高新区	71.72	24
宁乡高新区	90.42	2	怀化国家高新区	71.50	25
岳麓高新区	88.70	3	隆回高新区	70.34	26
湘阴高新区	86.58	4	桂阳高新区	70.05	27
湘潭国家高新区	85.87	5	邵阳县高新区	69.37	28
株洲国家高新区	85.36	6	张家界高新区	68.50	29
雨湖高新区	83.72	7	益阳国家高新区	68.18	30
常德国家高新区	82.89	8	石门高新区	68.08	31
临澧高新区	80.99	9	沅江高新区	67.87	32
道县高新区	79.57	10	衡阳西渡高新区	67.74	33
平江高新区	78.39	11	祁阳高新区	67.39	34
华容高新区	77.42	12	岳阳临港高新区	67.30	35
湘西高新区	77.32	13	澧县高新区	66.96	36
岳阳高新区	77.12	14	攸县高新区	66.39	37
洪江高新区	76.97	15	临湘高新区	65.87	38
衡山高新区	76.96	16	炎陵高新区	65.75	39
衡阳国家高新区	76.64	17	宁远高新区	64.88	40
津市高新区	74.75	18	新化高新区	64.50	41
桃源高新区	74.66	19	泸溪高新区	62.87	42
双峰高新区	74.18	20	岳阳绿色化工高新区	61.33	43
娄底高新区	73.91	21	韶山高新区	61.11	44
江华高新区	72.55	22	汉寿高新区	60.92	45
浏阳高新区	72.18	23	郴州国家高新区	58.49	46

第四章 绿色发展和宜居包容性分析

一、绿色发展和宜居包容性发展情况

绿色发展意味着经济与生态的良性互动、人与自然的和谐平衡,寄予了人类对美好生活的向往。近年来,各高新区深入贯彻落实习近平生态文明思想,锚定"绿色先行"主基调,一手抓生态建设,一手抓污染防治,守护碧水蓝天,推动产业结构升级,提升环境治理能力,走出了一条经济繁荣与绿色发展协同并进的新时代发展之路。

绿色发展和宜居包容性指标重点反映的是高新区在绿色共享、发展共享和宜居宜业园区建设方面的举措和成效,下设6个二级指标,分别为"单位规模工业增加值能耗降低率""污水集中处理设施外排废水自动监控达标率""当地环境空气质量指数(AQI)不大于100的天数""园区土地节约集约利用指数""管委会当年可支配财力""净增从业人员数及增速"。

依据6个二级指标,结合相关数据和资料,分别从园区生态环境建设、人才培育和宜居宜业环境建设3个方面,对全省高新区绿色发展和宜居包容性发展情况进行详细分析和阐述。

(一)加强生态环境建设,推动园区绿色发展

在绿色发展和宜居包容性指标中,采用"单位规模工业增加值能耗降低率""污水集中处理设施外排废水自动监控达标率""当地环境空气质量指数(AQI)不大于100的天数""园区土地节约集约利用指数"4个指标体现低碳经济发展程度和绿色生态环境建设情况。

近年来,全省高新区加快推进以绿色工厂、绿色园区、绿色设计产品、绿色供应链为主要内容的绿色制造体系建设,长沙、常德、道县、桃源、洪江、汨罗和邵阳县高新区获评2021年度湖南省绿色园区。严格落实生态环境准入要求,不断完善园区环境基础设施建设,加强园区环境监管和污染防治,2021年全省各高新区污水集中处理设施外排废水自动监控达标率为100%。积极推动园区碳达峰、碳中和工作,加快重点行业节能降耗,提高资源利用效率,园区绿色发展水平不断提升。单位规模工业增加值能耗是度量产业能耗的重要指标,也是衡量园区低碳经济实现程度的重要参考。如图2-26所示,2021年,全省各高新区中,有32家高新区单位规模工业增加值能耗有所降低,其中道县和汨罗2家高新区降低率超过40%。

2021年全省各高新区园区土地节约集约利用指数均值为88.55%。如图2-27所示,园区土地节约集约利用指数主要分布在85%~90%之间,还有3家高新区土地节约集约利用指数低于85%,分别为邵阳县、衡山和岳麓高新区。

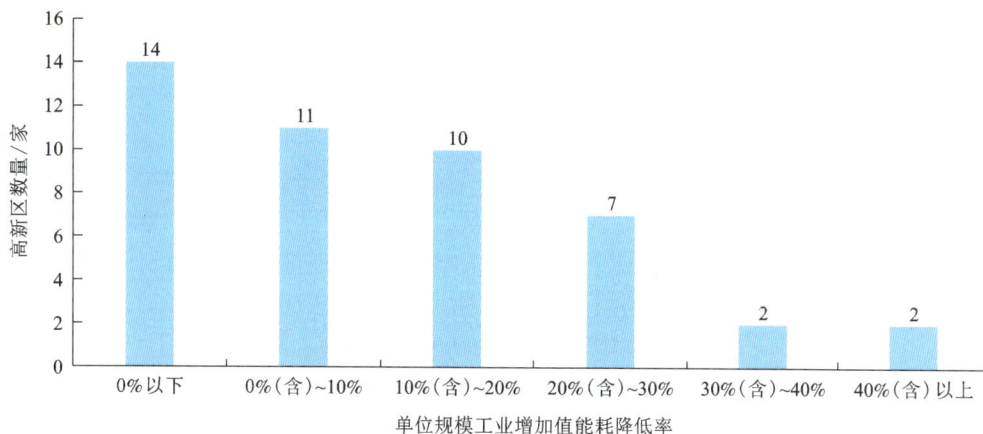

图 2-26　全省高新区单位规模工业增加值能耗降低率分布情况

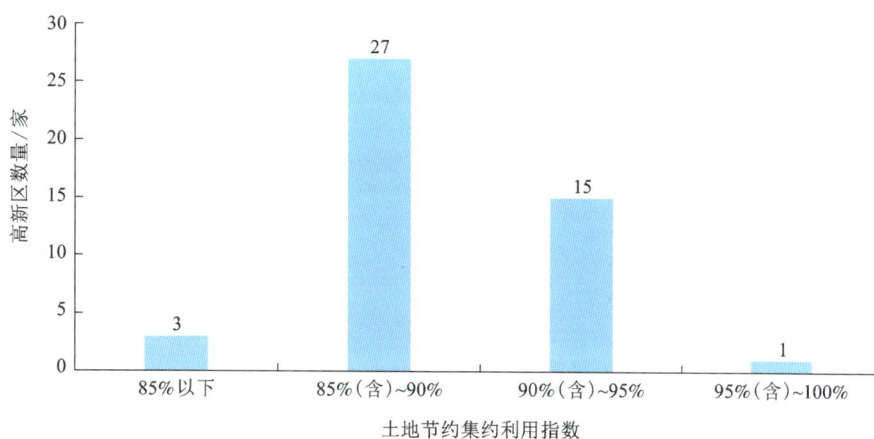

图 2-27　全省高新区土地节约集约利用指数分布情况

如图 2-28 所示，2021 年全省各高新区当地环境空气质量指数（AQI）优良的天数均值为 336 天，其中湘西和桂阳高新区空气质量指数（AQI）优良的天数最多，达 361 天。全省有 16 家高新区当地环境空气质量指数（AQI）优良的天数达 350 天以上。

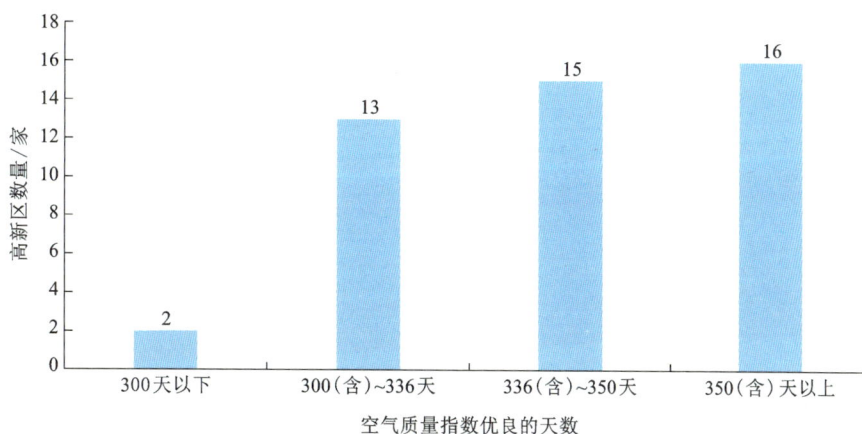

图 2-28　全省高新区当地环境空气质量指数（AQI）优良的天数分布情况

(二)聚力人才引进,为园区创新发展增添"新活力"

人才是创新发展的重要战略力量,在绿色发展和宜居包容性指标中,采用"净增从业人员数及增速"指标来反映园区持续发展活力及对全省经济发展和社会稳定的贡献程度。

2021年全省高新区整体从业人员数量呈现负增长,如图2-29所示,有21家的高新区净增从业人员小于0,其中包括3家国家高新区,分别为益阳高新区(-2.7万人)、长沙高新区(-0.8万人)和湘潭高新区(-749人)。有3家高新区新增从业人员数超过5000人,分别为衡阳、株洲和岳阳高新区,其中衡阳高新区的新增从业人员达2.2万人,位列第1。

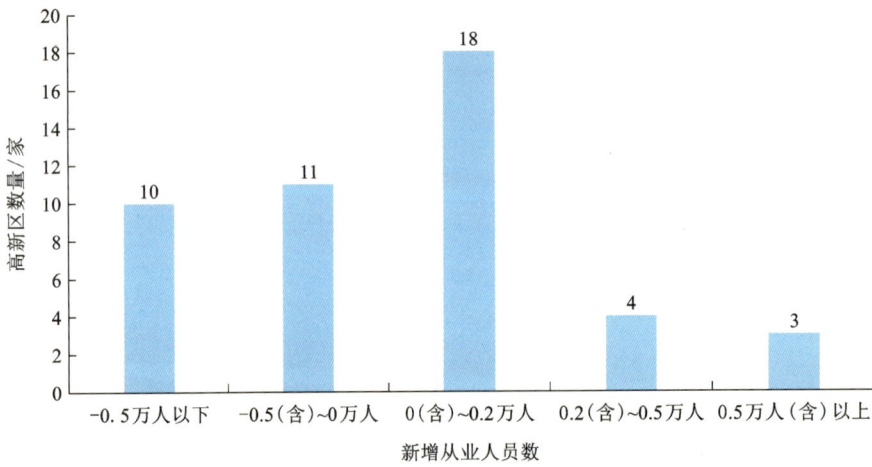

图2-29 全省高新区新增从业人数分布情况

从业人员增速方面来看,全省高新区从业人员增速均值为-4.77%,呈负增长趋势。如图2-30所示,全省高新区中有21家高新区从业人员呈负增长,仅6家高新区从业人员增长率超过10%,其中岳阳高新区的新增从业人员达6021人,增长率为26.0%。全省各高新区受经济放缓和疫情影响,从业人员的增速不高。人才作为创新发展的重要基础,创新驱动就要依靠创造性人才,人才缺失不利于产业发展,更会影响社会的进步。各高新区要完善引人育才机制,着力夯实创新发展人才基础,破解创新发展的"人才之困"。

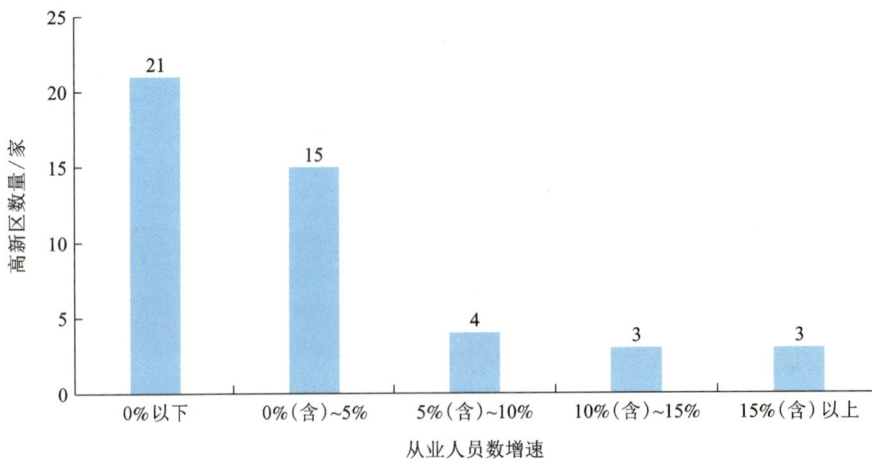

图2-30 全省高新区从业人数增速分布情况

(三)聚焦产城融合发展,为宜居宜业园区建设创造"新天地"

良好的宜居宜业环境是园区吸引人才及招商引资的重要名片,高新区要坚持绿色发展理念,进一步激活区域生态价值,更好发挥生态对经济发展和城市功能的促进作用,打造宜居、宜业、宜创的良好环境。在绿色发展和宜居包容性指标中,采用定量指标"管委会当年可支配财力"和定性指标"管委会促进产城融合与生态环保建设"来体现园区打造宜居宜业环境的能力。高新区"管委会当年可支配财力"主要反映其综合统筹各类资源的财政储备情况,是园区建设和发展的资金保障。"管委会促进产城融合与生态环保建设"是综合评价园区在绿色发展和宜居宜业方面的重要指标,主要包括居住生活配套硬件设施、是否通过 ISO14000 环境认证、绿化覆盖率、森林覆盖率、便利创业的设施配套和服务等。

2021 年全省高新区管委会可支配财力平均值为 20.73 亿元,较上年度增加近 10 亿元。如图 2-31 所示,全省高新区管委会可支配财力主要集中在(1~10)亿元之间,有 24 家高新区;超过 50 亿元的有 5 家,分别为株洲、长沙、宁乡、衡阳和浏阳高新区,较上年度增加 3 家高新区。另外,有 7 家高新区管委会可支配财力低于 0.5 亿元。

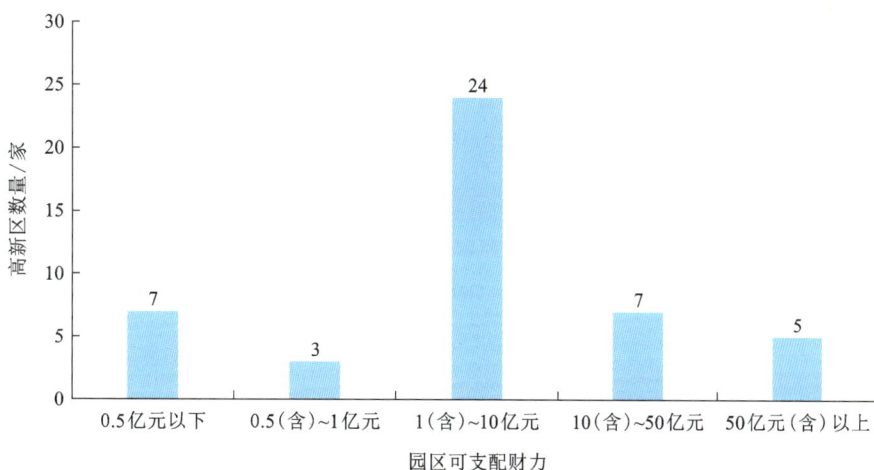

图 2-31 全省高新区管委会可支配财力分布情况

2021 年,各园区不断加强基础设施建设、提升公共服务水平,为企业项目建设和产业发展创造了良好的"硬环境",同时不断完善园区规划与建设,优化园区生态环境,聚力打造宜居宜业美丽园区。如图 2-32 所示,60%左右的高新区建立了较为完善的教育设施,80%以上的高新区配套建设了医疗卫生设施、文化体育设施、商业服务设施及金融邮电设施,90%以上的高新区成立了社区服务中心和行政管理设施。95%以上的高新区具有众创空间、孵化器等科技创新服务类平台,为园区创新创业提供便利的设施配套和服务。然而,各园区的环境管理水平还有待提升,通过 ISO14000 环境体系认证的高新区仅占 10.5%,分别为株洲、益阳、宁乡、张家界和泸溪高新区,各高新区在环境体系建设方面还有待加强。

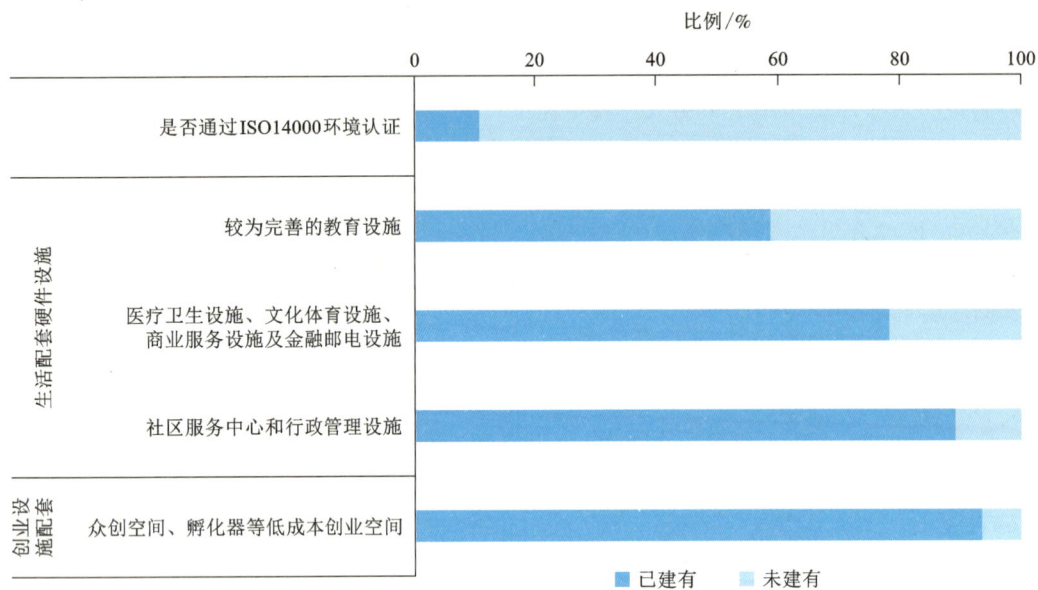

图 2-32　全省高新区宜居性和城市服务功能的完善程度评价

二、绿色发展和宜居包容性排名

如表 2-5 所示，2021 年全省高新区绿色发展和宜居包容性指标得分 90 分以上的高新区 22 家，80~90 分的高新区 24 家。国家高新区排名前三的为衡阳、株洲和长沙高新区；省级高新区排名前三的为宁乡、浏阳和湘西高新区。

今后，各高新区应继续坚持生态优先、绿色发展，加强顶层设计，建立健全高新区绿色低碳循环发展经济体系，继续加大开展绿色工厂、绿色园区、绿色供应链等绿色制造体系建设，推动绿色低碳产业发展。加快产业结构和能源结构调整，严格控制高耗能、高排放、低水平企业入驻，推动重点行业节能降耗，提高资源节约效率和水平，强化"三线一单"和园区生态环境准入清单管控要求，严格执行区域限批制度，进一步完善园区环境基础设施，加强环境污染防治。积极推进高新区与市政建设接轨，完善周边医疗、教育、养老等公共服务设施，以产业需求为导向，推进科技创新、金融服务、人才服务、现代物流等平台建设，提升园区公共服务能力，实现以产兴城、以城促产、产城相融。

表 2-5　湖南省高新区绿色发展和宜居包容性排名

高新区名称	得分	排名	高新区名称	得分	排名
宁乡高新区	99.82	1	双峰高新区	89.83	24
衡阳国家高新区	98.80	2	韶山高新区	89.80	25
浏阳高新区	98.58	3	津市高新区	89.51	26
湘西高新区	98.16	4	岳阳高新区	89.49	27
宁远高新区	97.96	5	临澧高新区	89.05	28
株洲国家高新区	97.25	6	隆回高新区	88.93	29
长沙国家高新区	97.18	7	洪江高新区	88.88	30
怀化国家高新区	96.80	8	郴州国家高新区	88.83	31
祁阳高新区	96.00	9	新化高新区	88.67	32
岳阳临港高新区	95.33	10	桃源高新区	88.63	33
澧县高新区	95.22	11	石门高新区	88.41	34
汨罗高新区	93.91	12	雨湖高新区	87.95	35
道县高新区	93.89	13	桂阳高新区	87.74	36
娄底高新区	92.88	14	衡山高新区	87.63	37
湘潭国家高新区	92.08	15	炎陵高新区	87.45	38
常德国家高新区	91.72	16	邵阳县高新区	87.39	39
平江高新区	91.68	17	泸溪高新区	87.08	40
益阳国家高新区	90.88	18	华容高新区	86.43	41
江华高新区	90.50	19	岳阳绿色化工高新区	86.17	42
攸县高新区	90.32	20	临湘高新区	86.01	43
沅江高新区	90.24	21	湘阴高新区	85.29	44
汉寿高新区	90.13	22	张家界高新区	84.05	45
衡阳西渡高新区	89.97	23	岳麓高新区	83.41	46

第五章 开放创新和国际影响力分析

一、开放创新和国际影响力发展情况

开放创新与国际影响力指标重点反映高新区在推动创新和开展国际竞争与合作方面的成效，体现高新区在国内外的技术、人才、资金集聚的吸引力，展示高新区特色产品、服务以及品牌走向全球市场的竞争力。开放创新和国际影响力下设4个二级指标，分别为"内外资招商引资成效""出口贡献""外籍常驻人员和留学归国人员数""当年新增国际标准和境外专利授权数"。

依据4个二级指标，结合相关指标和数据，分别从招商引资能力、国际贸易交流、国际人才集聚、国际创新成果等4个方面对全省高新区开放创新和国际影响力发展情况进行分析、阐述与总结。

（一）招商引资需进一步发力，各高新区发展不平衡

招商引资是全省高新区推动经济高质量发展的重要手段，在为高新区注入发展资金、优化产业结构、促进人员就业、增加财政收入等方面起着至关重要的作用。在开放创新和国际影响力指标中，采用"内外资招商引资成效"体现招商引资能力。各高新区高度重视招商引资工作，不断创新招商引资方式，完善基础设施配套建设，打造日臻完善的营商体系，多措并举推进项目落地，吸引了一大批境内外投资，为高新区高质量发展注入强劲动力。

2021年全省高新区内外资招商引资到位金额为2239.6亿元。如图2-33所示，在全省高新区中，有4家高新区招商引资总额超过100亿元，分别为湘潭、株洲、长沙和益阳高新区；内外资招商引资到位金额在(50~100)亿元的高新区有18家，在(10~50)亿元的高新区有17家，低于10亿元的高新区有7家。

各高新区应充分抓牢招商引资这个经济发展的"生命线"，立足现有产业基础和自身资源优势及园区定位，转变招商思路、创新招商机制、拓宽招商渠道、优化招商服务，聚焦园区主特产业开展精准对接、专业招商，始终把招商引资作为高新区发展的重要抓手和原动力，进一步提升招商引资工作质量和水平，着力构建更具发展活力的对外开放新格局，推动园区经济持续高质量发展。

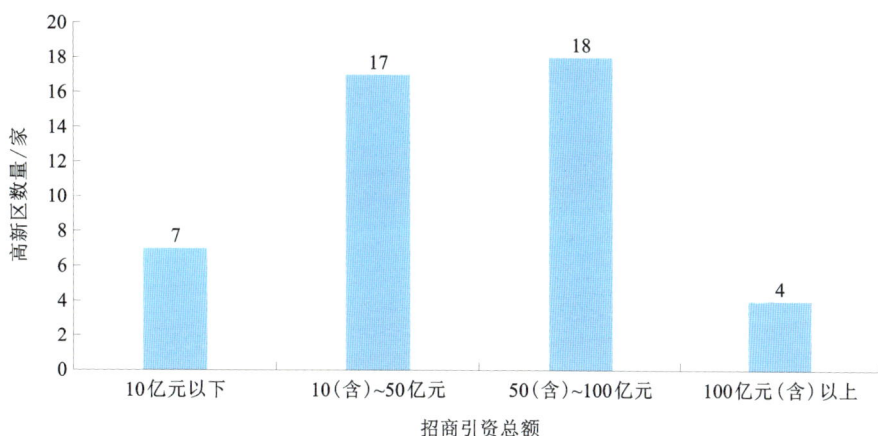

图 2-33　全省高新区招商引资金额分布情况

(二)国际贸易企稳回暖,出口总额增长较快

国际贸易是衡量高新区开放创新和国际影响力的重要指标。2021 年全省高新区克服疫情和国际大环境影响,坚持开放创新,高新区作为推动开放型经济高质量发展打造内陆地区改革开放新高地的作用更加凸显。在开放创新和国际影响力指标中,采用"出口贡献"体现国际贸易交流水平。全省高新区积极融入"国内国际双循环"新发展格局,科学分析研判当前形势,统筹利用国内国际两个市场、两种资源的能力,精准施策,主动作为,不断加大对外贸企业帮扶力度,积极落实惠企政策,优化提升营商环境,多措并举稳外资、稳外贸,全省高新区在复杂的国际大环境下进出口贸易逆势上扬。

全省高新区平均进出口总额达 27.86 亿元。如图 2-34 所示,全省高新区中进出口总额超过 100 亿元的高新区有 2 家,分别为长沙和郴州高新区,其出口额分别达 462.46 亿元、226.10 亿元,两家高新区的进出口总额占全省高新区进出口总额的一半以上;进出口总额在 10 亿元以上的 16 家高新区中,有 6 家高新区是湘南地区高新区,在四大地区中数量最多;国家高新区中怀化高新区进出口总额不到 10 亿元,仅 4.64 亿元,需进一步加强与"一带一路"沿线国家开展人才交流、技术交流和经贸合作,推动高新区内企业"走出去",拓展国际市场。

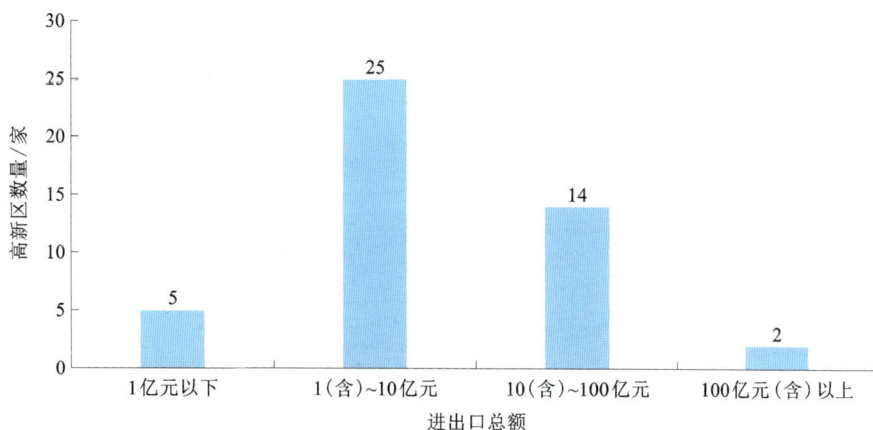

图 2-34　全省高新区进出口总额分布情况

全省高新区出口总额占技工贸总收入比重为 5. 12%，较 2020 年提升了 0. 42 个百分点。如图 2-35 所示，全省高新区出口总额占技工贸总收入比重超 10%的有 4 家高新区，分别为郴州、江华、长沙和张家界高新区，其中，郴州高新区占 23.75%，居第 1 位；共有 12 家高新区超过全省高新区平均水平。

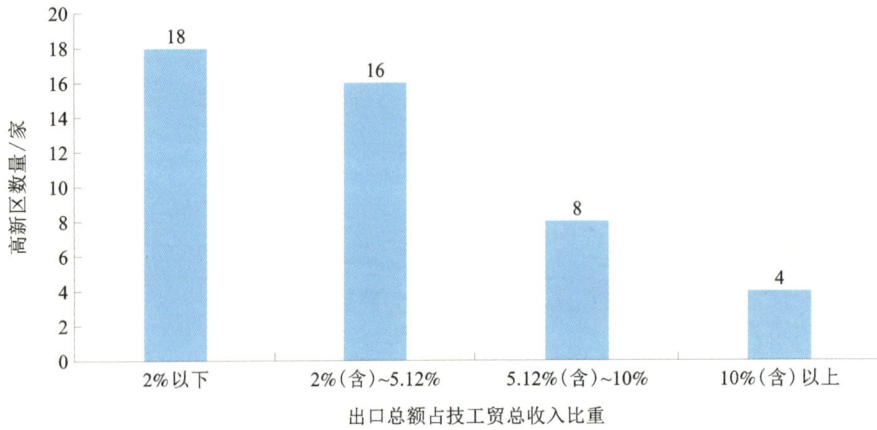

图 2-35　全省高新区出口总额占技工贸比重分布情况

从进出口总额增速来看，全省高新区进出口总额较上年度增长 39.79%，如图 2-36 所示，全省高新区共有 23 家高新区进出口总额增速超全省高新区平均水平，有 10 家高新区出口总额增速超100%，分别为汨罗、汉寿、隆回、娄底、津市、桃源、道县、雨湖、张家界和临湘高新区；还有 8 家高新区呈负增长趋势，分别为衡阳、株洲、炎陵、泸溪、临澧、衡阳西渡、新化和浏阳高新区。各高新区应积极把握发展大势，支持一批产品竞争力强、发展前景好的企业开拓国际市场，同时引进更多有实力的外贸企业落户高新区，挖掘新增量，进一步做大做强外贸进出口能力和规模，切实促进外贸稳定健康发展，为我省对外开放工作取得新成效，打造内陆地区对外开放新高地作出积极贡献。

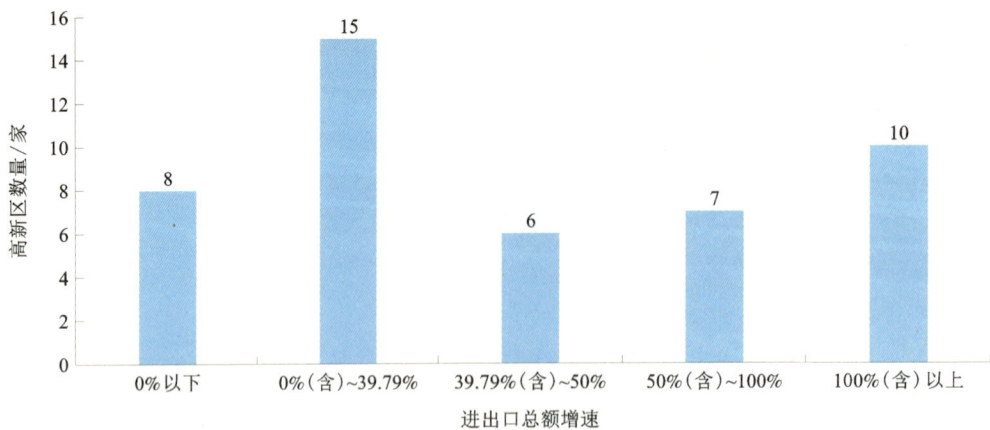

图 2-36　全省高新区进出口总额增速分布情况

(三)国际人才集聚能力提升,人才数量保持增长

从业人员的国际化是体现全球竞争能力的重要因素,外籍常驻人员和留学归国人员是一个城市或区域国际化重要的标志。在开放创新和国际影响力指标中,采用"外籍常驻人员和留学归国人员"指标体现高新区国际人才集聚能力。各高新区高度重视国际人才的集聚和培育,通过完善国际人才引才体系,积极出台各类人才政策,搭建创新创业平台、增强招引力度、提供全链条服务等方式多措并举吸引国际人才入驻,各高新区对高层次、优秀留学归国人才的吸引力不断增加,海外英才集聚效应取得新的成效。

2021 年,全省高新区外籍常驻人员和留学归国人员总数为 4348 人,同比增长 4.85%。如图 2-37 所示,全省高新区有 3 家高新区超 500 人,其中长沙高新区居全省第 1 位,人员数达 1309 人,占全省高新区的比重超过三成;益阳和株洲高新区分别为 605 人、592 人,占全省高新区的比重分别为 13.91%、13.62%;全省高新区中外籍常驻人员和留学归国人员超 100 人的,还有岳阳临港、湘潭、衡阳、祁阳和宁乡 5 家高新区;除此之外,19 家高新区不足 10 人。新时代的发展,更加需要各类高端人才的支撑,各高新区应更加重视海外英才集聚,积极引进国际先进技术、管理经验和商业模式,出台更加开放的人才政策,吸纳更多海外高层次人才资源。

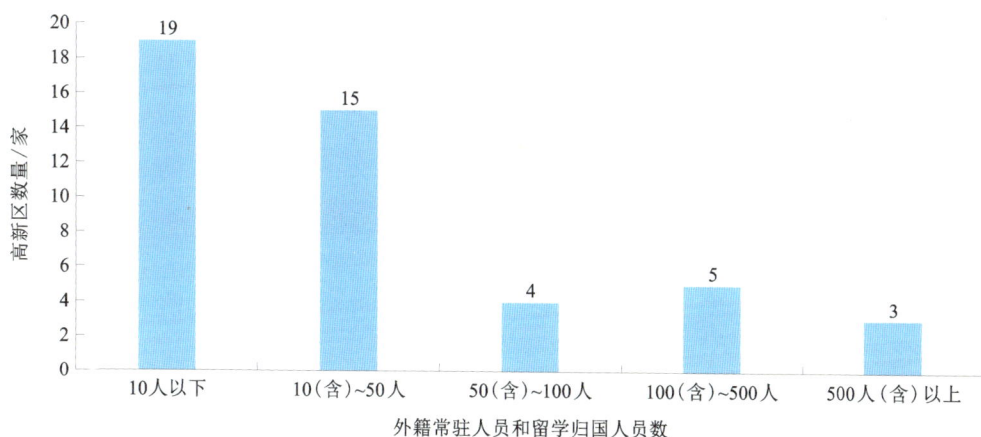

图 2-37 全省高新区外籍常驻人员和留学归国人员分布情况

(四)国际创新成果布局有待加强,国际竞争意识还需提升

国际创新成果是高新区参与国际竞争的一个重要评价维度,体现了各高新区自主研发、科技创新能力以及国际竞争力。在开放创新和国际影响力指标中,采用"当年新增国际标准和境外专利授权数"指标衡量园区企业海外知识产权布局情况。部分高新区鼓励企业增加技术投入,提高知识产权保护意识、创新意识和创新能力,强化企业知识产权创造、运用、管理和保护能力,加强国际知识产权布局,提升企业的国际认可度和竞争力,国际创新取得一定成效。

2021 年全省高新区新增国际标准和境外专利授权数 297 件,同比增长 74.71%,全省各高新区平均值为 6.46 件,较上年度提升了 2.55 件。如图 2-38 所示,全省高新区中仅有 15 家高新区参与了国际标准制定或境外专利布局,其中,长沙、株洲高新区当年新增数分别为 103 件和 80 件,居全省高新区前 2 位,占全省高新区比重超六成;31 家高新区在 2021 年度未参与国际标准制定或境外

专利布局。各高新区应重视国际创新成果的培育，加大对新增了国际标准和国际专利数的企业扶持力度，全面提升企业"布局国际市场，专利先行"的意识，指导企业编制实施海外知识产权战略，提升企业海外知识产权风险意识及纠纷应对能力，提高知识产权工作的管理水平，争取在开放创新中取得新的突破。

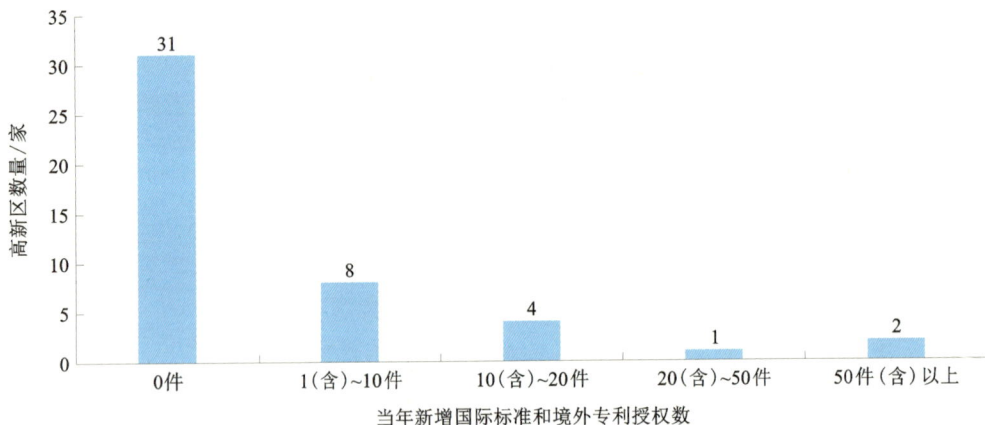

图 2-38　全省高新区新增国际标准和境外授权专利分布情况

二、开放创新和国际影响力排名

如表 2-6 所示，2021 年全省高新区开放创新和国际影响力指标得分 90 分以上的高新区有 1 家，80~90 分的高新区有 1 家，70~80 分的高新区有 7 家，60~70 分的高新区有 8 家。排名前 5 的均为国家高新区，分别为长沙、株洲、衡阳、湘潭和益阳高新区；省级高新区排名前三的分别为宁乡、汉寿和岳阳临港高新区。

今后，各高新区要积极融入国家"一带一路"倡议，加强与"一带一路"沿线国家开展人才交流、技术交流和经贸合作，扩大对外投资合作，全面提升高新区经济的外向度和国际化发展水平；加快开放协作，积极参与长江经济带、粤港澳大湾区等国家重大区域发展战略及长株潭一体化发展、环洞庭湖经济带、湘南湘西承接产业转移示范区等省内区域发展战略，推动创新资源互联互通、技术创新协同协作、创新平台共建共享、创新政策互融互认、产业发展成链成群，塑造区域联动、优势互补的创新共同体。

表 2-6　湖南省高新区开放创新和国际影响力排名

高新区名称	得分	排名	高新区名称	得分	排名
长沙国家高新区	95.22	1	澧县高新区	55.64	24
株洲国家高新区	88.05	2	张家界高新区	55.18	25
衡阳国家高新区	77.54	3	双峰高新区	54.82	26
湘潭国家高新区	76.37	4	汨罗高新区	54.70	27
益阳国家高新区	74.70	5	岳阳高新区	54.55	28
宁乡高新区	74.25	6	道县高新区	54.30	29
常德国家高新区	73.55	7	宁远高新区	54.03	30
郴州国家高新区	71.88	8	岳阳绿色化工高新区	53.58	31
汉寿高新区	71.43	9	新化高新区	53.53	32
岳阳临港高新区	68.61	10	临澧高新区	53.41	33
岳麓高新区	68.36	11	石门高新区	52.63	34
江华高新区	66.82	12	临湘高新区	52.28	35
祁阳高新区	65.00	13	雨湖高新区	52.24	36
桃源高新区	64.84	14	沅江高新区	52.24	36
隆回高新区	64.08	15	韶山高新区	50.76	38
平江高新区	62.57	16	衡山高新区	50.38	39
洪江高新区	62.17	17	邵阳县高新区	50.13	40
泸溪高新区	58.16	18	攸县高新区	50.08	41
娄底高新区	57.53	19	湘阴高新区	49.51	42
湘西高新区	57.38	20	衡阳西渡高新区	49.26	43
怀化国家高新区	57.32	21	浏阳高新区	48.87	44
津市高新区	57.01	22	炎陵高新区	47.26	45
桂阳高新区	55.78	23	华容高新区	46.47	46

第六章 综合质效和持续创新力分析

一、综合质效和持续创新力发展情况

高新区作为引领区域经济发展的主力军，在保持较快增长的同时，牢牢把握"高"和"新"发展定位，不断增强综合实力，提升发展的质量和水平，持续推动创新驱动高质量发展迈上新台阶。

综合质效和持续创新力指标重点反映全省高新区以创新驱动经济社会发展和推动持续创新方面的表现与成效，下设 6 个二级指标，包括 5 个定量指标和 1 个定性指标。其中定量指标分别为："当年技工贸收入贡献""上年度园区生产总值占所在城市(区县)GDP 的比重""亩均效益""全员劳动生产率""上市企业数"；定性指标"创新驱动发展工作成效评价"，包括"园区科技创新宣传工作成效""管委会的体制机制创新和有效运作评价""管委会优化营商投资环境政策措施评价"。

依据这 6 个二级指标，结合相关指标和数据，分别从综合实力、发展质效和创新驱动成效等 3 个方面，对全省高新区综合质效和持续创新力情况进行详细描述分析与阐述。

(一)综合实力不断增强，区域经济贡献突出

高新区是所在城市和区域的重要发展板块，肩负着辐射带动所在区域经济的使命。衡量高新区综合实力、辐射带动地方经济增长方面的指标为"当年技工贸收入贡献""上年度园区生产总值占所在城市(区县)GDP 的比重"。

"当年技工贸收入贡献"反映园区经济成长力和园区新动能的培育成效，通过园区技工贸总收入及其增速水平来体现。2021 年全省高新区技工贸总收入为 2.50 万亿元，技工贸总收入平均水平为 544.43 亿元，同比增长 6.12%。如图 2-39 所示，全省高新区中有 6 家高新区技工贸总收入超过千亿元，分别为长沙、株洲、湘潭、衡阳、岳阳绿色化工和益阳高新区，其中岳阳绿色化工高新区以 1263.05 亿元位列第 5，在省级高新区中规模最大；泸溪和张家界 2 家高新区仍未达到新《认定管理办法》中规定的认定条件——技工贸总收入不低于 100 亿元。

从技工贸总收入增速来看，全省高新区技工贸总收入增速为 13.35%，较上年度提升了 4.95 个百分点。如图 2-40 所示，全省高新区技工贸总收入增速在 30% 以上的高新区有 5 家，分别为祁阳、桃源、岳阳临港、江华和雨湖高新区，其中祁阳高新区以 44.71% 的增速排第 1；18 家高新区低于全省高新区平均水平，其中有 3 家高新区呈负增长，分别为炎陵、益阳和临湘高新区。

"上年度园区生产总值占所在城市(区县)GDP 的比重"，反映园区对所在城市经济产业的贡献，

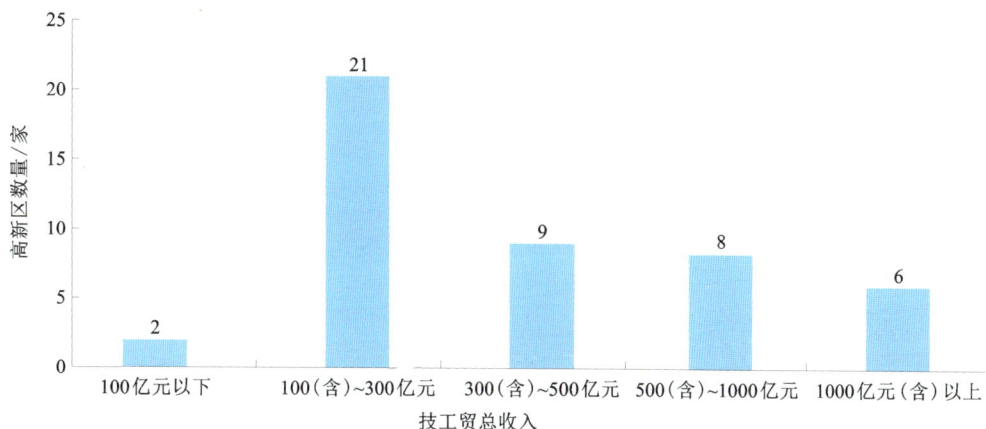

图 2-39　全省高新区技工贸总收入分布情况

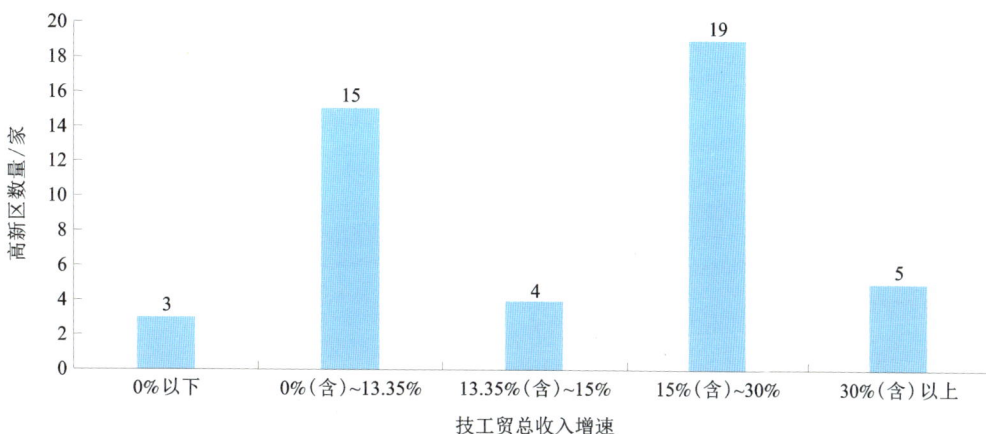

图 2-40　全省高新区技工贸总收入增速分布情况

引导园区发挥辐射带动作用。上年度高新区的生产总值占所在城市(区县)GDP 的比重均值为 13.04%，同比提高 1.74 个百分点，高新区对国民经济的支撑力进一步增强；如图 2-41 所示，全省高新区中有 3 家高新区上年度生产总值占所在城市(区县)GDP 的比重超过 50%，分别为岳阳绿色化工、韶山和桂阳高新区，其中岳阳绿色化工高新区以 82.39% 的占比位居第 1，有 12 家高新区在全省高新区均值水平以下。

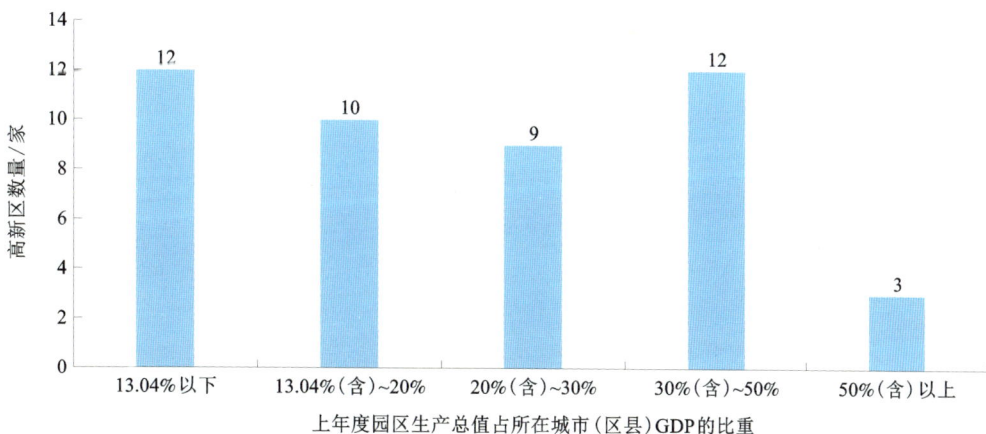

图 2-41　全省高新区上年度园区生产总值占所在城市(区县)GDP 的比重分布情况

（二）发展质效明显提升，助力高新区高质量发展

我国经济已转向高质量发展阶段，只有通过提高亩均效益和生产效率，进而提高资源利用水平和发展质效，才能有效推动经济可持续和高质量发展。在综合质效和持续创新力指标中，采用"亩均效益""全员劳动生产率"指标衡量高新区的发展质效。

"亩均效益"包括亩均生产总值、亩均税收产出强度、亩均固定资产投入强度3个三级指标，引导园区企业提高资源要素利用水平，减少土地低效利用，提高可持续发展能力。2021年，全省高新区平均每亩已开发面积①的生产总值为95.94万元/亩。如图2-42所示，有株洲、长沙、石门和岳阳临港4家高新区的亩均生产总值超过160万元/亩，其中株洲高新区亩均生产总值最高，为187.26万元/亩；亩均生产总值不足50万元/亩的有泸溪、临澧、道县、张家界和宁远等5家高新区。

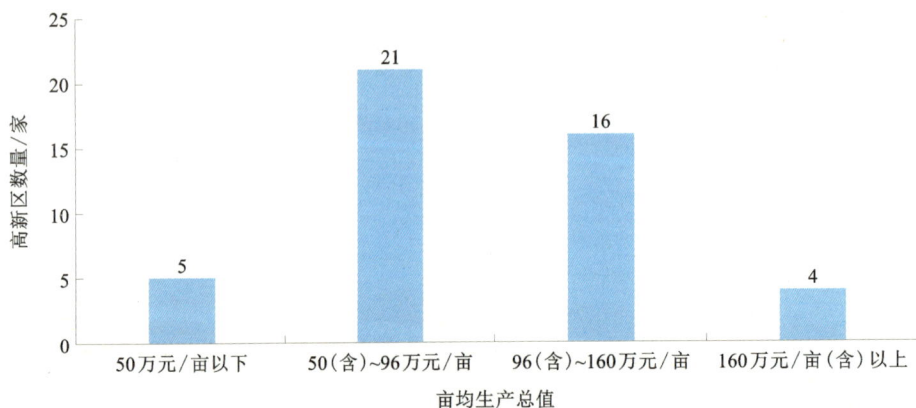

图2-42 全省高新区亩均生产总值分布情况

2021年全省高新区亩均税收产出强度为12.07万元/亩。如图2-43所示，有13家高新区超过全省高新区平均水平，不到三分之一，其中岳阳绿色化工高新区亩均税收水平最高，达到54.5万元/亩，紧随其后的为长沙和株洲高新区，均在18万元/亩以上，而宁远、道县、临湘、津市和汉寿等16家高新区的亩均税收不足6万元/亩，亩均税收产出强度还有待提升。

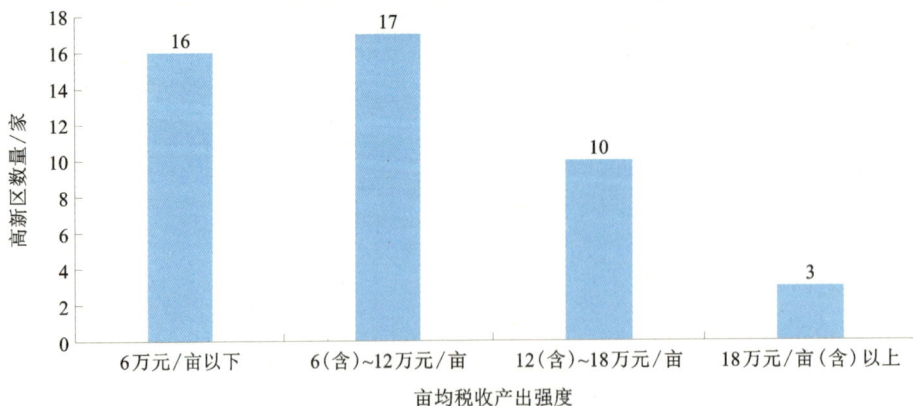

图2-43 全省高新区亩均税收产出强度分布情况

---

① 2021年度已开发面积使用省统计局公开数据计算，2020年度已开发面积使用省自然资源厅公开数据计算。

2021 年全省高新区亩均固定资产投入强度为 77.01 万元/亩。如图 2-44 所示，有 23 家高新区超过全省高新区平均水平，其中隆回高新区亩均固定资产投入强度最高，达到 178.69 万元/亩，紧随其后的有炎陵、岳阳临港、株洲和宁乡高新区，均在 150 万元/亩以上；而衡阳西渡、衡阳、泸溪、宁远等 4 家高新区的亩均固定资产投入强度不足 40 万元/亩。

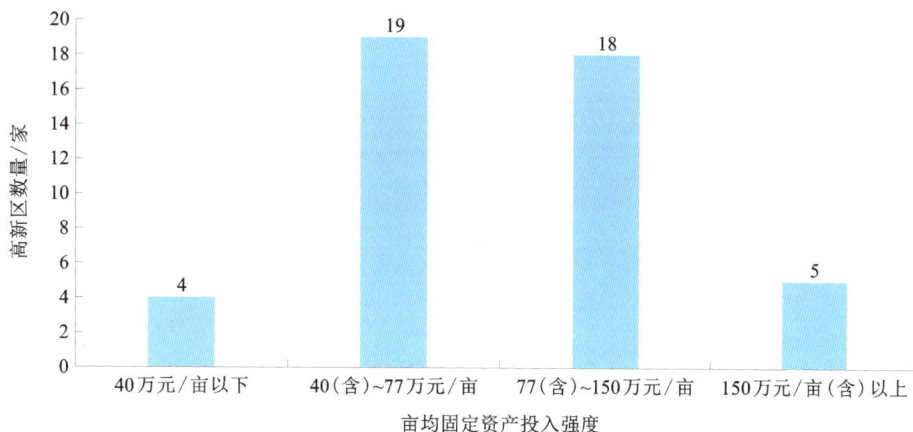

图 2-44　全省高新区亩均固定资产投入强度分布情况

"全员劳动生产率"衡量园区价值创造效能，激励园区企业不断提高生产效率。2021 年，全省高新区全员劳动生产率均值为 40.70 万元/人，较上年度增加了 4.20 万元/人，反映高新区在知识经济下创造价值的效率不断提高。如图 2-45 所示，有 22 家高新区高于全省高新区全员劳动生产率平均水平，达到 60 万元/人以上的高新区有 5 家，分别是华容、平江、湘西、临湘和湘阴高新区；临澧、张家界和衡山等 3 家高新区全员劳动生产率不足 20 万元/人。

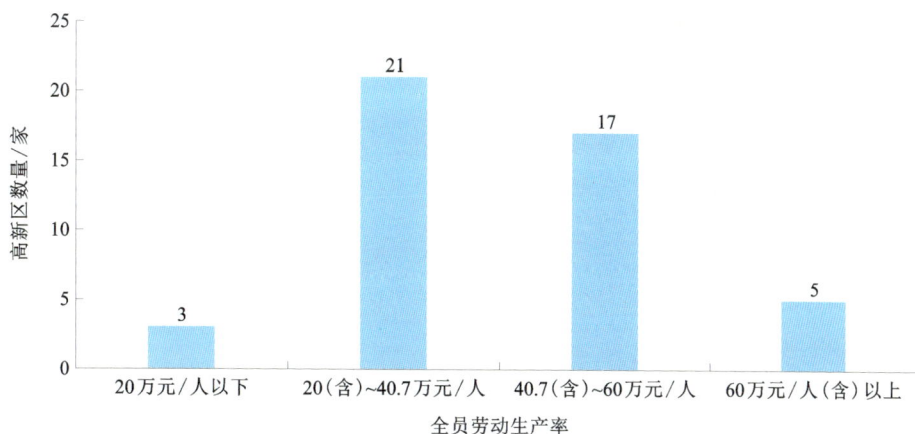

图 2-45　全省高新区全员劳动生产率分布情况

（三）创新驱动成效显著，创新能力持续提升

坚持创新驱动发展是推动高新区形成持续创新力的有力支撑和保障。在综合质效和持续创新力指标中，采用"上市企业数""园区科技创新宣传工作成效""管委会的体制机制创新和有效运作评价""管委会优化营商投资环境政策措施评价"体现高新区创新驱动发展工作成效。

"上市企业数"包括境外上市、主板上市、创业板上市、科创板上市企业以及区域股权上市企业数量。高新区上市企业数反映园区中具有发展实力的企业增长情况,同时引导园区企业积极通过金融市场进行科技融资。2021年,全省高新区平均拥有上市企业当量数为7.19家,如图2-46所示,6家高新区的上市企业当量数超过全省高新区平均水平,分别为株洲、长沙、浏阳、湘潭和衡阳等高新区,13%的高新区集聚了73.62%的上市企业当量数;6家高新区无上市企业,分别为宁远、临澧、邵阳县、桂阳、临湘和华容高新区。上市企业的分布十分不均衡,呈现出明显的"马太效应"。

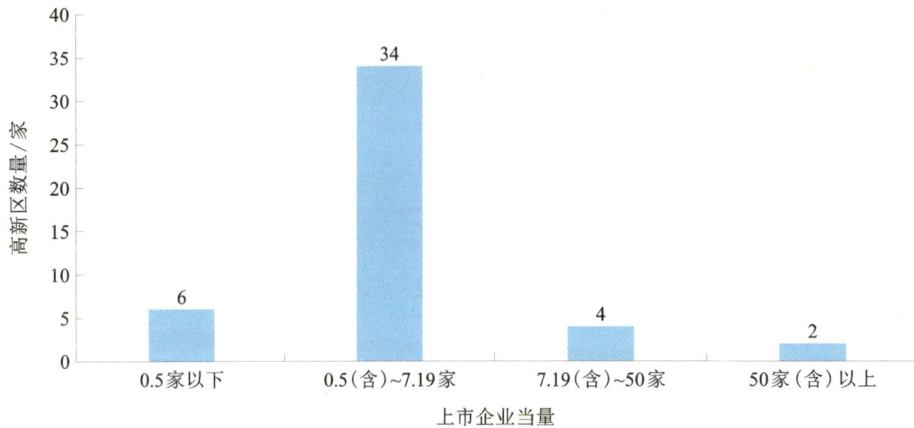

图2-46 全省高新区上市企业当量数分布情况

科技创新宣传工作有助于营造良好的科技创新氛围,激发科技创新活力。如图2-47所示,全省共有68.75%的高新区有自己的门户网站;62.5%的高新区有自己的微信公众号、学习强国号;77.08%的高新区在主要公共建筑(管委会大楼、孵化器等)、四至边界、重要路口、机场、火车站等处挂上火炬标识;58.33%的高新区被省级及以上传媒报道科技创新及相关工作。调查显示,2021年,全省高新区科技创新工作被国务院和科技部报道21次,如株洲高新区《2021中国国际轨道交通和装备制造产业博览会在株洲开幕》获中国政府网报道,长沙高新区《湖南首个第三代半导体产业园最大厂房封顶》在《新闻联播》播出,宁乡高新区《勇立潮头开新局——湖南宁乡先进储能材料产业发展记》获新华社报道,衡阳西渡高新区《为民办实事,企业办事实现"一站式"办结》在CCTV-13新闻直播间播出等。此外,园区通过微信/QQ群、开展"科技活动周"集中宣讲、点对点电话告知、针对性地重点走访等多种方式渠道向企业宣传科技创新相关政策。

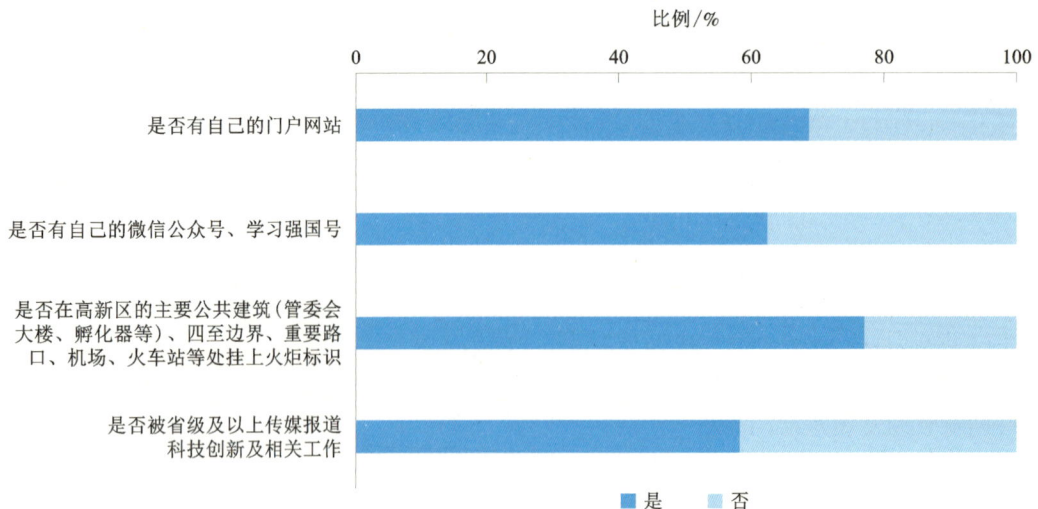

图2-47 全省高新区科技创新宣传工作情况

体制机制创新是推进高新区建设的动力之源、活力之源，如图2-48所示，全省共有将近80%的高新区及当地政府结合园区发展实际情况制定了相关支持政策，如郴州高新区的《郴州高新技术产业开发区(湖南自贸试验区郴州片区、郴州综合保税区)推动经济高质量发展的若干政策(试行)》、湘西高新区的《支持创建湘西国家高新技术产业开发区若干政策措施》、江华高新区的《关于支持园区创新引领转型升级的若干意见》、宁远高新区的《宁远县2021年工业园区提质攻坚行动实施方案》、邵阳县高新区的《邵阳县创建"五好"园区推进园区高质量发展三年行动方案》等，同时绝大多数高新区都出台了相应的发展政策。31%的高新区建立了与当地政府相应级别或高于当地政府级别的管委会，有33%的高新区管委会"一把手"负责人的行政级别与当地政府主要负责人的行政级别一致或高于当地政府主要负责人的行政级别，有27%的高新区管委会党工委书记或管委会主任由市委、市政府(或县委、县政府)领导兼任，相应占比较上年度均有所提升，体现了高新区所在地方政府更加重视和支持园区发展，进一步理顺园区体制机制，推动形成促进高新区高质量发展的合力。

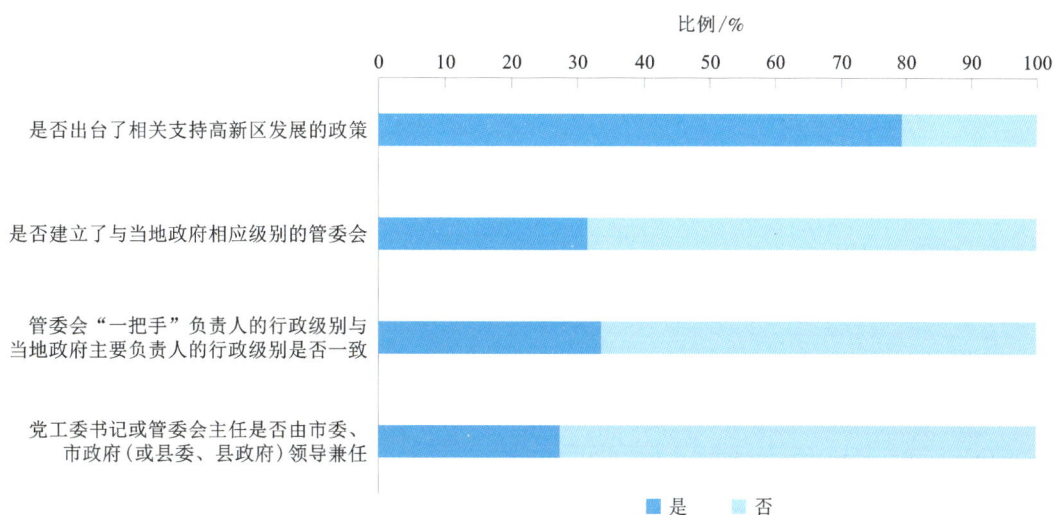

图2-48 全省高新区管委会的体制机制创新和有效运作评价

营商环境是市场经济的培育之土，是高新区发展的核心竞争因素，营商环境的优劣直接影响市场主体的兴衰、生产要素的聚散、发展动力的强弱，经济社会发展的动力，源于市场主体的活力和社会创造力，很大程度上取决于营商环境。在综合质效和持续创新力指标中，采用"管委会优化营商投资环境政策措施评价"指标体现营商环境的建设情况。我省各高新区积极出台相关政策文件，鼓励科技创新，设立科技专项资金，提供财政税收优惠政策和金融政策，积极推动企业工商注册制度改革，体制机制不断创新，营商环境持续优化。

调查显示，95.8%的高新区设立了科技发展专项资金，其中，长沙、临湘和衡阳高新区分别以32.84亿元、9.27亿元和3.4亿元位居前三；在用于扶持创业投资机构的资金方面，株洲、长沙和衡阳高新区分别以100亿元、42.12亿元和41.13亿元居于前三；在创投引导基金方面，长沙、株洲和宁乡高新区分别以23.78亿元、20亿元和15亿元排名前三。

全省高新区优化营商环境政策措施实施情况如图2-49所示，在财政税收优惠政策方面，各高新区都根据自身情况为企业提供了不同程度的财政税收优惠政策，绝大多数高新区设立了科技发展资金、高新技术产业专项补助资金、专利申请资助专项经费等支持企业进行自主创新，79.17%的高新区为企业创新投入提供信用担保和实施科技产业引导性投资，83.33%的高新区对自主创新型企业减税或返还，60.42%的高新区对特许权使用费实行免征或减征，47.92%的高新区建立高增值产

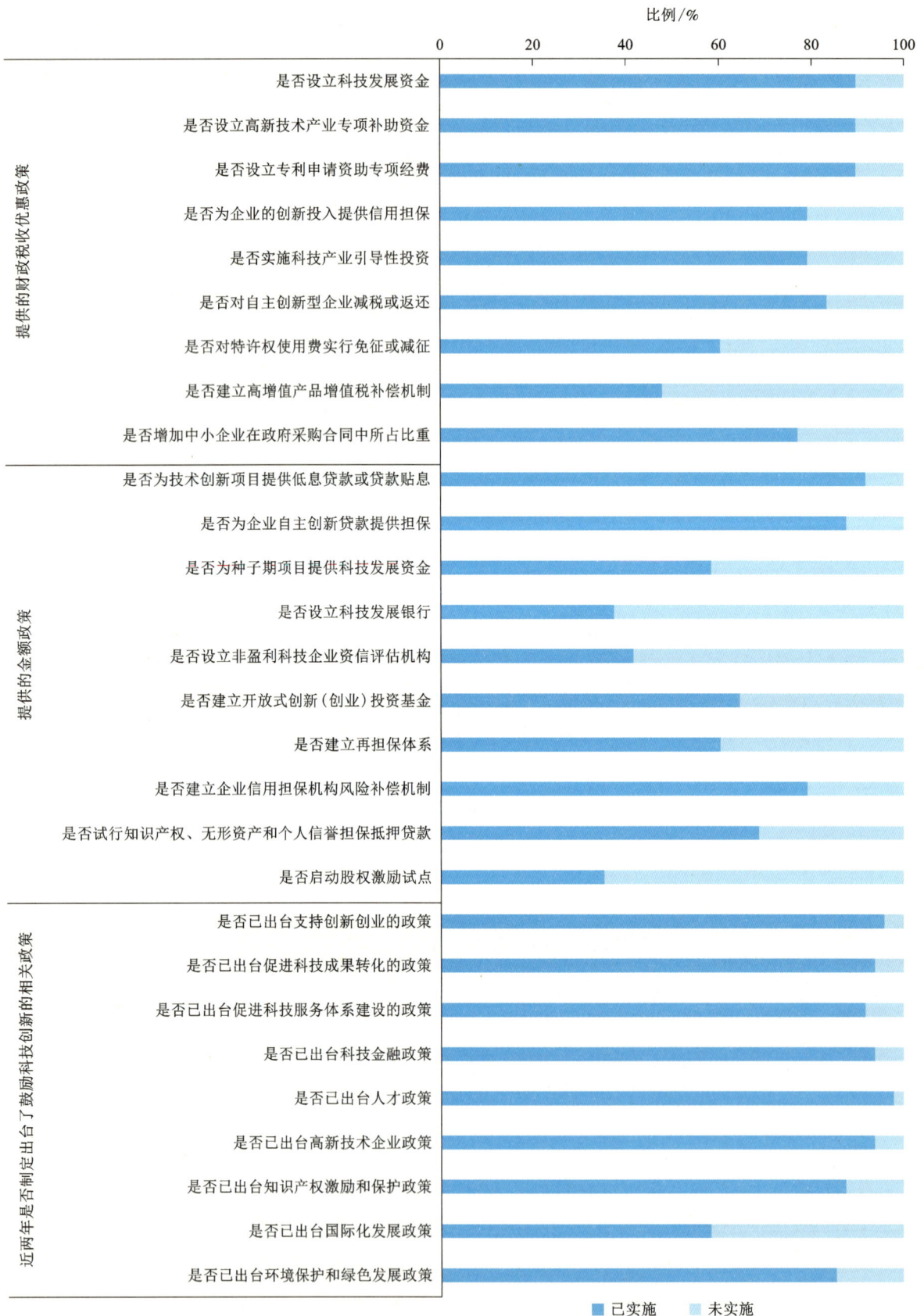

图 2-49　全省高新区优化营商投资环境政策措施情况

品的增值税补偿机制，以及 77.08% 的高新区增加中小企业在政府采购合同中所占比重。除国家高新区外，岳阳临港、湘阴、津市、桂阳、攸县、湘西、隆回、张家界等一批省级高新区的财政税收优惠政策较为完善，用于助力企业创新发展。

在金融政策方面，91.67% 的高新区为技术创新项目提供低息贷款或贷款贴息，87.5% 的高新区为企业自主创新贷款提供担保，58.33% 的高新区为种子期项目提供科技发展资金，37.5% 的高新区设立科技发展银行，为自主创新企业提供贷款，41.67% 的高新区设立非盈利科技企业资信评估机构，降低科技贷款风险，64.58% 的高新区建立开放式创新（创业）投资基金，60.42% 的高新区建立再担保体系，79.17% 的高新区建立企业信用担保机构风险补偿机制，68.75% 的高新区试行知识产权、无形资产和个人信誉担保抵押贷款，35.42% 的高新区启动股权激励试点。长沙、株洲、湘潭、郴州、衡阳、怀化等国家高新区，以及岳阳临港、湘阴、道县、桃源、攸县等部分省级高新区整体表现较好。

在企业工商注册制度改革方面，绝大多数高新区已推行"三证合一"登记制度或"五证合一"登记制度，部分高新区已经走在前列，推行比"五证合一"更为便捷的措施，如长沙高新区实现企业开办 4 小时办结，推进"就近一次办"，郴州、湘潭、株洲、常德、宁乡、津市、湘西等高新区已推行"多证合一"制度，桂阳高新区实行一站式服务、一站式办理。绝大多数高新区全部申报表格均能实现网上填写提交，办理企业工商注册时限压缩至 1 个工作日内，实行"最多跑一次"制度，为企业办事提供了极大便利。

在科技创新政策方面，绝大多数高新区制定出台了鼓励科技创新的相关政策，包括支持创新创业的政策、促进科技成果转化的政策、促进科技服务体系建设的政策、科技金融政策、人才政策、高新技术企业政策、知识产权激励和保护政策、环境保护和绿色发展政策等。90% 以上的高新区出台了促进科技服务体系建设、科技金融、人才和高新技术企业发展方面的政策，87.5% 的高新区出台了知识产权激励和保护政策，注重保护和激励科技创新；58.33% 的高新区出台了国际化发展政策，注重提升高新区开放性和国际影响力；85.42% 的高新区出台了环境保护和绿色发展政策，较上年度提升 5.92 个百分点，更加重视绿色发展。

二、综合质效和持续创新力排名

如表 2-7 所示，2021 年全省高新区综合质效和持续创新力指标得分 90 分以上的高新区有 2 家，80~90 分的高新区有 8 家，70~80 分的高新区有 13 家，60~70 分的高新区有 18 家。国家高新区排名前三的分别为长沙、株洲和湘潭高新区；省级高新区排名前三的分别为岳阳绿色化工、岳阳临港和宁乡高新区。在综合质效和持续创新力方面，各高新区之间差距较大。

今后，各高新区要充分发挥示范引领作用，进一步做大做强工业经济和实体经济，提高园区综合实力；进一步优化资源要素配置，调结构、促转型、增动能，促进园区资源高效利用，提高"亩均产出"；优先培育园区企业上市，建立上市企业后备库，加大辅导培育力度，推动高新区内企业规改股、股上市；深入推进体制机制改革和创新，持续优化营商环境，不断提升发展的质量效益和竞争力，提高持续创新的能力，构筑创新驱动发展新高地。

表 2-7 湖南省高新区综合质效和持续创新力排名

高新区名称	得分	排名	高新区名称	得分	排名
长沙国家高新区	92.14	1	湘西高新区	69.83	24
株洲国家高新区	90.64	2	张家界高新区	69.54	25
岳阳绿色化工高新区	88.89	3	岳阳高新区	69.01	26
湘潭国家高新区	86.61	4	宁远高新区	68.99	27
益阳国家高新区	85.49	5	石门高新区	68.74	28
岳阳临港高新区	83.99	6	湘阴高新区	68.74	28
衡阳国家高新区	83.04	7	双峰高新区	68.70	30
宁乡高新区	82.61	8	临湘高新区	68.53	31
桂阳高新区	81.45	9	邵阳县高新区	68.08	32
隆回高新区	81.34	10	炎陵高新区	67.09	33
郴州国家高新区	79.29	11	华容高新区	66.91	34
常德国家高新区	77.43	12	津市高新区	65.76	35
攸县高新区	77.08	13	江华高新区	65.32	36
娄底高新区	76.75	14	汨罗高新区	65.17	37
祁阳高新区	76.62	15	桃源高新区	63.66	38
平江高新区	76.58	16	岳麓高新区	63.36	39
韶山高新区	75.87	17	衡阳西渡高新区	62.25	40
沅江高新区	74.92	18	雨湖高新区	60.78	41
澧县高新区	74.70	19	道县高新区	58.41	42
汉寿高新区	74.68	20	泸溪高新区	58.03	43
新化高新区	71.08	21	洪江高新区	57.75	44
浏阳高新区	70.72	22	衡山高新区	57.53	45
怀化国家高新区	70.09	23	临澧高新区	56.93	46

湖南省高新区创新发展绩效评价研究报告2022

Hunansheng Gaoxinqu Chuangxin Fazhan Jixiao Pingjia Yanjiu Baogao 2022

第三篇

湖南省高新区创新发展园区分析

第一章　国家高新区

一、长沙高新区

长沙高新区综合排名第 1，各一级指标中"创新能力和创业活跃度""结构优化和产业价值链""开放创新和国际影响力""综合质效和持续创新力"排名第 1，"绿色发展和宜居包容性"排名第 7，其各项创新能力如图 3-1 所示。

长沙高新区 27 项二级定量指标中，有 5 项指标排名第 1，6 项指标排名第 2，4 项指标排名第 3，共计 18 项指标排名前十；2 项指标排名处于后 30%。排名靠后的指标为"上年度园区 GDP 占所在城市（区县）GDP 的比重""当地环境空气质量指数（AQI）不大于 100 的天数"。

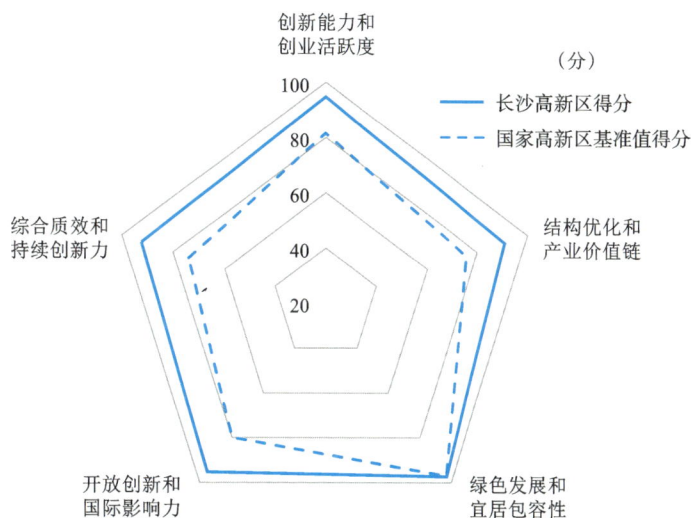

图 3-1　长沙高新区创新能力雷达图

如图 3-2 所示，长沙高新区在研发机构建设、孵化载体建设、知识产权密度、从业人员结构优化、海外知识产权布局、上市企业培育、亩均效益等方面表现突出；在产城融合发展、科技创新宣传成效、招商引资成效、研发机构覆盖等方面表现较好；在地方经济贡献、空气质量改善等方面表现有待进一步加强。

根据本次评价结果，建议长沙高新区全面落实"三高四新"战略定位和使命任务，深入实施"强省会"战略，围绕智能制造装备、电子信息、新能源与节能环保等优势产业集群，全面提升在全球产业链、供应链、价值链的竞争力，不断提高经济总量规模及增速；积极争取国家重点实验室和国家技术创新中心落户园区，增强重点产业和关键核心技术创新能力；联合大学科技园建设未来产业科技园、未来产业技术研究院等，创新未来产业应用场景，打造未来产业创新孵化高地；按照碳达峰、碳中和要求，谋划建设低碳产业专业园，扩大新能源与节能环保产业优势，推进产业绿色低碳转型，促进大数据、人工智能等新兴技术与绿色低碳产业深度融合，打造绿色工厂、绿色供应链、智能工厂等。

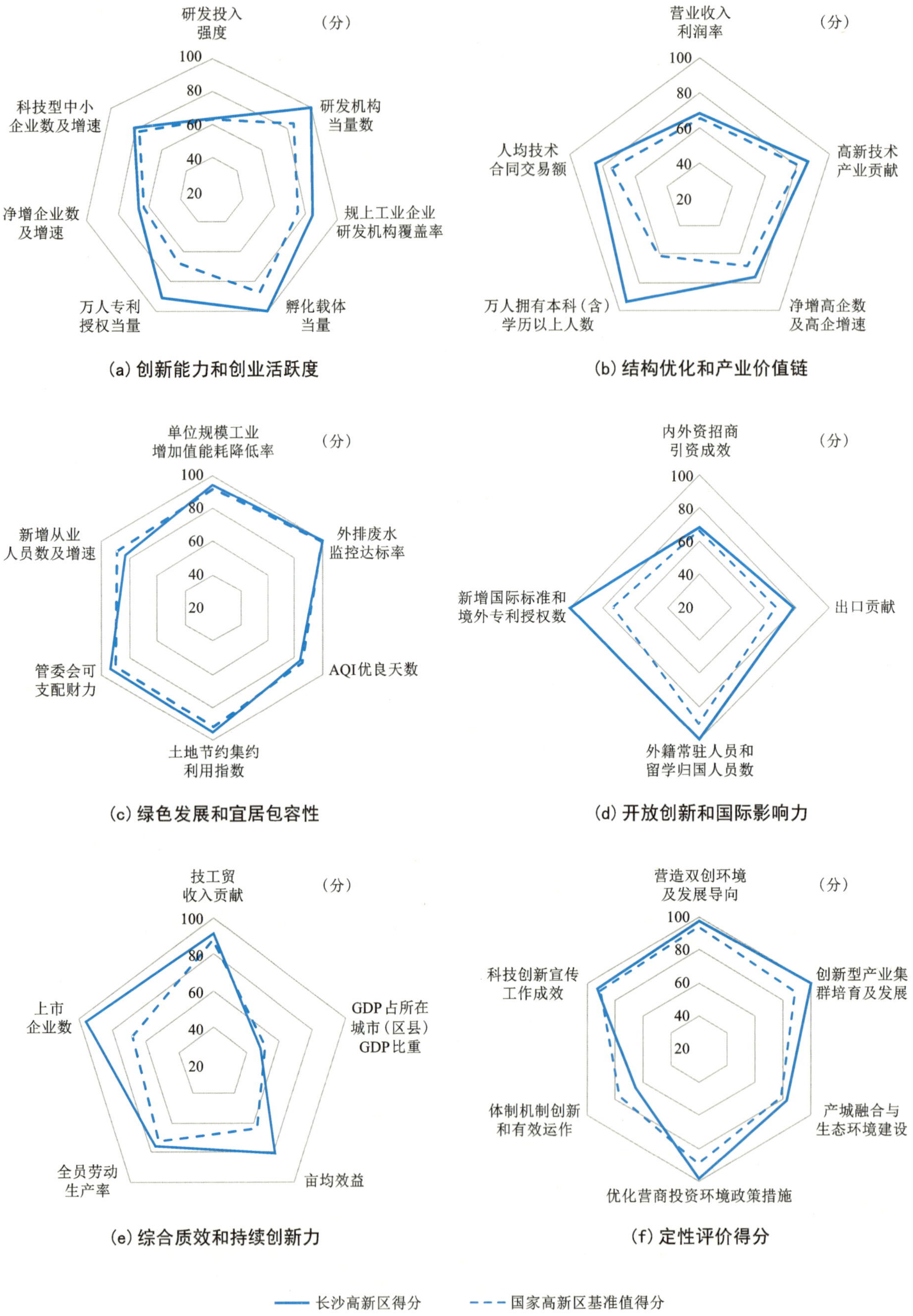

(a) 创新能力和创业活跃度

(b) 结构优化和产业价值链

(c) 绿色发展和宜居包容性

(d) 开放创新和国际影响力

(e) 综合质效和持续创新力

(f) 定性评价得分

—— 长沙高新区得分 ---- 国家高新区基准值得分

图3-2　长沙高新区五大能力及定性评价得分情况

二、株洲高新区

株洲高新区综合排名第2，各一级指标中"创新能力和创业活跃度""开放创新和国际影响力"和"综合质效和持续创新力"排名第2，"结构优化和产业价值链"和"绿色发展和宜居包容性"排名第6，其各项创新能力如图3-3所示。

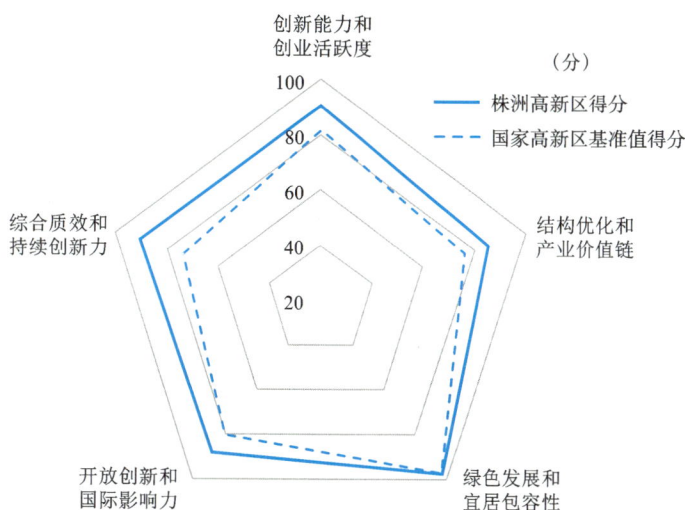

图3-3　株洲高新区创新能力雷达图

株洲高新区27项二级定量指标中，有5项指标排名第1，3项指标排名第2，2项指标排名第3，共计17项指标排名前十；1项指标排名处于后30%。排名靠后的指标为"当地环境空气质量指数（AQI）不大于100的天数"等。

如图3-4所示，株洲高新区在研发机构建设、孵化载体建设、高企培育、海外知识产权布局、上市企业培育、亩均效益等方面表现突出；在知识产权密度、创业活力、技术交易市场活跃度、促进就业和招商引资成效等方面表现较好；在营收利润率、全员劳动生产率、空气质量改善、出口贡献等方面表现有待进一步加强。

根据本次评价结果，建议株洲高新区全面落实"三高四新"战略定位和使命任务，围绕轨道交通、通用航空、新能源汽车等优势产业集群，聚焦关键共性技术、前沿引领技术、现代工程技术、颠覆性技术创新，进一步推动关键核心技术攻关、科技计划等重大成果落地转化；充分发挥龙头企业的引领带动作用，联合高校、科研院所和行业上下游企业建设创新联合体，引进高端创新人才；推动数字技术与制造业、服务业深度融合，引导催生新产业新业态新模式；推进海外高层次人才创新创业基地、海外人才离岸创新创业基地等建设，面向全球引进一批科技顶尖人才与产业领军人才；按照碳达峰、碳中和要求，做好园区绿色低碳转型，提升能源资源利用效率；进一步加大产城融合发展，提升高新区信息化水平，完善教育、医疗、文化等公共服务设施，推进安全、绿色、智慧科技园区建设。

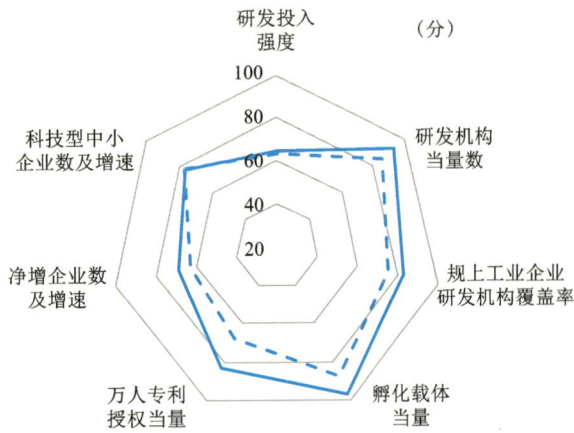

（a）创新能力和创业活跃度

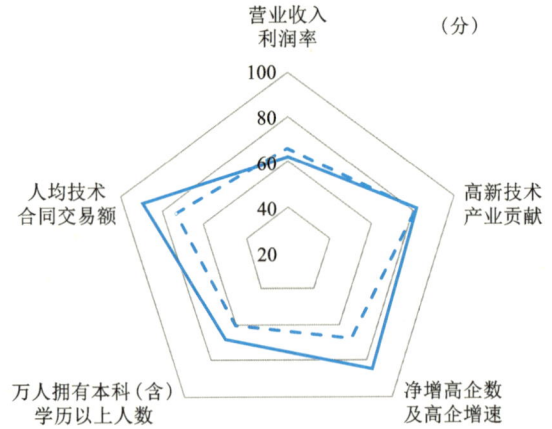

（b）结构优化和产业价值链

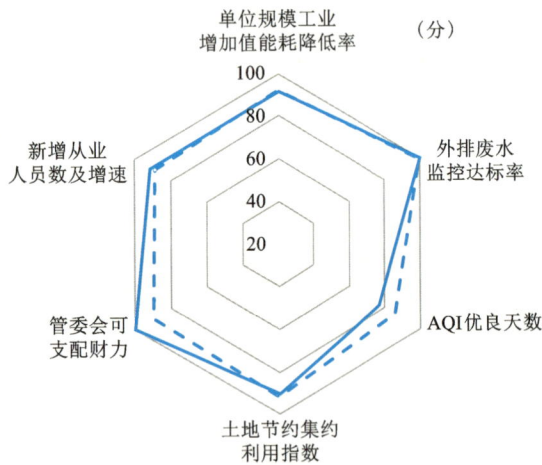

（c）绿色发展和宜居包容性

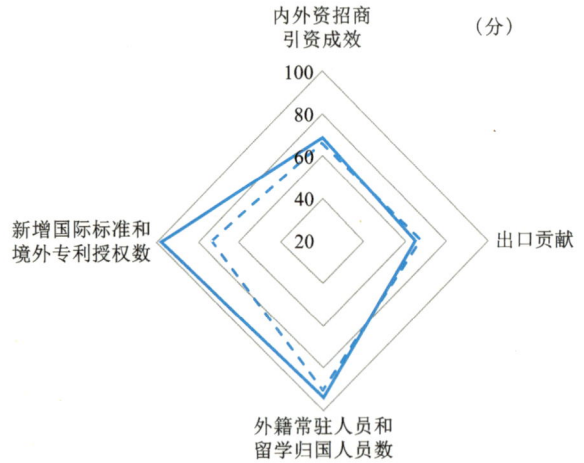

（d）开放创新和国际影响力

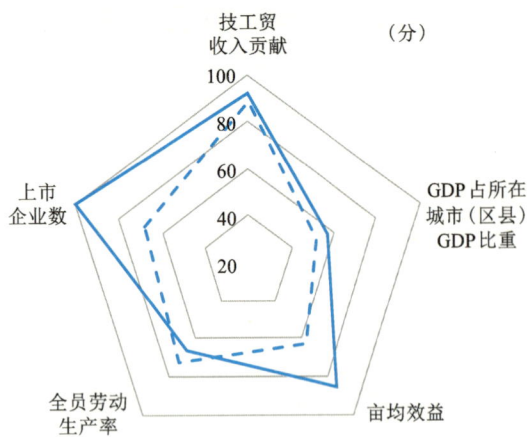

（e）综合质效和持续创新力

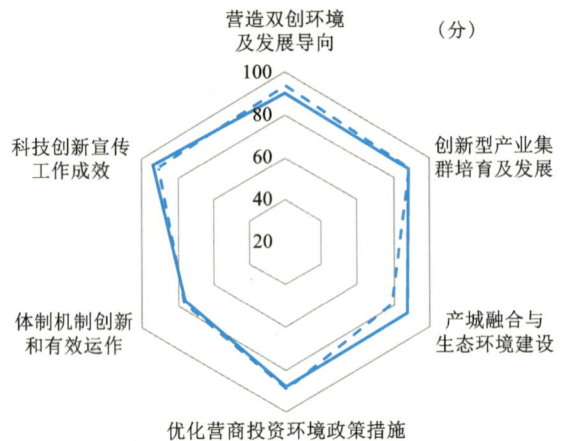

（f）定性评价得分

—— 株洲高新区得分　　- - - 国家高新区基准值得分

图3-4　株洲高新区五大能力及定性评价得分情况

三、衡阳高新区

衡阳高新区综合排名第3，各一级指标中"创新能力和创业活跃度"排名第4，"结构优化和产业价值链"排名第17，"绿色发展和宜居包容性"排名第2，"开放创新和国际影响力"排名第3，"综合质效和持续创新力"排名第7，其各项创新能力如图3-5所示。

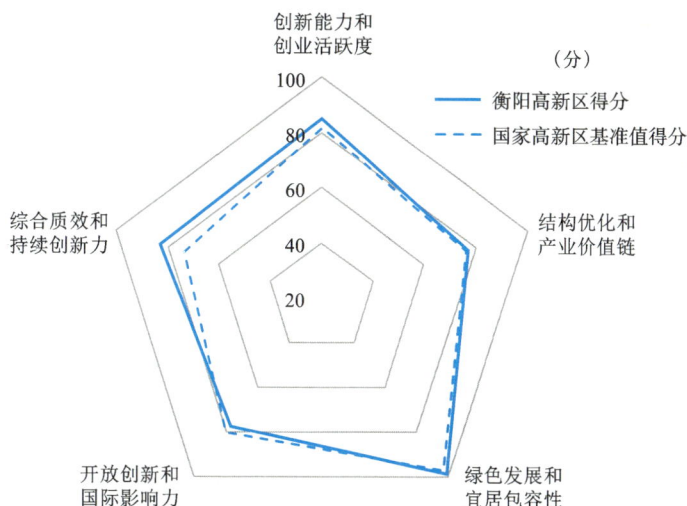

图3-5　衡阳高新区创新能力雷达图

衡阳高新区27项二级定量指标中，有3项指标排名第1，1项指标排名第2，共计13项指标排名前十；4项指标排名处于后30%。排名靠后的指标为"研发投入强度贡献""出口贡献""当地环境空气质量指数(AQI)不大于100的天数"等。

如图3-6所示，衡阳高新区在规上工业企业研发机构覆盖率、科技型中小企业培育、促进就业等方面表现突出；在研发机构建设、海外知识产权布局、国际人才吸引、上市企业培育等方面表现较好；在研发投入强度、从业人员结构优化、出口贡献、招商引资成效等方面表现有待进一步加强。

根据本次评价结果，建议衡阳高新区全面落实"三高四新"战略定位和使命任务，围绕电子信息、装备制造、生物医药及文化创意等主特产业，持续招大引强，通过引进上下游配套产业和项目，加快推动产业规模化、集群化，对标建设国家创新型特色园区；进一步提升研发投入强度，全面落实研发费用加计扣除、研发奖补等政策，推动企业对相关科技投入优惠政策应知尽知、应享尽享；进一步完善各类人才支持培养政策，构建精准化人才培育体系，深化产教融合，完善校企联合人才培养平台，共建共管现代产业学院；积极融入"一带一路"建设，探索开展多种形式的国际园区合作，推进贸易创新发展，大力发展贸易新业态，增强对外贸易综合竞争力，打造湖南省连通长江经济带与粤港澳大湾区国际投资贸易走廊的重要支点；加大产城融合发展，提升高新区信息化水平，推进安全、绿色、智慧科技园区建设，实现区域一体化布局和联动发展。

69

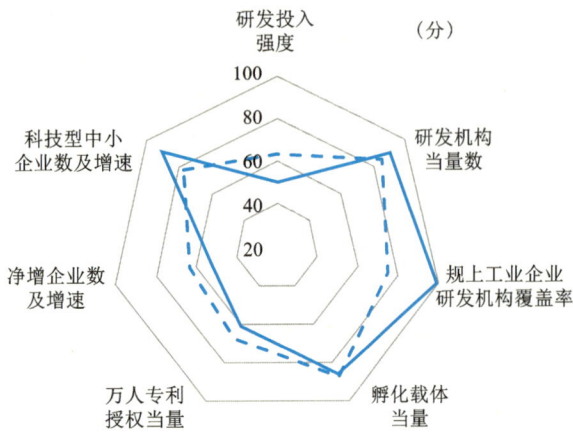

（a）创新能力和创业活跃度

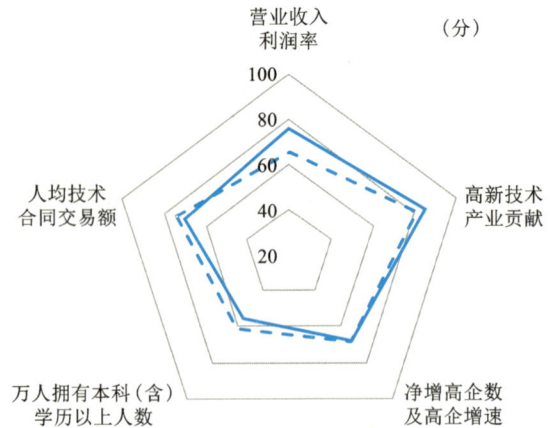

（b）结构优化和产业价值链

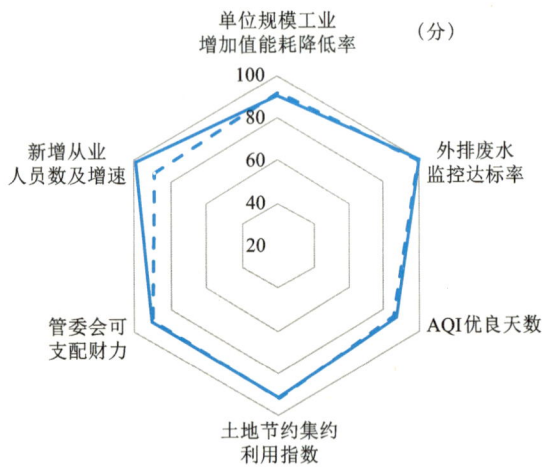

（c）绿色发展和宜居包容性

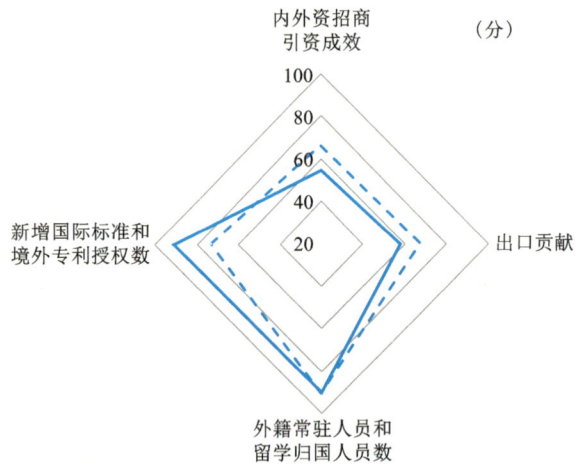

（d）开放创新和国际影响力

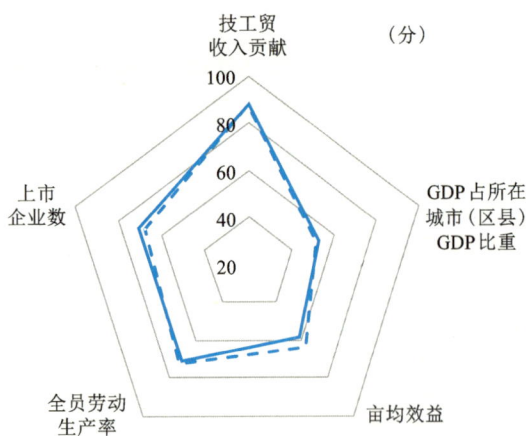

（e）综合质效和持续创新力

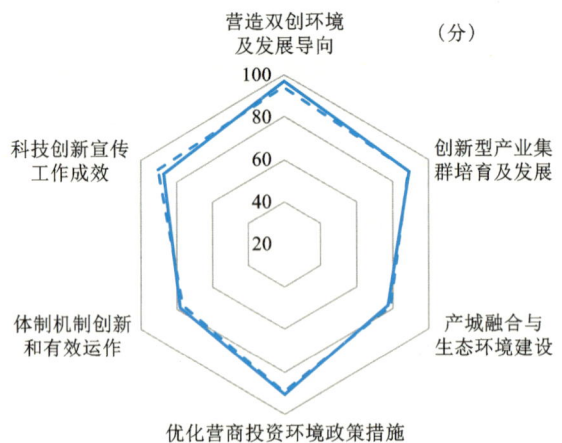

（f）定性评价得分

—— 衡阳高新区得分　　---- 国家高新区基准值得分

图3-6　衡阳高新区五大能力及定性评价得分情况

四、湘潭高新区

湘潭高新区综合排名第 4，各一级指标中"创新能力和创业活跃度"排名第 6，"结构优化和产业价值链"排名第 5，"绿色发展和宜居包容性"排名第 15，"开放创新和国际影响力"和"综合质效和持续创新力"排名第 4，其各项创新能力如图 3-7 所示。

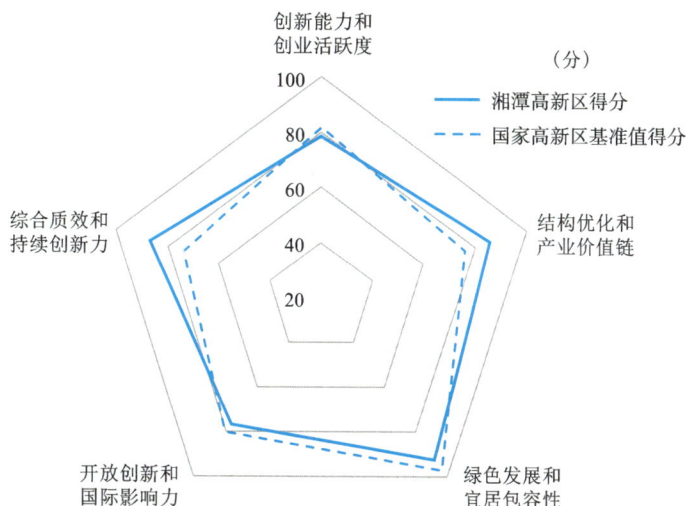

图 3-7　湘潭高新区创新能力雷达图

湘潭高新区 27 项二级定量指标中，有 1 项指标排名第 1，1 项指标排名第 2，3 项指标排名第 3，共计 13 项指标排名前十；4 项指标排名处于后 30%。排名靠后的指标为"营业收入利润率""当地环境空气质量指数（AQI）不大于 100 的天数""上年度园区 GDP 占所在城市（区县）GDP 的比重"等。

如图 3-8 所示，湘潭高新区在孵化载体建设、创业活力、从业人员结构优化、技术交易市场活跃度、上市企业培育、科技创新宣传成效等方面表现突出；在全员劳动生产率、技工贸收入贡献、招商引资成效、产城融合发展等方面表现较好；在研发投入强度、营收利润率、空气质量改善、地方经济贡献等方面表现有待进一步加强。

根据本次评价结果，建议湘潭高新区全面落实"三高四新"战略定位和使命任务，积极融入"一带一路"、长江经济带、粤港澳大湾区发展等国家重大战略，围绕智能装备制造、新材料、数字经济等主特产业，依托龙头企业引进上下游配套产业和项目，提升园区产业链、供应链、价值链的竞争力，不断壮大产业集群规模；抢抓以数字经济为代表的新兴产业发展，提升数字产业链韧性，推动强链补链，推进园区经济转型和产业结构调整升级；加快推动各类高端创新资源向企业集聚，引导企业进一步加大科技创新投入，建设高水平研发机构，开展关键核心技术攻关，提高企业的技术创新能力；进一步完善科技型企业梯次培育机制，推动众创空间、科技企业孵化器等载体专业化、市场化、链条化发展，着力培育一批竞争力强、成长性好的哪吒企业、瞪羚企业、独角兽企业和创新型领军企业；坚定不移走绿色低碳循环化发展之路，倡导全面节能降耗，加大对工业污染物排放的全过程防控和治理，降低污染物产生量，优化绿色生态环境。

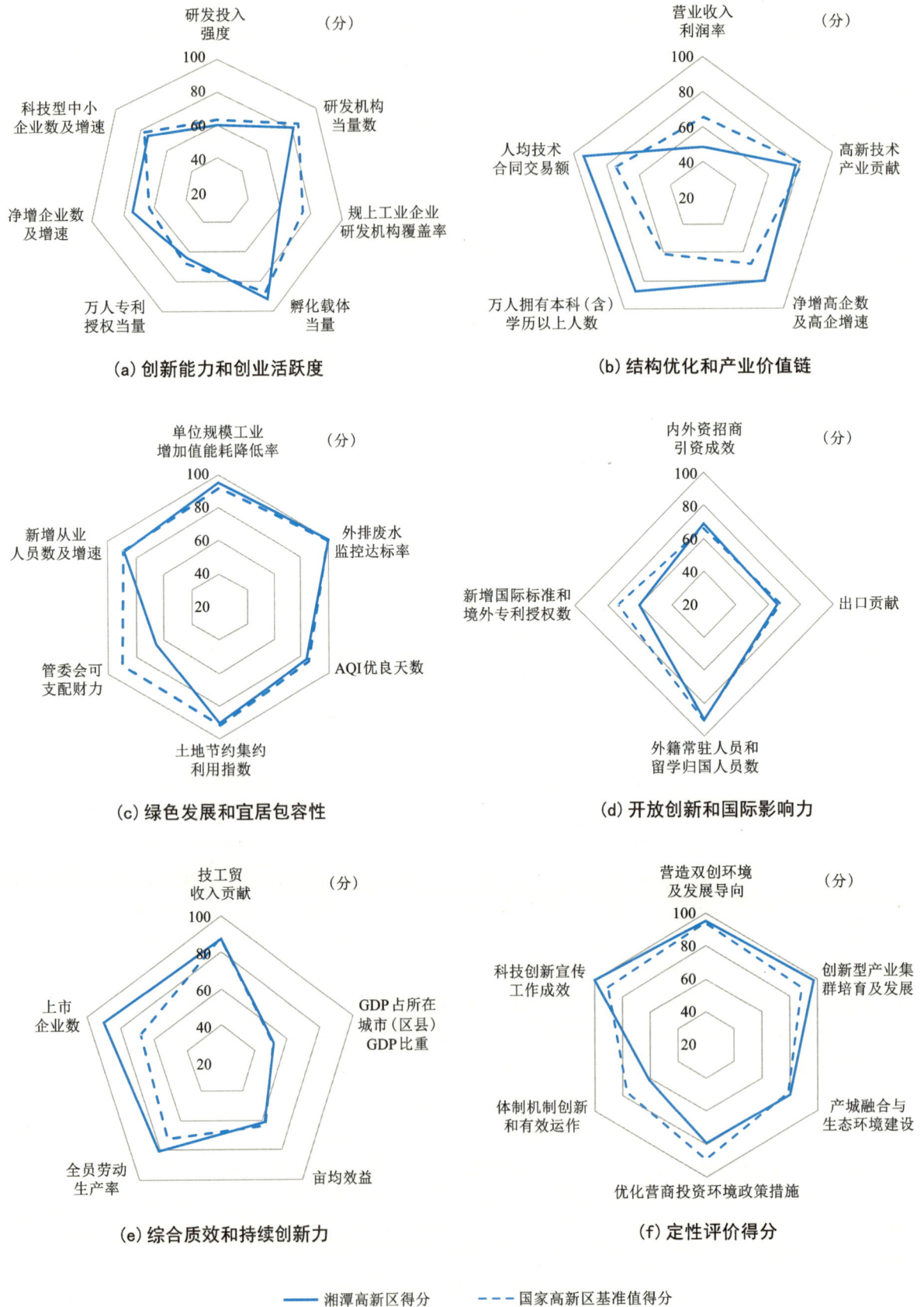

（a）创新能力和创业活跃度

（b）结构优化和产业价值链

（c）绿色发展和宜居包容性

（d）开放创新和国际影响力

（e）综合质效和持续创新力

（f）定性评价得分

———— 湘潭高新区得分　　 - - - - 国家高新区基准值得分

图 3-8　湘潭高新区五大能力及定性评价得分情况

五、益阳高新区

益阳高新区综合排名第6，各一级指标中"创新能力和创业活跃度""开放创新和国际影响力"和"综合质效和持续创新力"三项指标排名第5，"结构优化和产业价值链"排名第30，"绿色发展和宜居包容性"排名第18，其各项创新能力如图3-9所示。

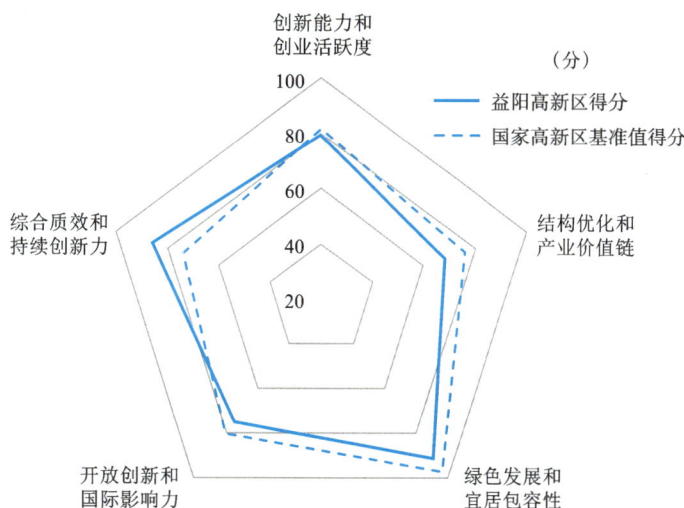

图3-9　益阳高新区创新能力雷达图

益阳高新区27项二级定量指标中，有1项指标排名第1，1项指标排名第2，共计9项指标排名前十；5项指标排名处于后30%。排名靠后的指标为"新增从业人员数及增速""单位规模工业增加值能耗降低率""当地环境空气质量指数（AQI）不大于100的天数"等。

如图3-10所示，益阳高新区在研发机构建设、国际人才吸引、产城融合发展、科技创新宣传成效等方面表现突出；在孵化载体建设、土地节约集约利用、招商引资成效等方面表现较好；在技术交易市场活跃度、营收利润率、促进就业、海外知识产权布局、单位能耗降低、空气质量改善等方面表现有待进一步加强。

根据本次评价结果，建议益阳高新区全面落实"三高四新"战略定位和使命任务，围绕装备制造、新一代电子信息、新材料等主特产业，优先布局相关的重大产业项目，以产学研合作、揭榜挂帅等方式，整合省内外高校院所等创新资源开展联合攻关、协同创新，加速推动科技成果转移转化；充分落实人才新政，不断加大人才引进力度，加快构筑区域人才高地，营造园区创新创业良好氛围，优化园区人才结构；加大与"一带一路"沿线国家开展人才交流、技术交流和经贸合作力度，推动高新区内企业"走出去"，参与国际标准和规则制定，加大产品国际认证力度，积极拓展国际市场；落实国家碳达峰、碳中和重要部署，推进能源梯级利用，降低园区单位增加值能耗，从严控制"两高"项目入驻，加快低碳产品认证，推广低碳技术应用，构建"生态、低碳、集约、高效"的园区生态工业体系。

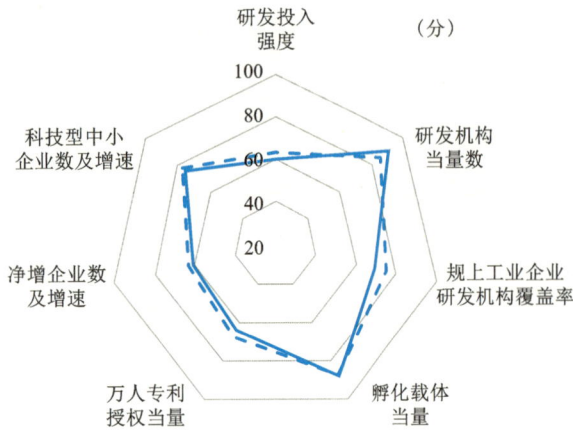

(a) 创新能力和创业活跃度

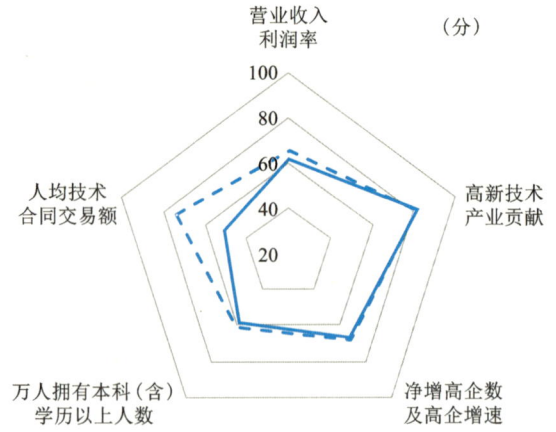

(b) 结构优化和产业价值链

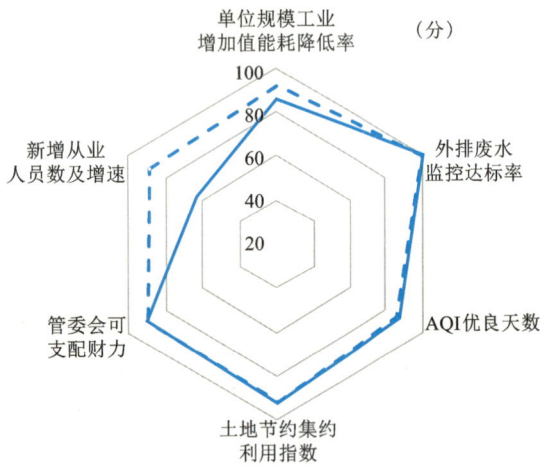

(c) 绿色发展和宜居包容性

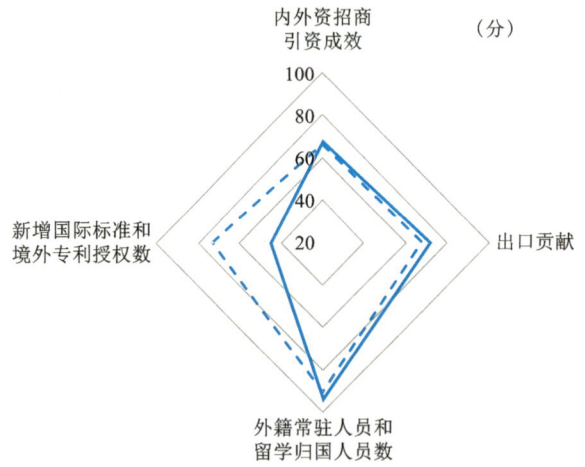

(d) 开放创新和国际影响力

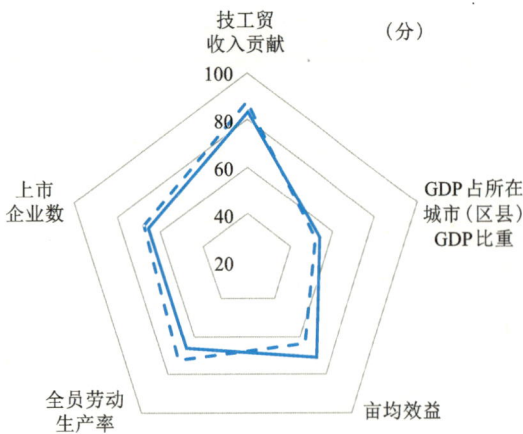

(e) 综合质效和持续创新力

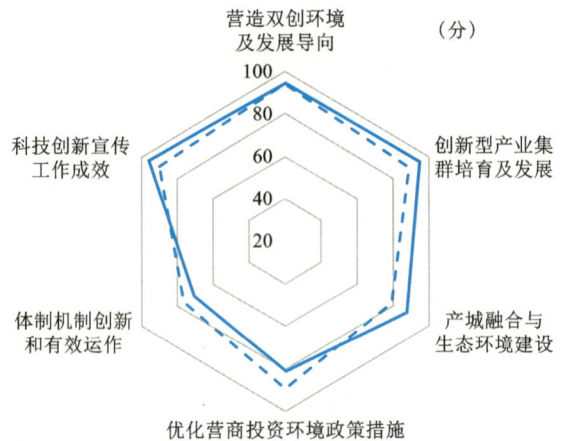

(f) 定性评价得分

—— 益阳高新区得分　- - - 国家高新区基准值得分

图 3-10　益阳高新区五大能力及定性评价得分情况

六、怀化高新区

怀化高新区综合排名第7，各一级指标中"创新能力和创业活跃度"排名第3，"结构优化和产业价值链"排名第25，"绿色发展和宜居包容性"排名第8，"开放创新和国际影响力"排名第21，"综合质效和持续创新力"排名第23，其各项创新能力如图3-11所示。

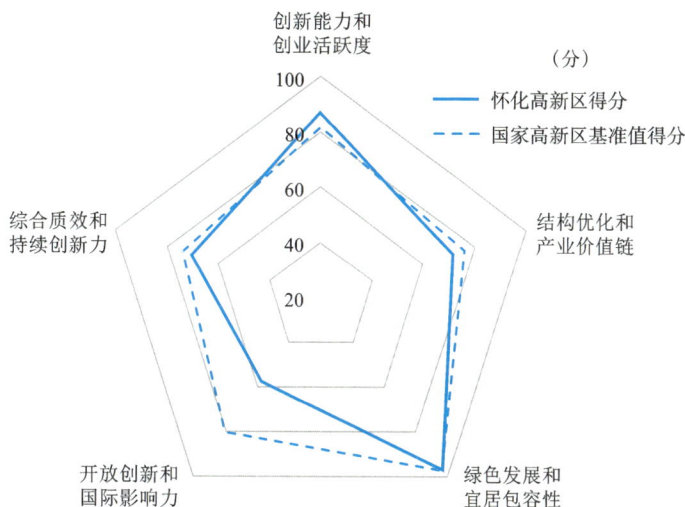

图3-11　怀化高新区创新能力雷达图

怀化高新区27项二级定量指标中，有1项指标排名第1，2项指标排名第2，共计8项指标排名前十；3项指标排名处于后30%。排名靠后的指标为"上年度园区生产总值占所在城市（区县）GDP的比重""当年技工贸收入贡献""亩均效益"。

如图3-12所示，怀化高新区在研发投入强度、知识产权密度、空气质量改善等方面表现突出；在规上工业企业研发机构覆盖率、孵化载体建设、创业活力等方面表现较好；在招商引资成效、高企培育、技术交易市场活跃度、经济总体规模、地方经济贡献、国际人才吸引、海外知识产权布局、亩均效益、科技创新宣传成效等方面表现有待进一步加强。

根据本次评价结果，建议怀化高新区全面落实"三高四新"战略定位和使命任务，抢抓西部陆海新通道建设机遇，围绕新材料、电子信息、中医药等主特产业，引进和培育一批核心技术能力突出、集成创新能力强的科技领军企业，引导园区企业广泛应用新技术、新工艺、新材料、新设备，促进科技成果在园区转移转化，带动产业转型升级，壮大主特产业规模，培育创新型产业集群；进一步加大与"一带一路"沿线国家开展人才交流、技术交流和经贸合作力度，推动高新区内企业"走出去"，参与国际标准和规则制定，加大产品国际认证力度，积极拓展国际市场；强化高新区建设用地开发利用强度、投资强度整体控制，提升亩均效益；重视科技创新宣传工作，拓展宣传渠道，创新宣传方式，扩大园区科技创新影响力。

（分）

研发投入
强度
100
80
60
40
20
研发机构
当量数
科技型中小
企业数及增速
规上工业企业
研发机构覆盖率
净增企业数
及增速
万人专利
授权当量
孵化载体
当量

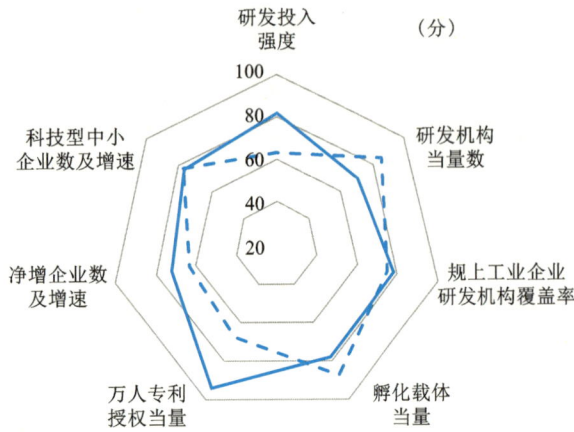

（a）创新能力和创业活跃度

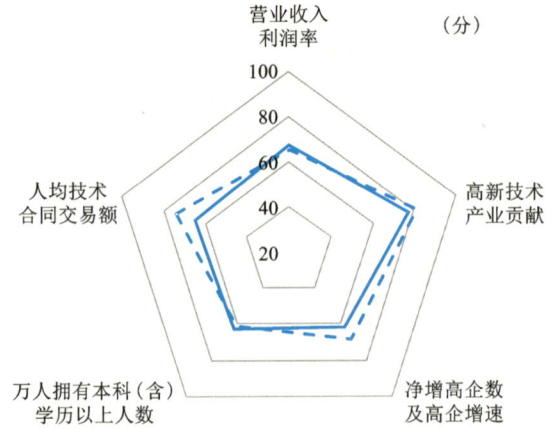

（分）

营业收入
利润率
100
80
60
40
20
高新技术
产业贡献
人均技术
合同交易额
净增高企数
及高企增速
万人拥有本科（含）
学历以上人数

（b）结构优化和产业价值链

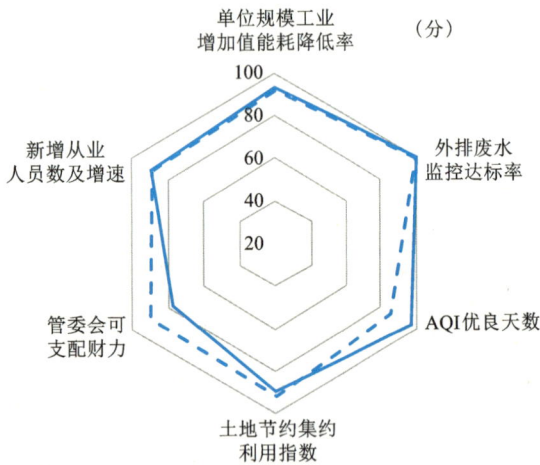

（分）

单位规模工业
增加值能耗降低率
100
80
60
40
20
外排废水
监控达标率
新增从业
人员数及增速
AQI优良天数
管委会可
支配财力
土地节约集约
利用指数

（c）绿色发展和宜居包容性

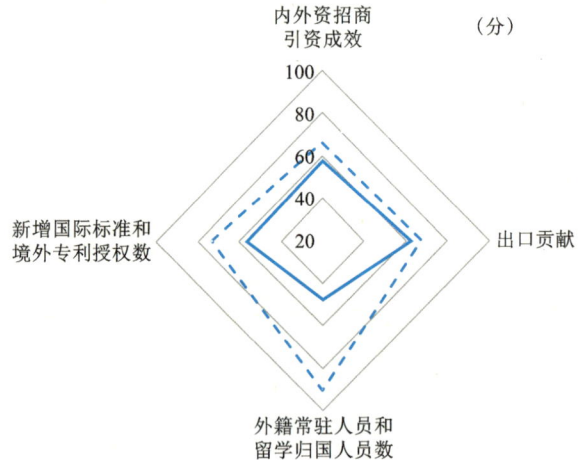

（分）

内外资招商
引资成效
100
80
60
40
20
出口贡献
新增国际标准和
境外专利授权数
外籍常驻人员和
留学归国人员数

（d）开放创新和国际影响力

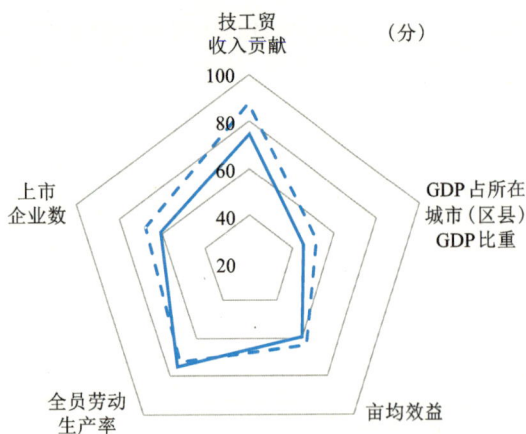

（分）

技工贸
收入贡献
100
80
60
40
20
GDP占所在
城市（区县）
GDP比重
上市
企业数
全员劳动
生产率
亩均效益

（e）综合质效和持续创新力

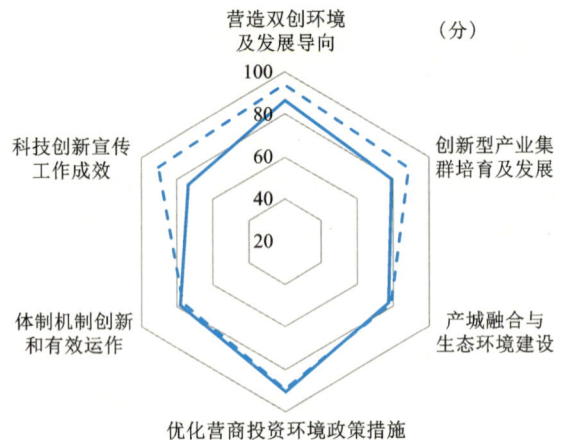

（分）

营造双创环境
及发展导向
100
80
60
40
20
创新型产业集
群培育及发展
科技创新宣传
工作成效
产城融合与
生态环境建设
体制机制创新
和有效运作
优化营商投资环境政策措施

（f）定性评价得分

——— 怀化高新区得分   - - - - 国家高新区基准值得分

图3-12 怀化高新区五大能力及定性评价得分情况

七、常德高新区

常德高新区综合排名第8，各一级指标中"创新能力和创业活跃度"排名第17，"结构优化和产业价值链"排名第8，"绿色发展和宜居包容性"排名第16，"开放创新和国际影响力"排名第7，"综合质效和持续创新力"排名第12，其各项创新能力如图3-13所示。

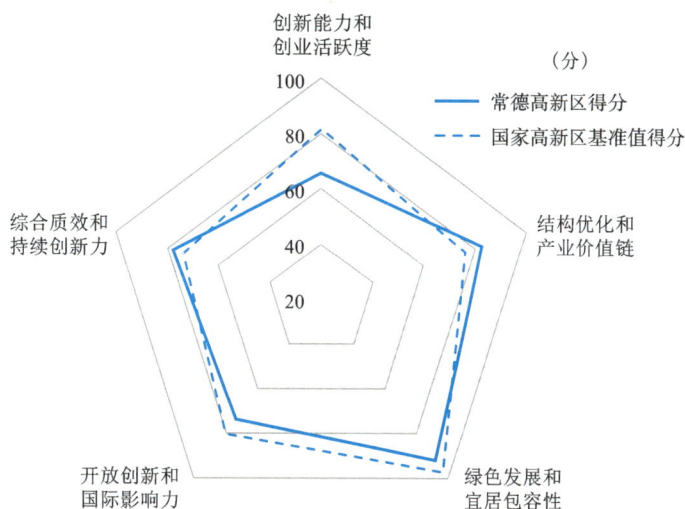

图3-13　常德高新区创新能力雷达图

常德高新区27项二级定量指标中，有1项指标排名第1，1项指标排名第3，共计6项指标排名前十；3项指标排名处于后30%。排名靠后的指标为"上年度园区GDP占所在城市（区县）GDP的比重""当地环境空气质量指数（AQI）不大于100的天数""亩均效益"等。

如图3-14所示，常德高新区在营收利润率、土地节约集约利用水平、海外知识产权布局等方面表现突出；在知识产权密度、创业活力、技术交易市场活跃度、高企培育、促进就业、体制机制创新等方面表现较好；在孵化载体建设、科技型中小企业培育、上市企业培育、创新型产业集群培育、地方经济贡献、研发机构建设、空气质量改善、亩均效益等方面表现有待进一步加强。

根据本次评价结果，建议常德高新区全面落实"三高四新"战略定位和使命任务，围绕智能装备制造、光电信息、新材料等主特产业，集聚各类专项资金、科技创新平台、政府性基金项目等资源，构建"初创企业—科技型中小企业—高新技术企业—上市企业—领军型企业"孵化育成体系，推动形成集聚效应和品牌优势，不断壮大产业总量规模，培育创新型产业集群；引导企业创建省级及以上创新平台，引进国内外知名大学、科研机构、跨国公司等创新资源，联合设立新型研发机构、分支机构、研发中心；加大清洁能源使用，推进能源梯级利用，加大对工业污染物排放的全过程防控和治理，降低污染物产生量；进一步推进资源要素市场化配置改革，加快低效企业出清和优质企业入驻，加速新旧动能转换，提升园区亩均效益。

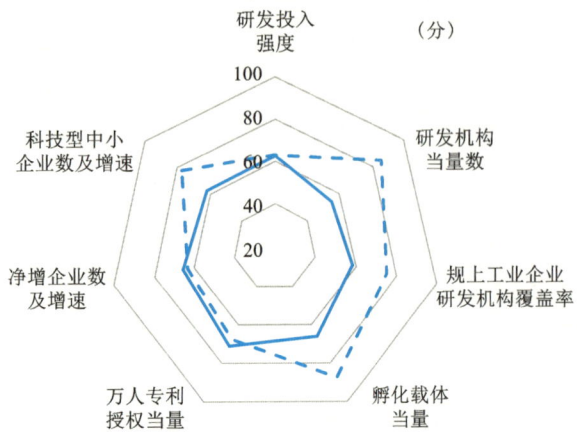

(a) 创新能力和创业活跃度

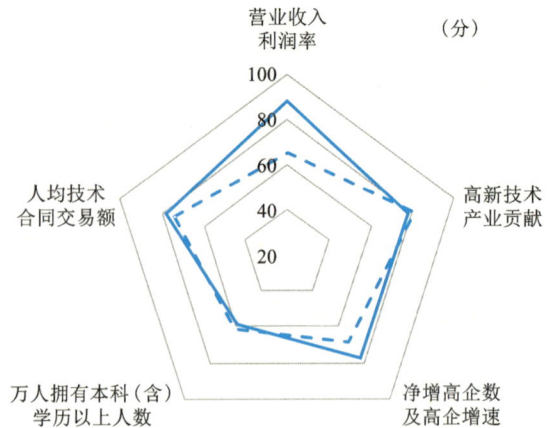

(b) 结构优化和产业价值链

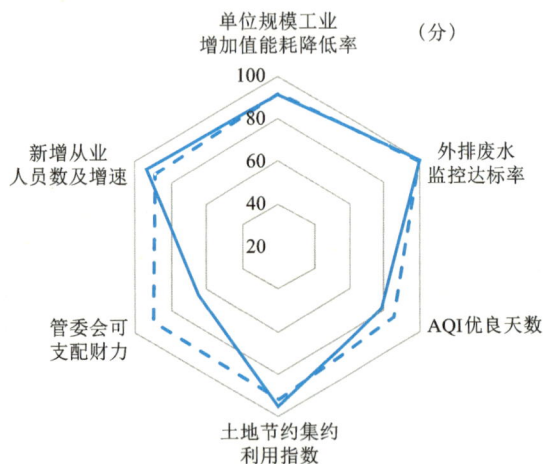

(c) 绿色发展和宜居包容性

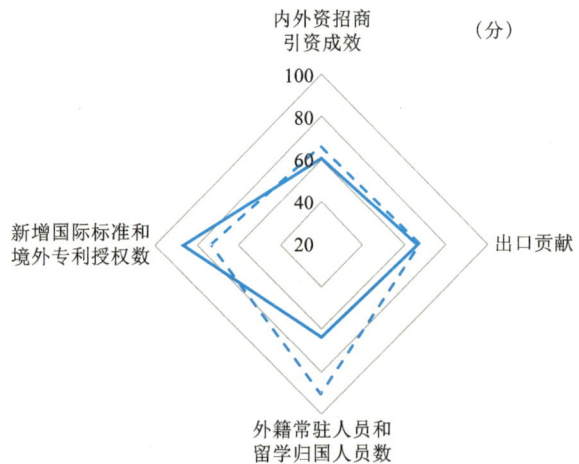

(d) 开放创新和国际影响力

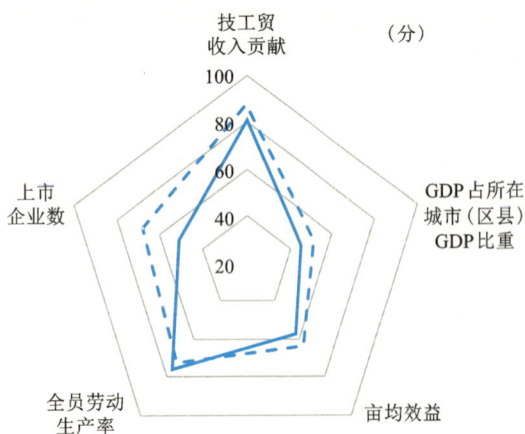

(e) 综合质效和持续创新力

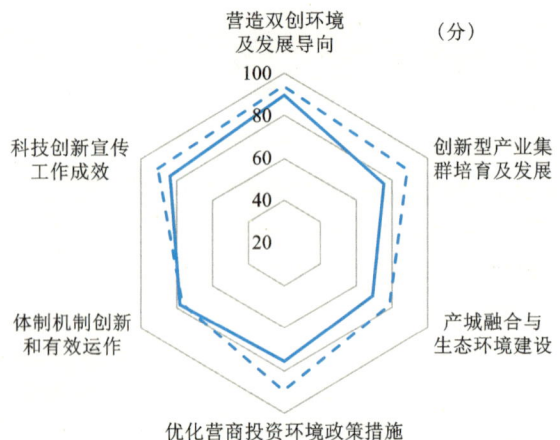

(f) 定性评价得分

—— 常德高新区得分　　- - - 国家高新区基准值得分

图3-14　常德高新区五大能力及定性评价得分情况

八、郴州高新区

郴州高新区综合排名第 13，各一级指标中"创新能力和创业活跃度"排名第 9，"结构优化和产业价值链"排名第 46，"绿色发展和宜居包容性"排名第 31，"开放创新和国际影响力"排名第 8，"综合质效和持续创新力"排名第 11，其各项创新能力如图 3-15 所示。

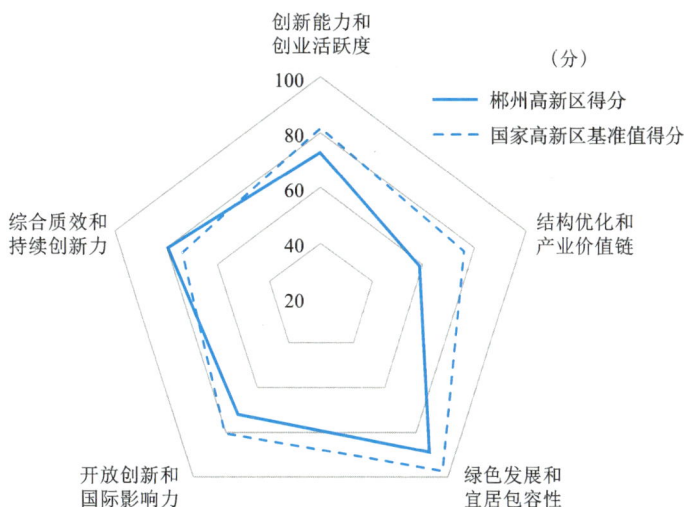

图 3-15　郴州高新区创新能力雷达图

郴州高新区 27 项二级定量指标中，有 2 项指标排名第 1，共计 9 项指标排名前十；5 项指标排名处于后 30%。排名靠后的指标为"单位规模工业增加值能耗降低率""人均技术合同交易额""当年新认定高新技术企业数及增速"等。

如图 3-16 所示，郴州高新区的出口贡献表现突出；在研发投入强度、促进就业、空气质量改善、土地节约集约水平、招商引资成效、经济总体规模等方面表现较好；在技术交易市场活跃度、高企培育、上市企业培育、从业人员结构优化、国际人才吸引、海外专利布局、单位能耗降低、创新型产业集群培育等方面表现有待进一步加强。

根据本次评价结果，建议郴州高新区全面落实"三高四新"战略定位和使命任务，牢牢把握自贸区建设机遇，聚焦电子信息、装备制造、有色金属新材料等主特产业，强化创新资源配置，优先布局相关重大产业项目、重大创新平台，加快形成产业集聚效应和品牌优势；依托重大创新平台、重大科技项目，培养和引进一批国际人才和创新团队，设立科技领军人才创新驱动中心，推动科技成果转化；完善各类人才支持培养政策，构建精准化人才培养体系，加强创新型、应用型技术技能人才培养；深化产教融合、校企合作，共同组建教育集团和产教联盟；继续加大科技型企业孵化培育力度，建立高新技术企业后备培育发展库，实施"入小""升高""上市"等行动计划；进一步推动园区绿色、低碳、循环、智慧化改造，加大清洁能源使用，推进能源梯级利用，引导传统产业结构优化升级，建设绿色生态园区。

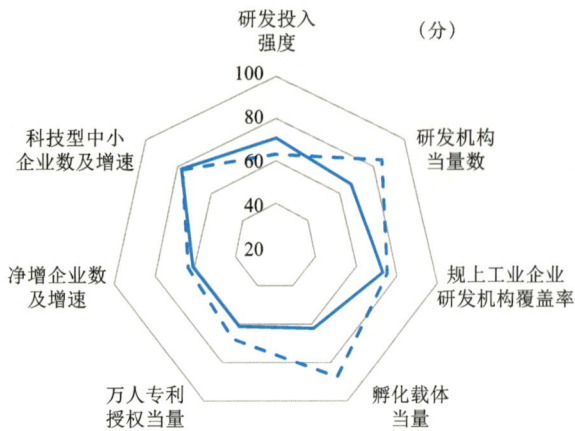

(a) 创新能力和创业活跃度

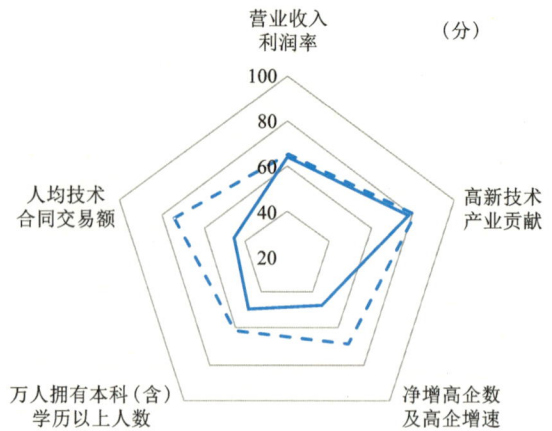

(b) 结构优化和产业价值链

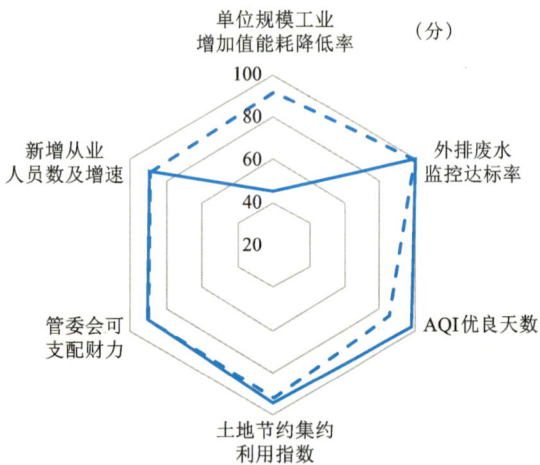

(c) 绿色发展和宜居包容性

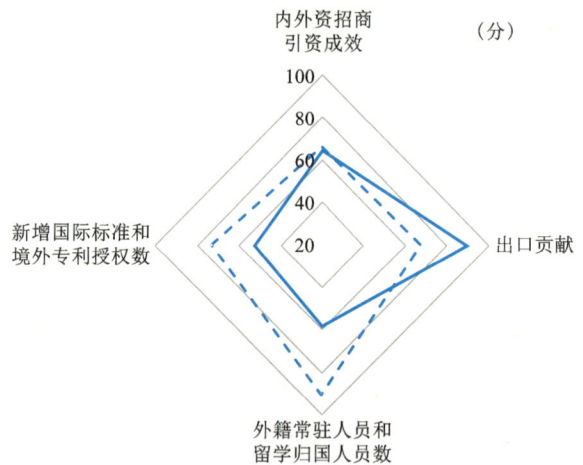

(d) 开放创新和国际影响力

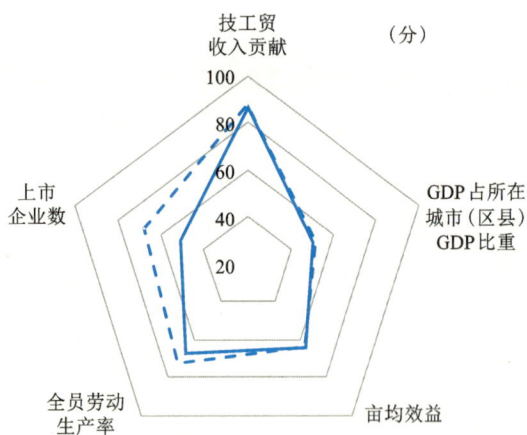

(e) 综合质效和持续创新力

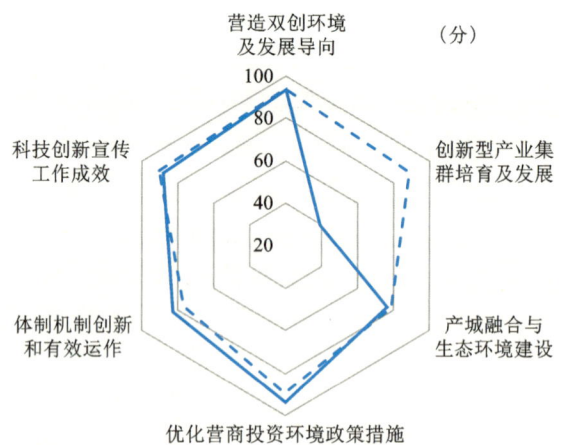

(f) 定性评价得分

—— 郴州高新区得分　　- - - 国家高新区基准值得分

图3-16　郴州高新区五大能力及定性评价得分情况

第二章 省级高新区

一、宁乡高新区

宁乡高新区综合排名第5，各一级指标中"创新能力和创业活跃度"排名第11，"结构优化和产业价值链"排名第2，"绿色发展和宜居包容性"排名第1，"开放创新和国际影响力"排名第6，"综合质效和持续创新力"排名第8，其各项创新能力如图3-17所示。

宁乡高新区27项二级定量指标中，有1项指标排名第1，1项指标排名第3，共计13项指标排名前十；2项指标排名处于后30%。排名靠后的指标为"上年度园区生产总值占所在城市(区县)GDP的比重""研发投入强度贡献"等。

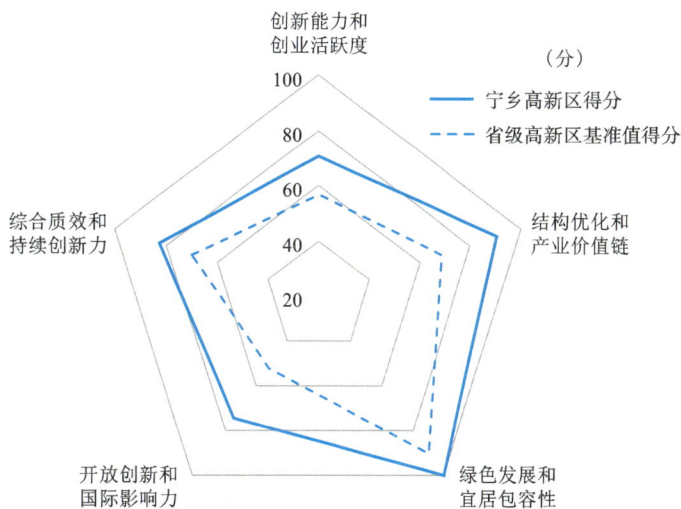

图3-17 宁乡高新区创新能力雷达图

如图3-18所示，宁乡高新区在园区可支配财力、创新型产业集群培育、产城融合发展等表现突出；在研发机构建设、知识产权密度、技术交易市场活跃度、国际竞争力、亩均效益等方面表现较好；在研发投入强度、地方经济贡献、体制机制创新等方面表现有待进一步加强。

根据本次评价结果，建议宁乡高新区全面落实"三高四新"战略定位和使命任务，深入落实"强省会"战略，围绕产业转型升级，积极谋划先进装备制造、储能材料及节能环保新材料等主特产业重大项目，推动形成集聚效应和品牌优势，进一步推动主特产业提质扩容增效；积极构建数字技术应用场景，推动数字经济同实体经济深度融合，引领新旧动能转换，推动产业链向价值高端延伸；加大高新技术企业所得税减免、研发费用加计扣除等政策的落实力度，引导企业加大研发投入，鼓励科技型企业联合高等科研院所组建新型研发机构、创新联合体等，加大关键零部件、核心技术攻关力度，提升企业自主创新能力水平；深化科技创新体制机制改革，积极探索企业创新积分制、知识价值信用贷款等，主动靠前服务，提升精准施策能力和现代化治理水平，提高综合服务效能；加快构建以企业为主体的技术创新体系，优化园区创新创业生态，激发园区高质量发展的动力和活力。

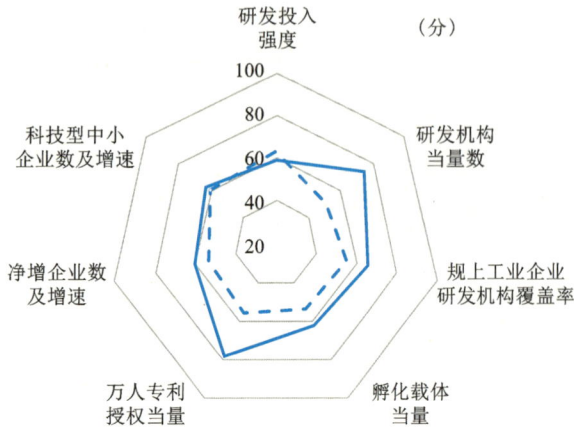

(a) 创新能力和创业活跃度

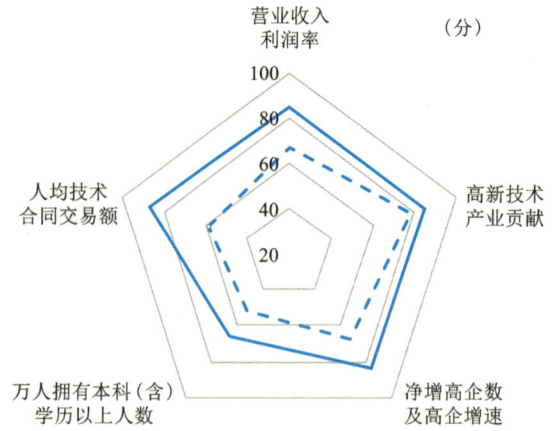

(b) 结构优化和产业价值链

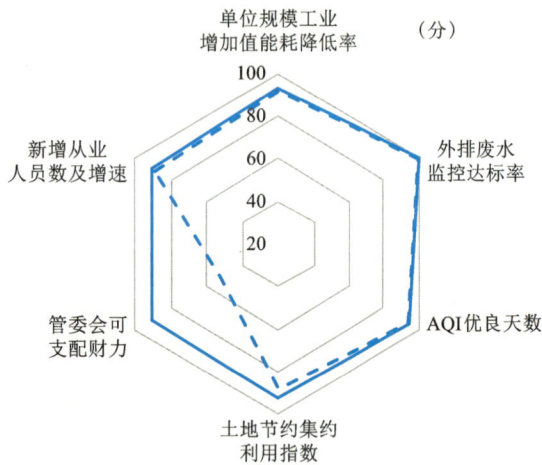

(c) 绿色发展和宜居包容性

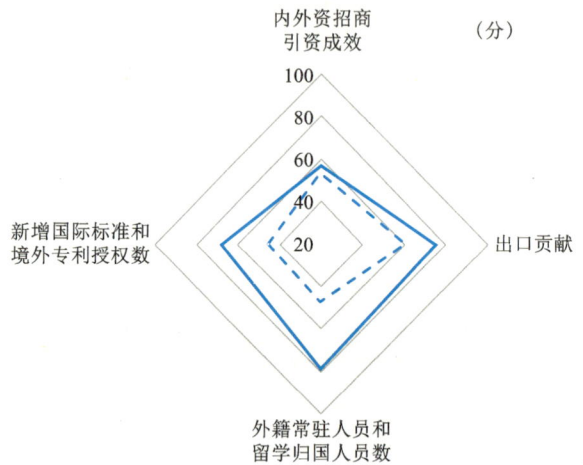

(d) 开放创新和国际影响力

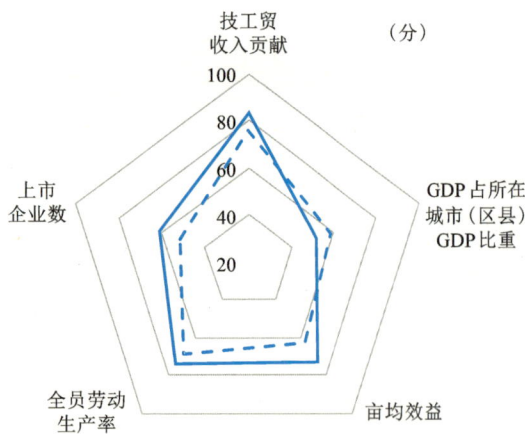

(e) 综合质效和持续创新力

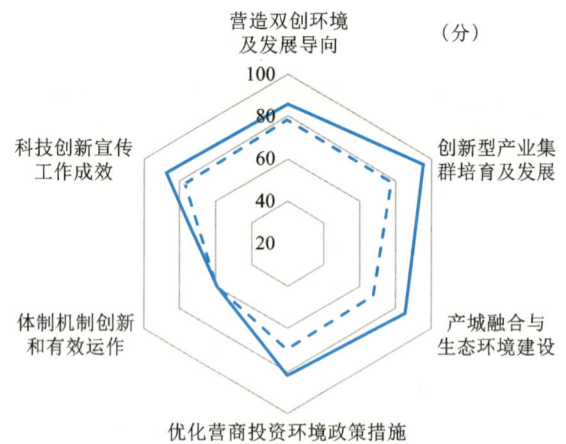

(f) 定性评价得分

—— 宁乡高新区得分　　- - - 省级高新区基准值得分

图3-18　宁乡高新区五大能力及定性评价得分情况

二、岳阳临港高新区

岳阳临港高新区综合排名第9，各一级指标中"创新能力和创业活跃度"排名第12，"结构优化和产业价值链"排名第35，"绿色发展和宜居包容性"和"开放创新和国际影响力"排名第10，"综合质效和持续创新力"排名第6，其各项创新能力如图3-19所示。

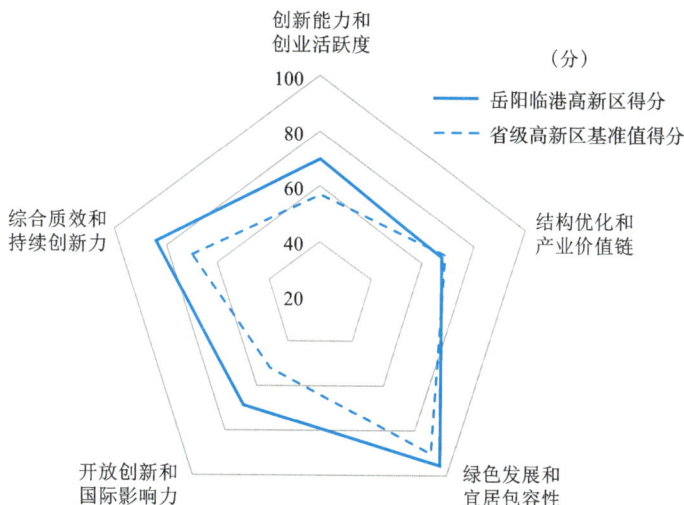

图3-19　岳阳临港高新区创新能力雷达图

岳阳临港高新区27项二级定量指标中，有3项指标排名第1，2项指标排名第3，共计10项指标排名前十；6项指标排名处于后30%。排名靠后的指标为"高新技术产业贡献""人均技术合同交易额""单位规模工业增加值能耗降低率"等。

如图3-20所示，岳阳临港高新区在创业活力、高企培育、经济总体规模、亩均效益等方面表现突出；在孵化载体建设、园区可支配财力、国际人才吸引、招商引资成效、劳动生产率、体制机制有效运作等方面表现较好；在科技型中小企业培育、高新技术产业贡献与产业集群建设、技术交易市场活跃度、单位能耗降低、出口贡献等方面表现有待进一步加强。

根据本次评价结果，建议岳阳临港高新区全面落实"三高四新"战略定位和使命任务，围绕智能装备制造、电子信息、现代物流等主特产业，以培育发展创新型领军企业、科技型中小企业为重点，围绕产业链部署创新链，围绕创新链布局产业链，加快建设以产业链关键环节、创新链关键技术为核心的产业集群生态；积极引进新技术、新产品，培育新业态、新模式，推动数字经济同实体经济深度融合发展；鼓励科技型企业联合高等科研院所组建新型研发机构、创新联合体等，强化产学研合作，推进科技成果转移转化输出和承接、技术咨询、技术合同认定登记。进一步落实"三线一单"分区管控理念，强化空间、总量、准入环境管理，引导园区企业通过能源替代、技术改造、节能管控等措施持续推进节能降耗。积极融入"一带一路"建设，助推企业开拓国际市场，进一步推进开放资源整合、创新与提升，着力打造全领域、多层次贸易开放平台，提高岳阳临港的国际竞争力。

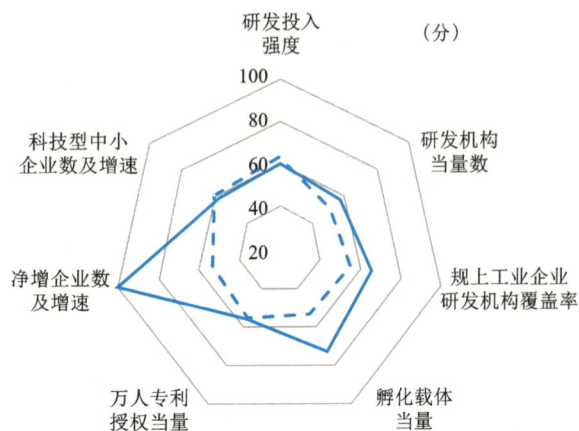

（a）创新能力和创业活跃度

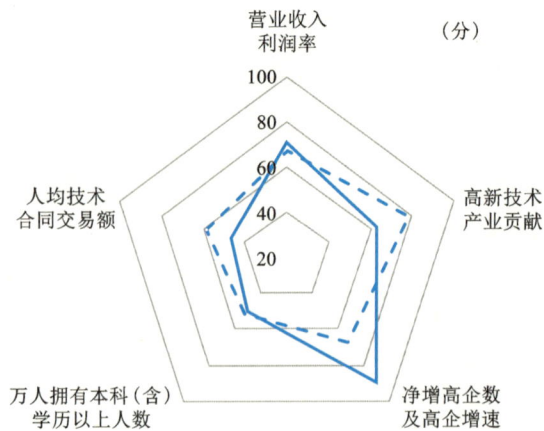

（b）结构优化和产业价值链

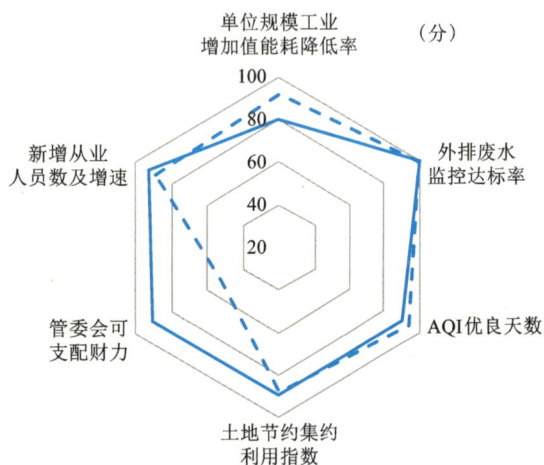

（c）绿色发展和宜居包容性

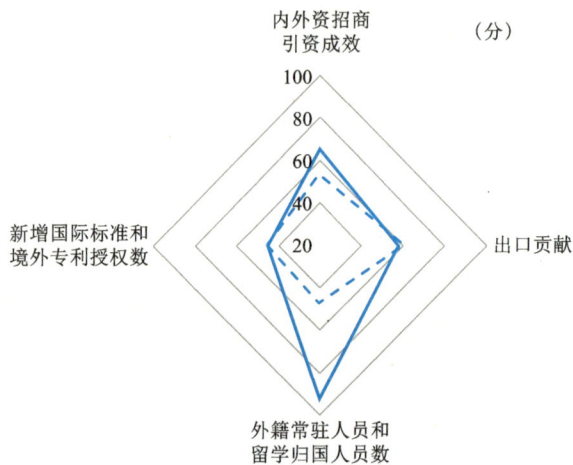

（d）开放创新和国际影响力

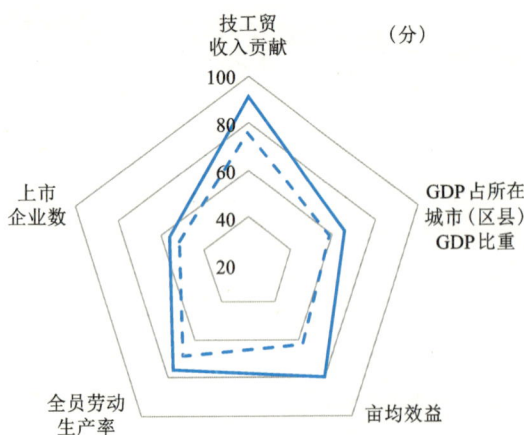

（e）综合质效和持续创新力

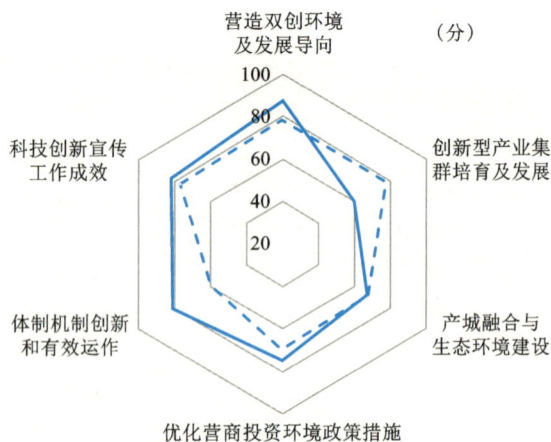

（f）定性评价得分

—— 岳阳临港高新区得分　- - - 省级高新区基准值得分

图3-20　岳阳临港高新区五大能力及定性评价得分情况

三、岳麓高新区

岳麓高新区综合排名第 10，各一级指标中"创新能力和创业活跃度"排名第 7，"结构优化和产业价值链"排名第 3，"绿色发展和宜居包容性"排名第 46，"开放创新和国际影响力"排名第 11，"综合质效和持续创新力"排名第 39，其各项创新能力如图 3-21 所示。

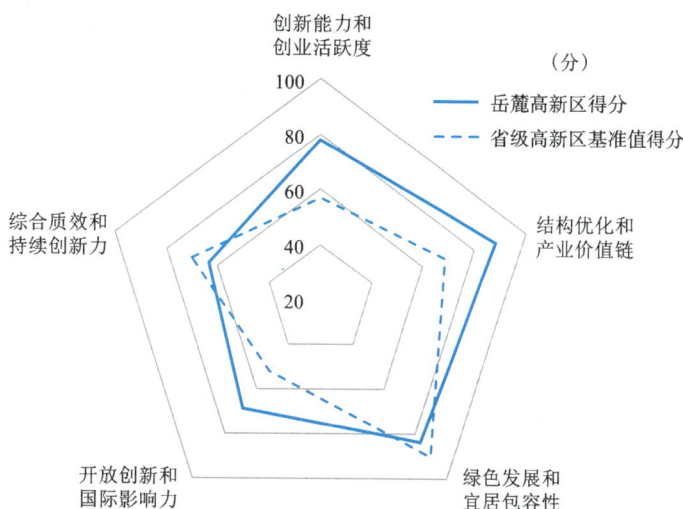

图 3-21　岳麓高新区创新能力雷达图

岳麓高新区 27 项二级定量指标中，有 4 项指标排名第 1，1 项指标排名第 2，2 项指标排名第 3，共计 10 项指标排名前十；4 项指标排名处于后 30%。排名靠后的指标为"园区土地节约集约利用指数""单位规模工业增加值能耗降低率""上年度园区生产总值占所在城市（区县）GDP 的比重"等。

如图 3-22 所示，岳麓高新区在研发投入强度、知识产权密度、从业人员结构优化、高企培育、海外知识产权布局等方面表现突出；在研发机构建设、园区可支配财力、上市企业培育等方面表现较好；在土地节约集约利用、单位能耗降低、地方经济贡献、体制机制创新等方面表现有待加强。

根据本次评价结果，建议岳麓高新区全面落实"三高四新"战略定位和使命任务，落实"强省会"战略和长株潭都市圈建设要求，聚焦检验检测认证、人工智能（智能网联汽车）等主特产业，加快重点项目引进与重点企业培育，加强关键技术创新、成果转移转化和产业化，着力提升产业链供应链韧性和安全水平，优化产业链配套和服务规模水平，加速推动数字经济同实体经济深度融合发展，强化主特产业品牌特色；加强与长株潭地区其他园区协同创新、技术转移和产业配套合作，依托河西科创走廊建设，加快促进资金、信息、技术、人才等创新创业要素向园区集聚；持续推进低效企业出清、"腾笼换鸟"，推动资源要素向优质高效领域集中，科学合理利用土地，提升园区土地节约集约利用水平；按照碳达峰、碳中和要求推进能源梯级利用，降低化石能源消耗，推进绿色、低碳、智慧园区建设；积极探索企业创新积分制、知识价值信用贷款等新型科技创新政策工具，引导企业进一步提升创新能力和发展水平，加快构建以企业为主体的技术创新体系，优化园区创新创业生态。

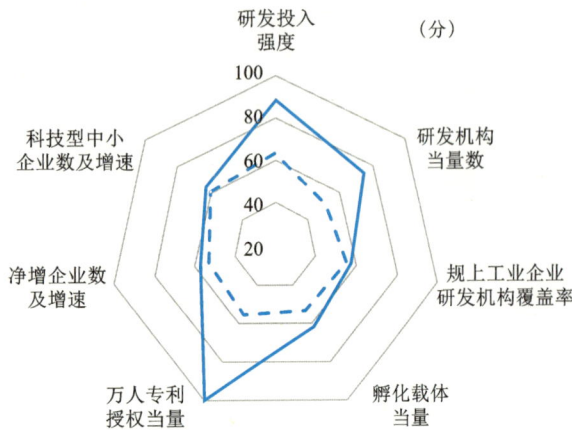

(a) 创新能力和创业活跃度

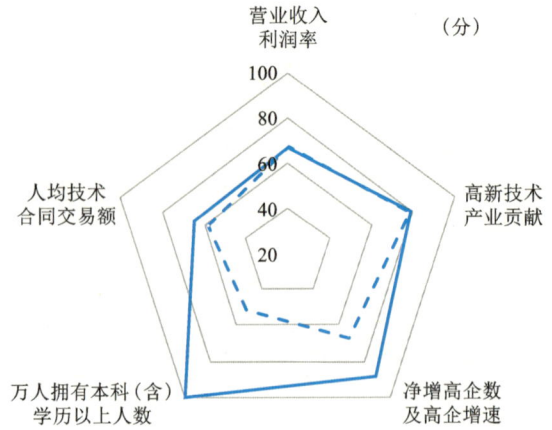

(b) 结构优化和产业价值链

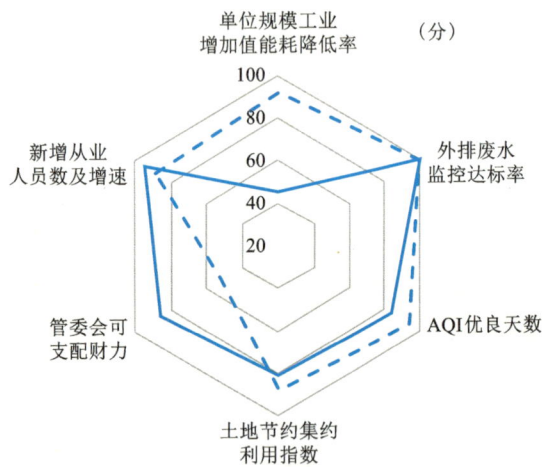

(c) 绿色发展和宜居包容性

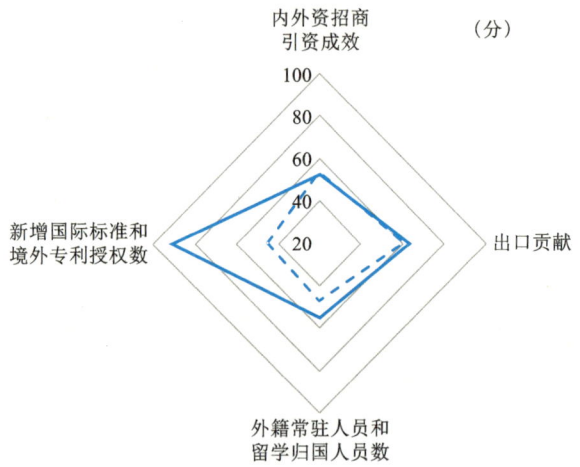

(d) 开放创新和国际影响力

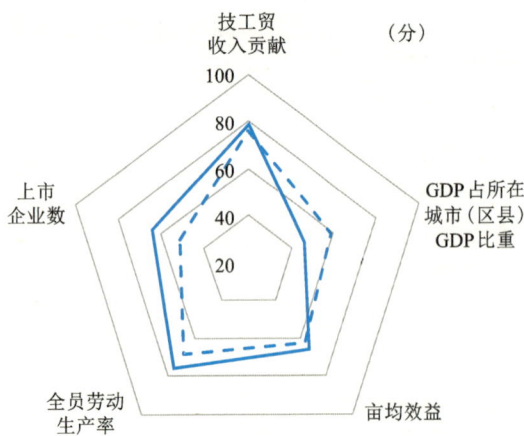

(e) 综合质效和持续创新力

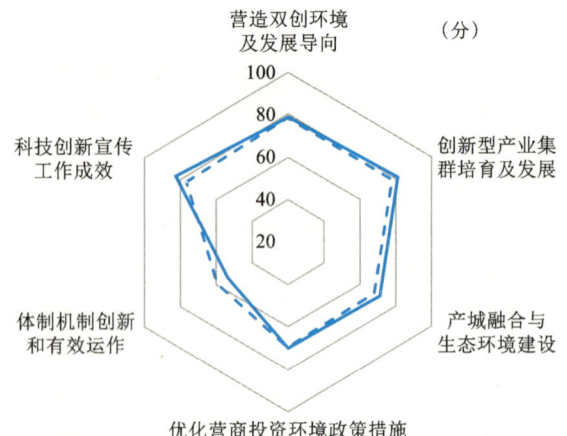

(f) 定性评价得分

—— 岳麓高新区得分　- - - 省级高新区基准值得分

图 3-22　岳麓高新区五大能力及定性评价得分情况

四、湘西高新区

湘西高新区综合排名第 11，各一级指标中"创新能力和创业活跃度"和"结构优化和产业价值链"排名第 13，"绿色发展和宜居包容性"排名第 4，"开放创新和国际影响力"排名第 20，"综合质效和持续创新力"排名第 24，其各项创新能力如图 3-23 所示。

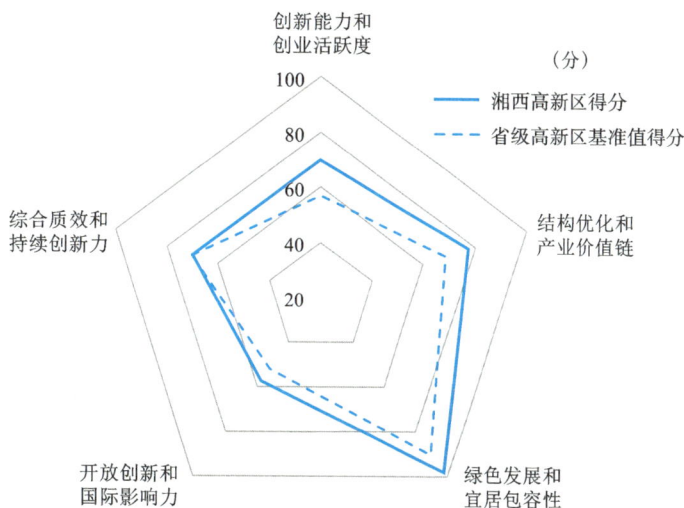

图 3-23　湘西高新区创新能力雷达图

湘西高新区 27 项二级定量指标中，有 2 项指标排名第 1，1 项指标排名第 3，共计 9 项指标排名前十；2 项指标排名处于后 30%。排名靠后的指标为"当年新认定高新技术企业数及增速""当年技工贸收入贡献"等。

如图 3-24 所示，湘西高新区在绿色发展、劳动生产率、营收利润率、人才结构优化、双创环境营造、体制机制创新等方面表现突出；在研发机构建设、孵化载体建设、园区可支配财力、出口贡献、营商环境优化、创新型产业集群建设等方面表现较好；在经济总体规模、亩均效益、高新技术企业和上市企业培育、海外知识产权布局、招商引资成效等方面表现有待进一步加强。

根据本次评价结果，建议湘西高新区全面落实"三高四新"战略定位和使命任务，深度参与湘南湘西承接产业转移示范区建设，聚焦壮大电子信息、新材料等主特产业，加快重点项目引进与重点企业培育，树立"精明增长"理念，盘活闲置和低效工业用地，加快低效企业出清和优质企业入驻，强化园区建设用地开发利用强度、投资强度整体控制，提升园区土地节约集约利用率，加快亩均效益提档升级，进一步推动主特产业提质增效扩容；积极探索企业创新积分制、知识价值信用贷款等，引导企业进一步提升创新能力和发展水平，促进创新要素向创新能力强、成长潜力大的企业集聚；加大科技型企业孵化培育力度，建立高新技术企业后备培育发展库，建立健全高新技术企业培育机制，推动高新技术企业树标提质，加强上市后备企业帮扶服务，着力培育一批创新型领军企业；加大与"一带一路"沿线国家开展人才交流、技术交流和经贸合作力度，推动高新区内企业"走出去"，参与国际标准和规则制定，加大产品国际认证力度，积极拓展国际市场。

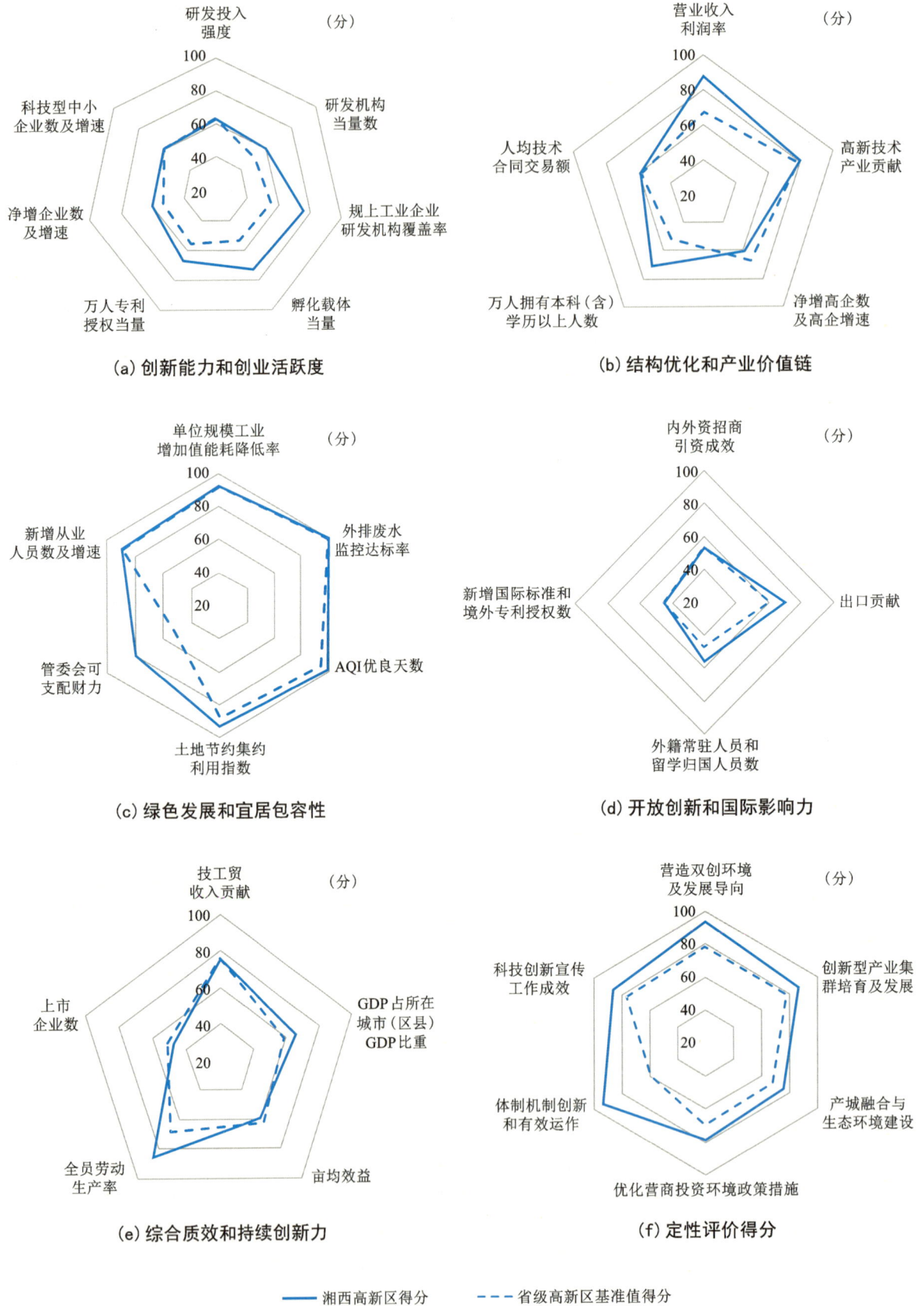

（a）创新能力和创业活跃度

（b）结构优化和产业价值链

（c）绿色发展和宜居包容性

（d）开放创新和国际影响力

（e）综合质效和持续创新力

（f）定性评价得分

—— 湘西高新区得分　　---- 省级高新区基准值得分

图3-24　湘西高新区五大能力及定性评价得分情况

五、浏阳高新区

浏阳高新区综合排名第 11，各一级指标中"创新能力和创业活跃度"排名第 8，"结构优化和产业价值链"排名第 23，"绿色发展和宜居包容性"排名第 3，"开放创新和国际影响力"排名第 44，"综合质效和持续创新力"排名第 22，其各项创新能力如图 3-25 所示。

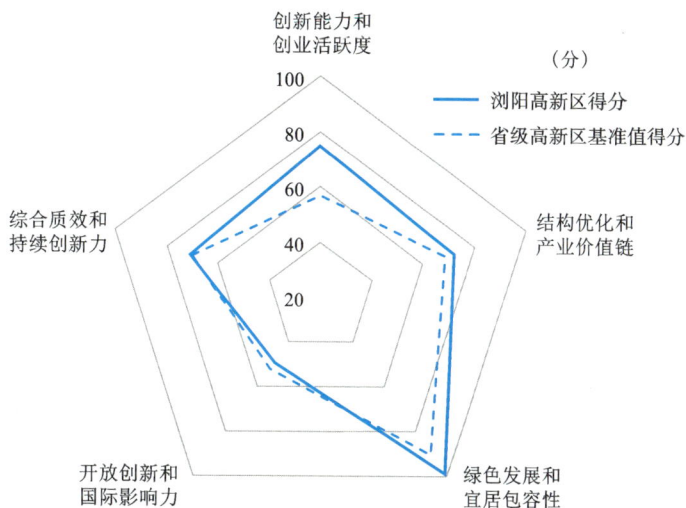

图 3-25　浏阳高新区创新能力雷达图

浏阳高新区 27 项二级定量指标中，有 2 项指标排名第 1，1 项指标排名第 3，共计 10 项指标排名前十；7 项指标排名处于后 30%。排名靠后的指标为"出口贡献""内外资招商引资成效""上年度园区 GDP 占所在城市（区县）GDP 的比重"等。

如图 3-26 所示，浏阳高新区在规上工业企业研发机构覆盖率、土地节约集约利用、园区可支配财力、上市企业培育等方面表现突出；在研发投入强度、研发机构建设、孵化载体建设、知识产权密度、从业人员结构优化、国际人才吸引等方面表现较好；在招商引资成效、营收利润率、高新技术产业贡献、出口贡献、地方经济贡献等方面表现有待进一步加强。

根据本次评价结果，建议浏阳高新区全面落实"三高四新"战略定位和使命任务，深入实施"强省会"战略，围绕电子信息、生物医药和智能装备制造等土特产业，创新招商引资方式，优化招商引资环境，搭建招商平台，推动全产业链精准招商，精准引进一批产业关联度高的项目，推进产业链升级；建立并完善"科企—高企—小巨人—上市领军型"企业梯度培育体系，完善企业发掘、筛选和培育机制，着力培育竞争力强、成长性好的科技型中小企业和高新技术企业，推动重点产业竞争力整体跃升；推动园区企业、各类主体"走出去"，积极参与"一带一路"国际项目合作，探索建立与国际投资和贸易通行规则相衔接的政务服务、知识产权保护体系，形成更具国际竞争力的营商环境，打造开放合作新高地。

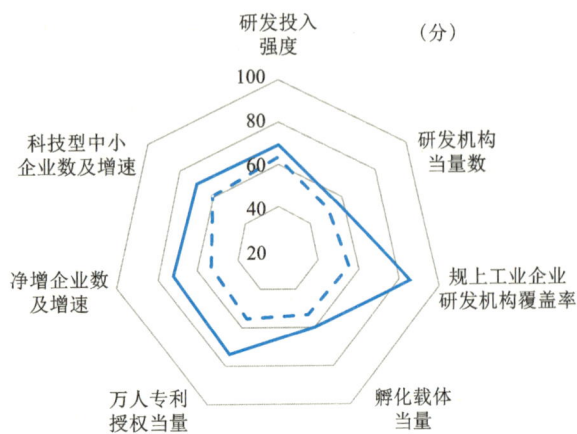

（a）创新能力和创业活跃度

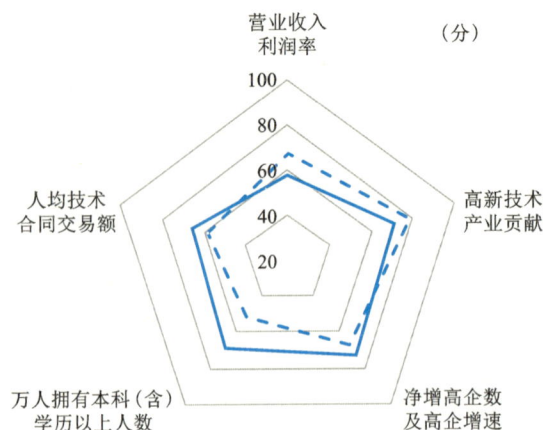

（b）结构优化和产业价值链

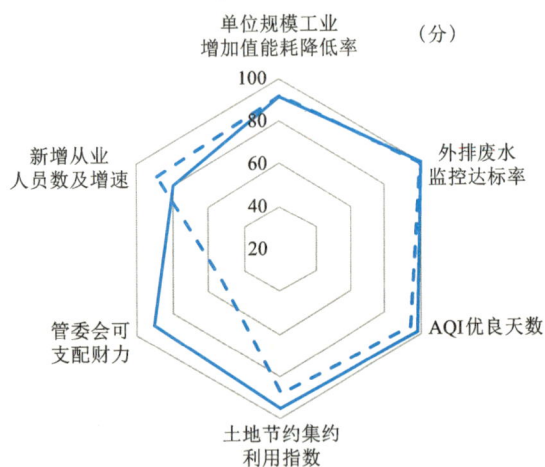

（c）绿色发展和宜居包容性

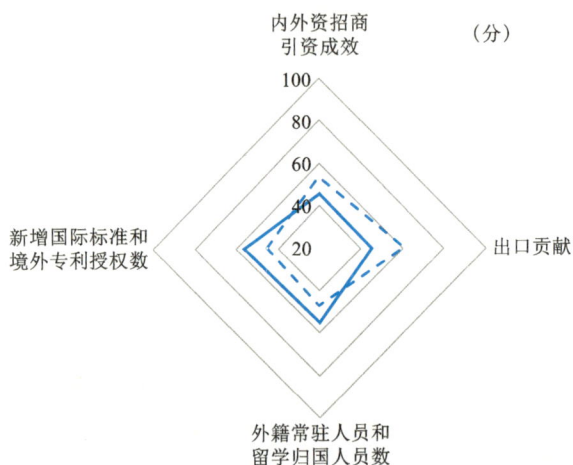

（d）开放创新和国际影响力

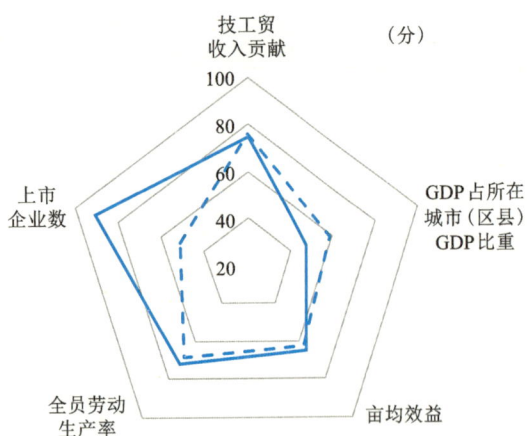

（e）综合质效和持续创新力

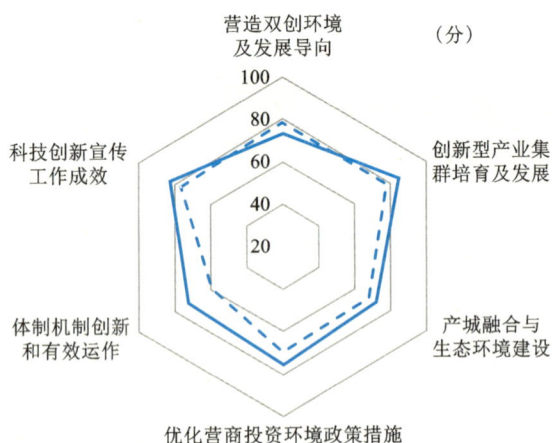

（f）定性评价得分

—— 浏阳高新区得分　　- - - 省级高新区基准值得分

图3-26　浏阳高新区五大能力及定性评价得分情况

六、平江高新区

平江高新区综合排名第 14，各一级指标中"创新能力和创业活跃度"排名第 25，"结构优化和产业价值链"排名第 11，"绿色发展和宜居包容性"排名第 17，"开放创新和国际影响力"和"综合质效和持续创新力"排名第 16，其各项创新能力如图 3-27 所示。

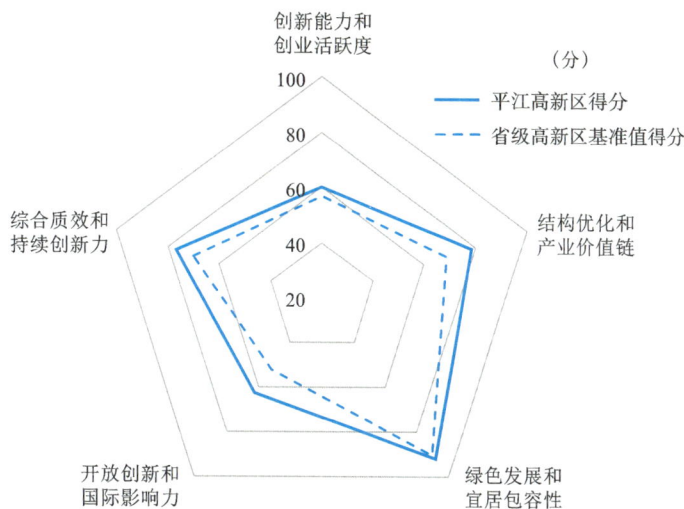

图 3-27　平江高新区创新能力雷达图

平江高新区 27 项二级定量指标中，有 1 项指标排名第 1，2 项指标排名第 2，1 项指标排名第 3，共计 6 项指标排名前十；3 项指标排名处于后 30%。排名靠后的指标为"新增从业人员数及增速""营业收入利润率""规上工业企业研发机构覆盖率"等。

如图 3-28 所示，平江高新区在招商引资成效、劳动生产率、体制机制创新等方面表现突出；在从业人员结构优化、土地节约集约利用水平、地方经济贡献、上市企业培育等方面表现较好；在企业研发机构建设、创新创业环境营造、科技创新宣传、营收利润率、促进就业等方面表现有待进一步加强。

根据本次评价结果，建议平江高新区全面落实"三高四新"战略定位和使命任务，坚持对接"一带一路"和长江经济带建设，借助长岳联动发展承接带，围绕绿色食品、新材料等主特产业，积极承接布局一批重大项目，推动形成集聚效应和品牌优势，进一步推动主导特色产业提质扩容增效；引导企业加大研发投入，支持鼓励科技型企业自建或共建研发机构，鼓励科技型企业联合高等科研院所组建新型研发机构、创新联合体等，加大关键零部件、核心技术攻关力度，提升企业自主创新能力水平；完善教育、医疗、文化等公共服务设施，有序布局新型基础设施，践行绿色发展理念，加强智慧园区建设，提升园区宜居宜业宜创水平；强化创新资源配置，强化园区科技成果转化、项目孵化、科技金融对接等方面的合作与服务，营造低成本、全要素、便利化的创新环境，加强园区科技创新宣传工作，营造良好的创新创业环境和氛围。

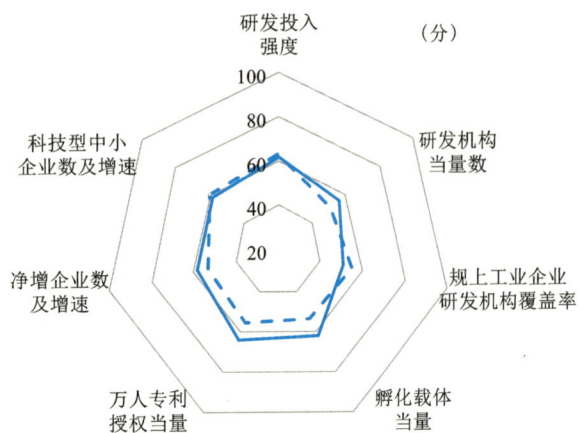

（a）创新能力和创业活跃度

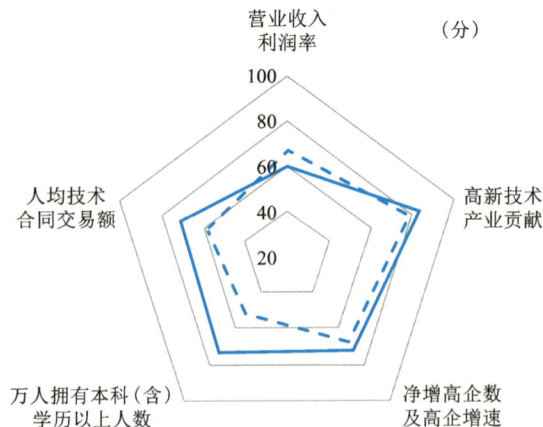

（b）结构优化和产业价值链

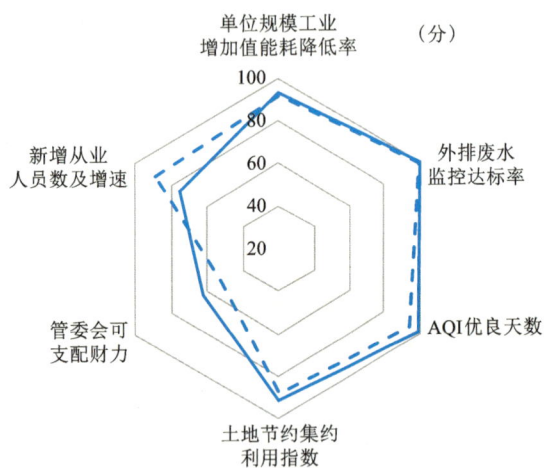

（c）绿色发展和宜居包容性

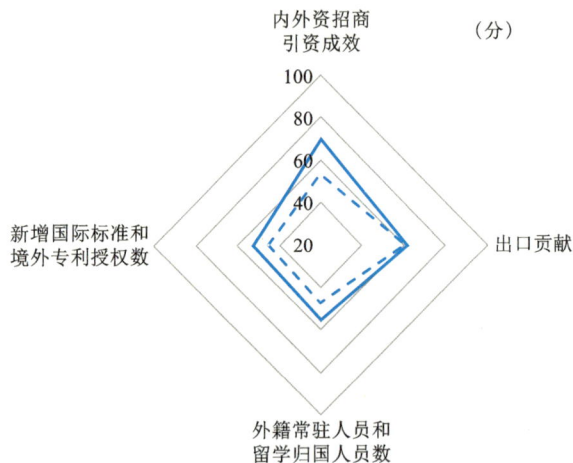

（d）开放创新和国际影响力

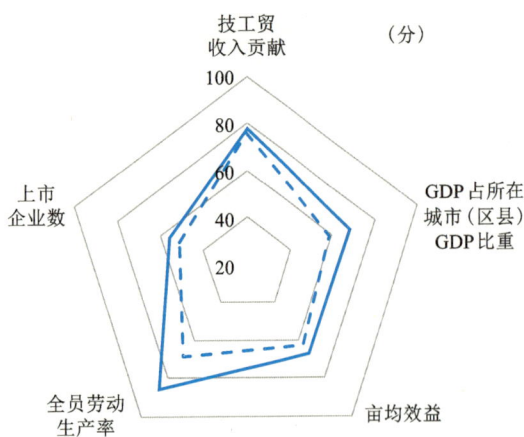

（e）综合质效和持续创新力

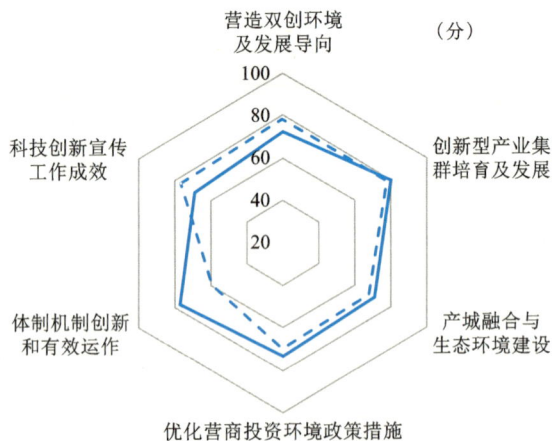

（f）定性评价得分

——— 平江高新区得分　　- - - 省级高新区基准值得分

图3-28　平江高新区五大能力及定性评价得分情况

七、雨湖高新区

雨湖高新区综合排名第15，各一级指标中"创新能力和创业活跃度"排名第10，"结构优化和产业价值链"排名第7，"绿色发展和宜居包容性"排名第35，"开放创新和国际影响力"排名第36，"综合质效和持续创新力"排名第41，其各项创新能力如图3-29所示。

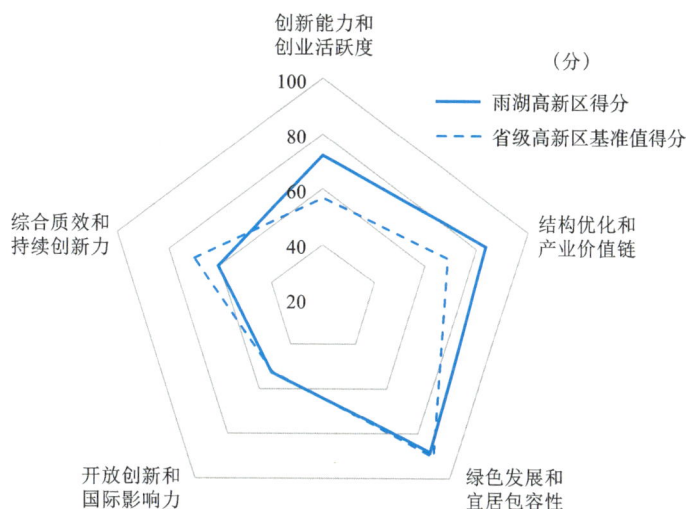

图3-29 雨湖高新区创新能力雷达图

雨湖高新区27项二级定量指标中，有1项指标排名第1，1项指标排名第3，共计5项指标排名前十；5项指标排名处于后30%。排名靠后的指标为"当地环境空气质量指数（AQI）不大于100的天数""上年度园区GDP占所在城市（区县）GDP的比重""内外资招商引资成效"等。

如图3-30所示，雨湖高新区在研发机构建设、技术交易市场活跃度等方面表现突出；在知识产权密度、孵化载体培育、营收利润率、从业人员结构优化、出口贡献、单位能耗降低、全员劳动生产率等方面表现较好；在空气质量改善、招商引资成效、地方经济贡献、双创环境营造、营商环境优化等方面表现有待进一步加强。

根据本次评价结果，建议雨湖高新区全面落实"三高四新"战略定位和使命任务，深化长株潭区域一体化建设，围绕先进矿山装备、新材料等主特产业，创新招商引资方式，以"补链、强链、延链"为目标，瞄准产业链精准招商，引进一批龙头企业和重大项目，以培育发展创新型领军企业、科技型中小企业为重点，加快建设以产业链关键环节、创新链关键技术为核心的产业集群生态，推动形成集聚效应和品牌优势，进一步推动主特产业提质扩容增效；聚焦核心产业关键核心技术需求，对接湘江西岸科创走廊、岳麓山国家大学科技城，强化高校与科研院所成果转移转化；积极融入"国内国际"双循环新发展格局，柔性引进更多国际化人才，争取更多国际创新成果产出；推进园区绿色、低碳、循环、智慧化改造，引导传统产业结构优化升级，建设绿色生态园区。

（a）创新能力和创业活跃度

（b）结构优化和产业价值链

（c）绿色发展和宜居包容性

（d）开放创新和国际影响力

（e）综合质效和持续创新力

（f）定性评价得分

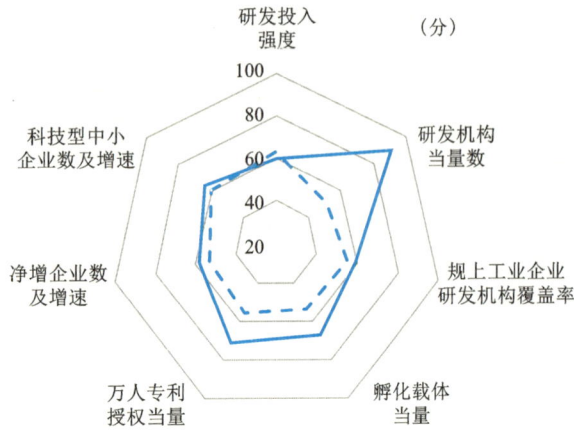

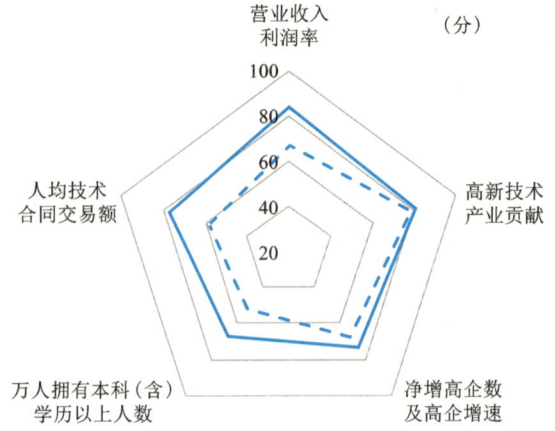

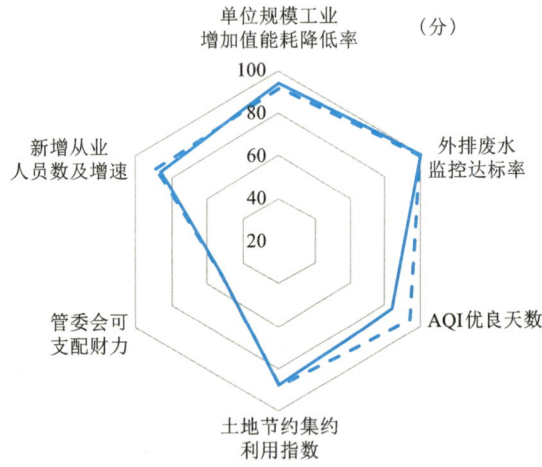

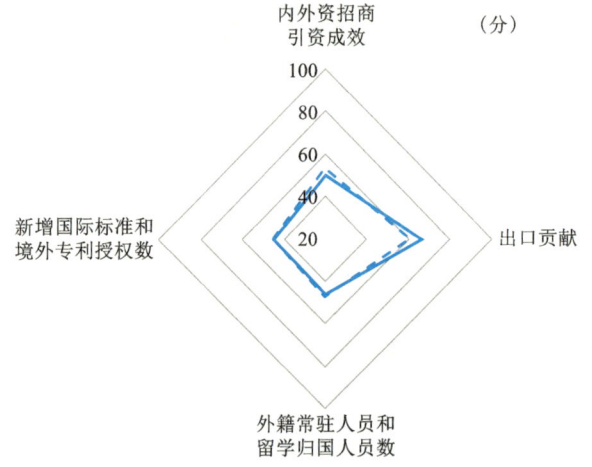

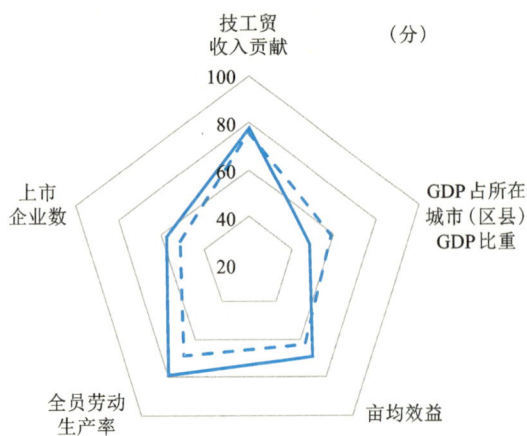

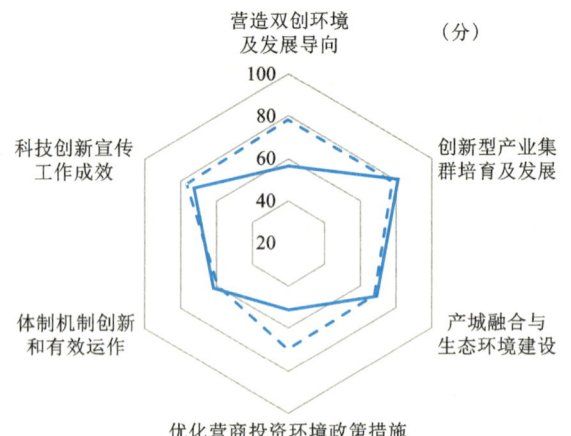

—— 雨湖高新区得分　　---- 省级高新区基准值得分

图3-30　雨湖高新区五大能力及定性评价得分情况

八、娄底高新区

娄底高新区综合排名第16，各一级指标中"创新能力和创业活跃度"排名第26，"结构优化和产业价值链"排名第21，"绿色发展和宜居包容性"排名第14，"开放创新和国际影响力"排名第19，"综合质效和持续创新力"排名第14，其各项创新能力如图3-31所示。

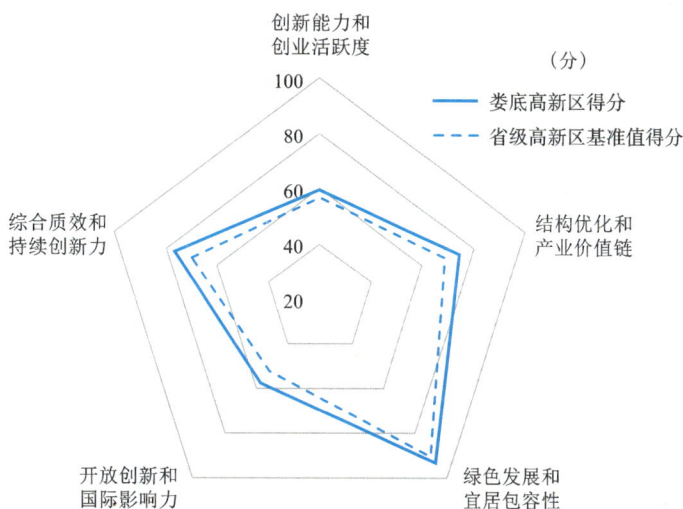

图 3-31　娄底高新区创新能力雷达图

娄底高新区27项二级定量指标中，有1项指标排名第1，1项指标排名第2，共计4项指标排名前十；4项指标排名处于后30%。排名靠后的指标为"人均技术合同交易额""当年登记入库的科技型中小企业数及增速""当年新认定高新技术企业数及增速"等。

如图3-32所示，娄底高新区在营收利润率、从业人员结构优化、体制机制创新等方面表现突出；在高新技术产业贡献、促进就业、亩均效益等方面表现较好；在科技型与上市企业培育、技术交易市场活跃度、创新创业与营商环境优化等方面表现有待进一步加强。

根据本次评价结果，建议娄底高新区全面落实"三高四新"战略定位和使命任务，围绕打造具有全国影响力的"材料谷"建设目标，积极整合省内外创新资源，开展关键核心技术攻关，加快建设以产业链关键环节、创新链关键技术为核心的产业集群生态，加速推动数字经济同实体经济深度融合发展，加速培育新材料和智能制造创新型产业集群，强化先进制造业高地的"品牌"特色；构建科技型企业梯次培育体系，加大科技型企业孵化培育力度，建立高新技术企业后备培育发展库，着力培育更多竞争力强、成长潜力大的科技型中小企业和高新技术企业；加强上市后备企业帮扶服务，着力培育一批创新型领军企业；进一步深化"放管服"改革，践行绿色、智慧发展理念，有序推进园区服务和数字化基础设施建设，营造良好的营商环境和创新创业氛围。

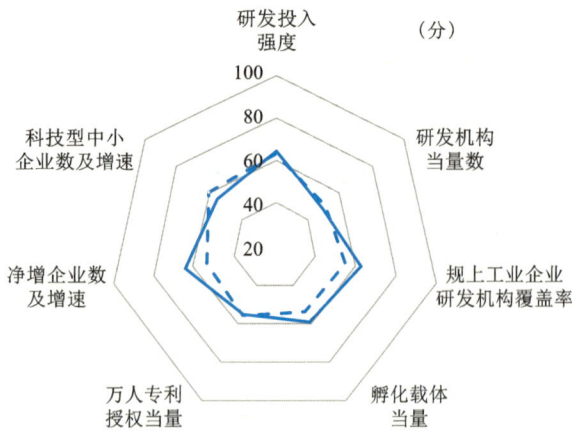

(a) 创新能力和创业活跃度

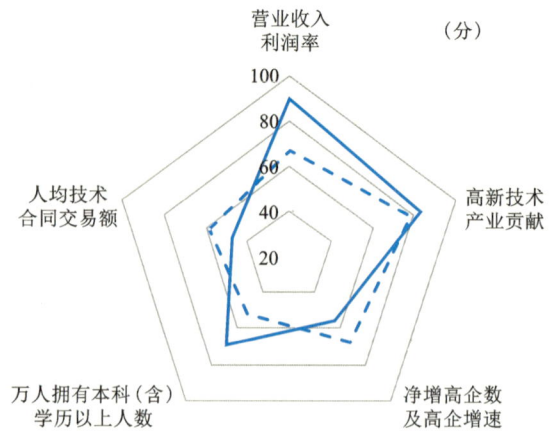

(b) 结构优化和产业价值链

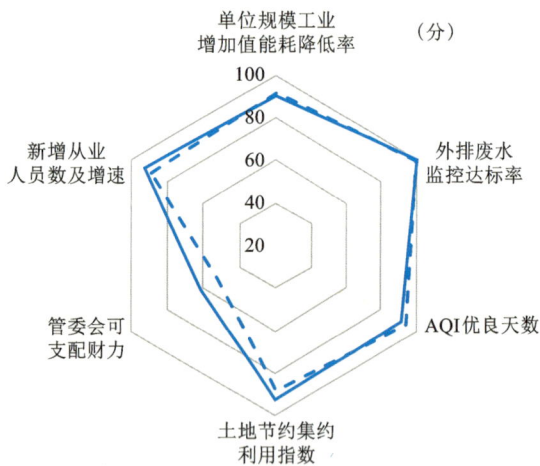

(c) 绿色发展和宜居包容性

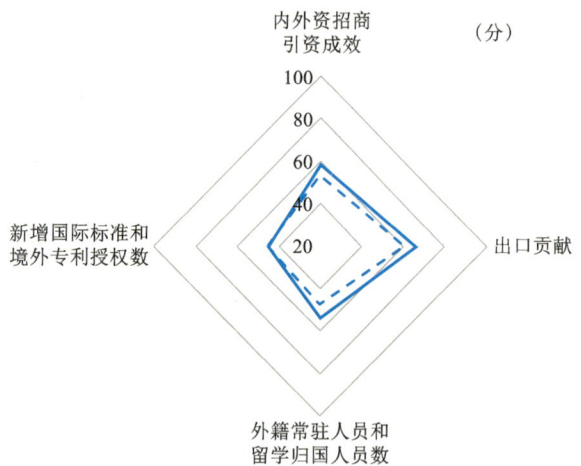

(d) 开放创新和国际影响力

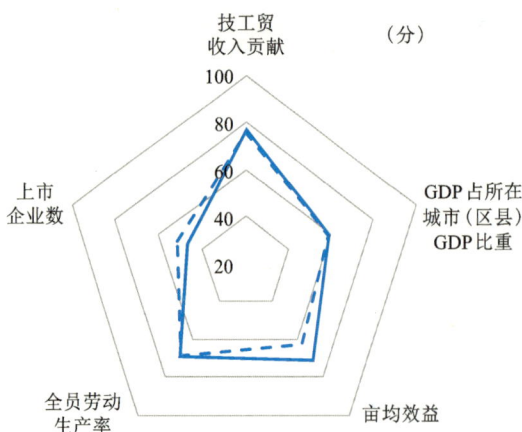

(e) 综合质效和持续创新力

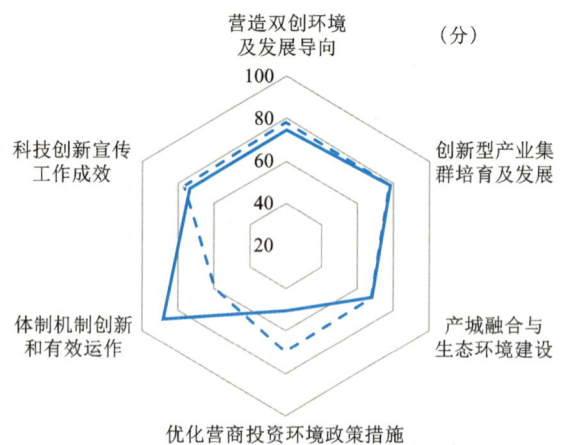

(f) 定性评价得分

—— 娄底高新区得分　- - - 省级高新区基准值得分

图 3-32　娄底高新区五大能力及定性评价得分情况

九、隆回高新区

隆回高新区综合排名第17，各一级指标中"创新能力和创业活跃度"排名第37，"结构优化和产业价值链"排名第26，"绿色发展和宜居包容性"排名第29，"开放创新和国际影响力"排名第15，"综合质效和持续创新力"排名第10，其各项创新能力如图3-33所示。

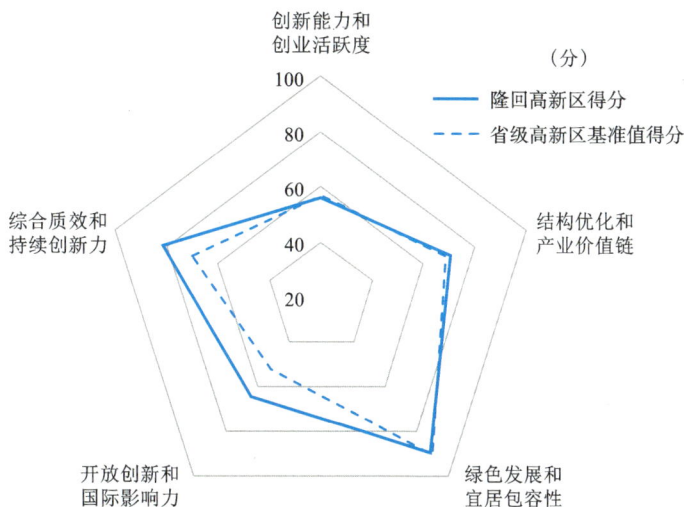

图3-33　隆回高新区创新能力雷达图

隆回高新区27项二级定量指标中，9项指标排名前十，9项指标排名处于后30%。排名靠后的指标为"内外资招商引资成效""万人新增授权专利数""规上工业企业研发机构覆盖率"等。

如图3-34所示，隆回高新区在创业活力、海外知识产权布局等方面表现突出；在高新技术产业贡献、出口贡献、亩均效益等方面表现较好；在研发机构覆盖率、知识产权密度、科技型中小企业培育、国际人才吸引、促进就业和招商引资成效等方面表现有待进一步加强。

根据本次评价结果，建议隆回高新区全面落实"三高四新"战略定位和使命任务，积极把握湘南湘西打造产业承接转移示范区发展机遇，重点发展轻工智能制造和农副产品精深加工主特产业，优先布局相关重大产业项目，推动传统制造向智能制造转型升级，着力突破一批新技术，培育一批科技型中小企业和高新技术企业，形成一批具有自主知识产权的新产品，做大做强主特产业，加快建设轻工智能制造产业园、大健康特色产业园；加强产学研合作，通过设立分支机构、联合共建等方式，积极引入省内外高校、科研院所等创新资源，推进科技创新平台建设，引导和鼓励企业特别是规上企业建设省级及以上研发平台；加大开放合作和招商引资力度，积极推动湘商产业、资本、人才、科技等多领域回归。

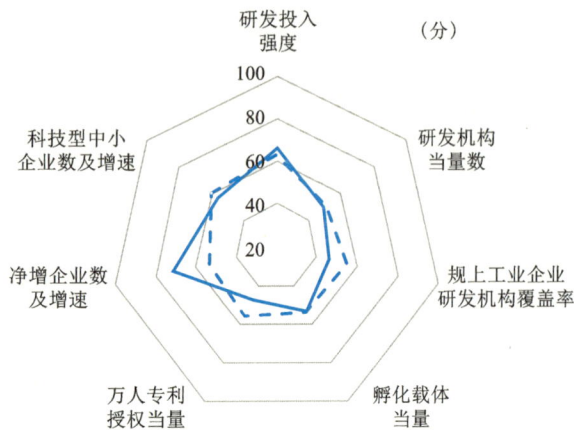

(a) 创新能力和创业活跃度

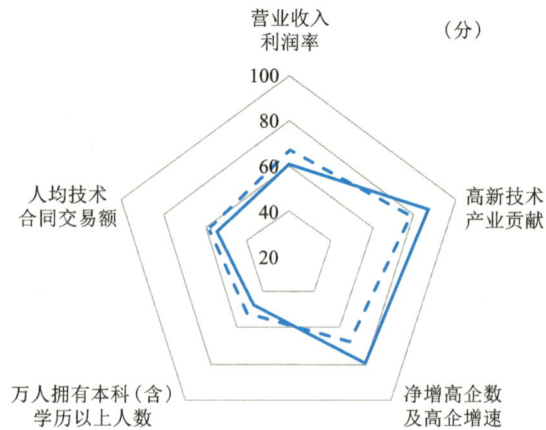

(b) 结构优化和产业价值链

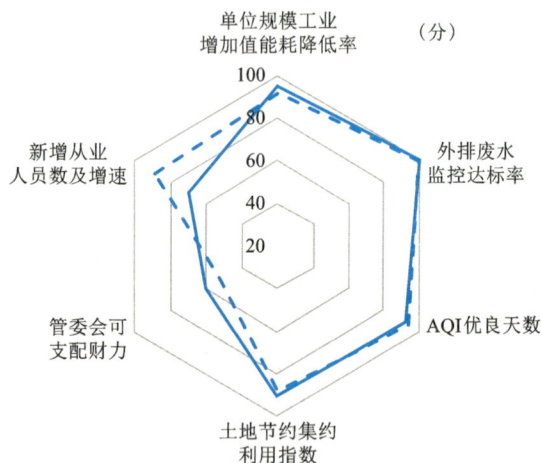

(c) 绿色发展和宜居包容性

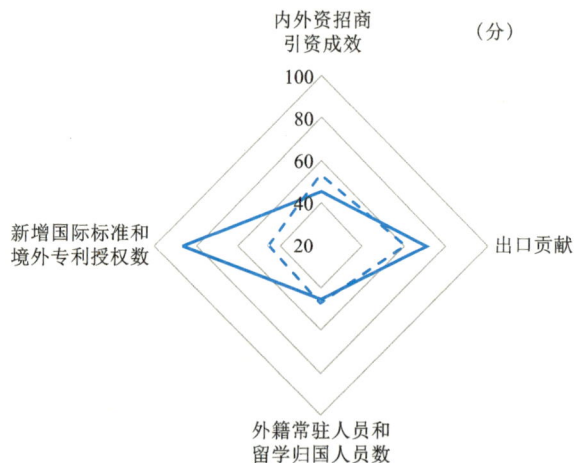

(d) 开放创新和国际影响力

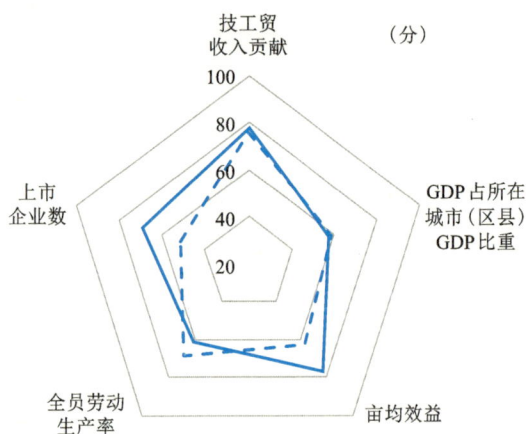

(e) 综合质效和持续创新力

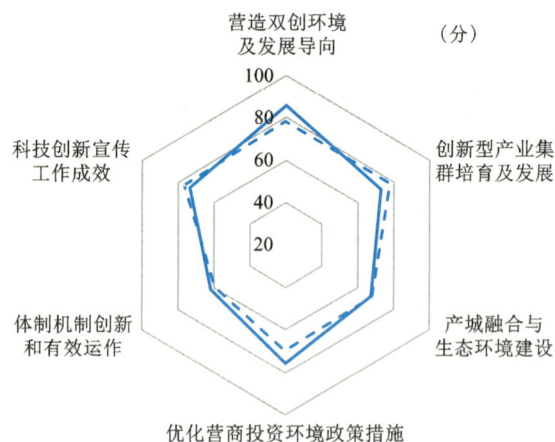

(f) 定性评价得分

—— 隆回高新区得分　　- - - - 省级高新区基准值得分

图3-34　隆回高新区五大能力及定性评价得分情况

十、湘阴高新区

湘阴高新区综合排名第18，各一级指标中"创新能力和创业活跃度"排名第22，"结构优化和产业价值链"排名第4，"绿色发展和宜居包容性"排名第44，"开放创新和国际影响力"排名第42，"综合质效和持续创新力"排名第28，其各项创新能力如图3-35所示。

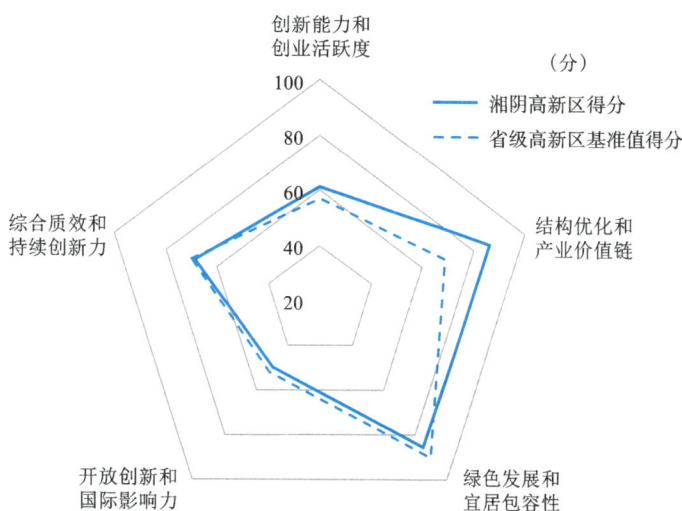

图3-35　湘阴高新区创新能力雷达图

湘阴高新区27项二级定量指标中，有6项指标排名前十，7项指标排名处于后30%。排名靠后的指标为"新增从业人员数及增速""当年登记入库的科技型中小企业数及增速""亩均效益"等。

如图3-36所示，湘阴高新区在知识产权密度、从业人员结构优化、技术交易市场活跃度等方面表现突出；在营收利润率、全员劳动生产率、体制机制创新等方面表现较好；在研发投入强度、科技型企业和上市企业培育、促进就业、招商引资成效、出口贡献、亩均效益等方面表现有待进一步加强。

根据本次评价结果，建议湘阴高新区全面落实"三高四新"战略定位和使命任务，抢抓纳入湘江新区新片区和长株潭区域一体化发展范围的政策机遇，围绕绿色装备制造、装配建筑建材主特产业，创新招商引资方式，推动全产业链精准招商，吸引更多产业链上下游企业和项目落地；提升研发投入力度，建立财政科技投入稳定增长机制，持续加大财政科技投入，构建普惠性创新政策支持体系，支持企业与高校通过联合共建、整合等方式，集聚科技创新资源；加大科技型企业培育，着力培育高新技术企业和科技型中小企业，建立上市后备企业绿色服务通道，推动优质科技型企业挂牌上市；主动融入湘江新区、长株潭区域创新中心建设，着力提高绿色装备制造等产业配套协作能力，提升区域整体创新能级；强化高新区建设用地开发利用强度、投资强度整体控制，助推企业提质增效，激发低效工业用地活力，提升园区亩均效益。

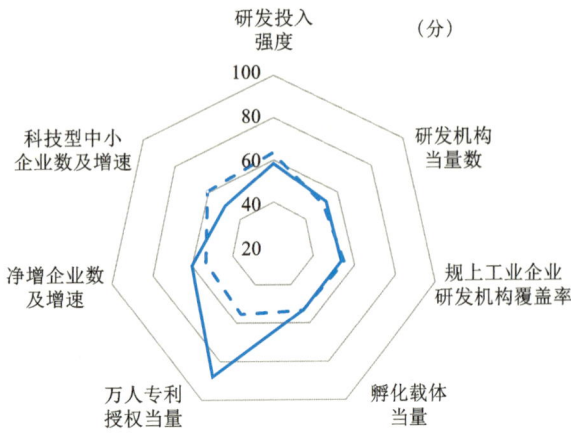

(a) 创新能力和创业活跃度

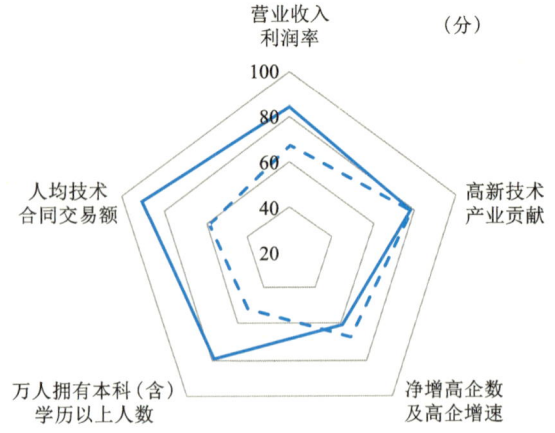

(b) 结构优化和产业价值链

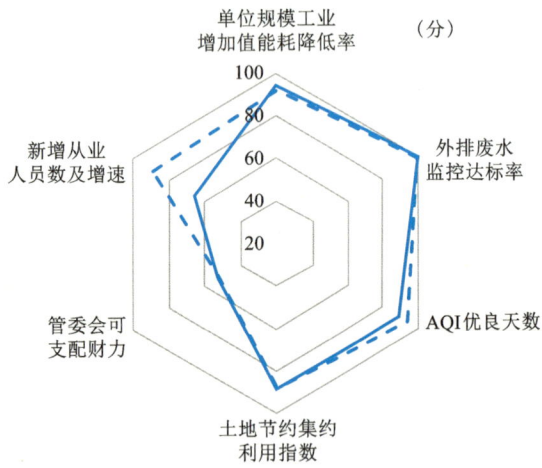

(c) 绿色发展和宜居包容性

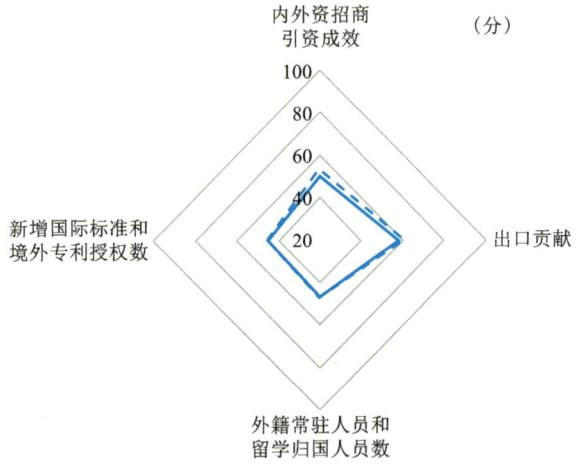

(d) 开放创新和国际影响力

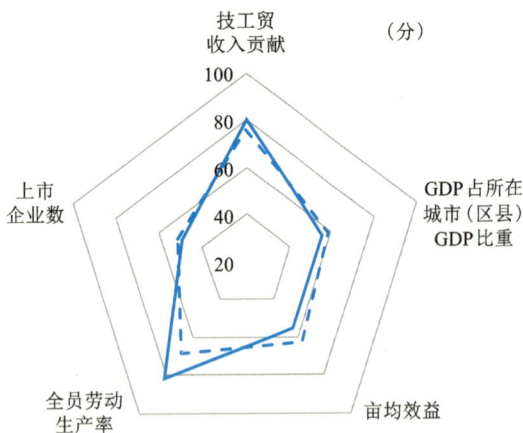

(e) 综合质效和持续创新力

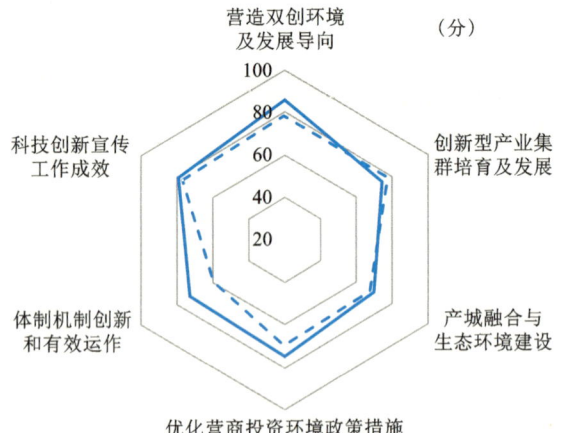

(f) 定性评价得分

—— 湘阴高新区得分　　---- 省级高新区基准值得分

图3-36　湘阴高新区五大能力及定性评价得分情况

十一、祁阳高新区

祁阳高新区综合排名第18，各一级指标中"创新能力和创业活跃度"排名第32，"结构优化和产业价值链"排名第34，"绿色发展和宜居包容性"排名第9，"开放创新和国际影响力"排名第13，"综合质效和持续创新力"排名第15，其各项创新能力如图3-37所示。

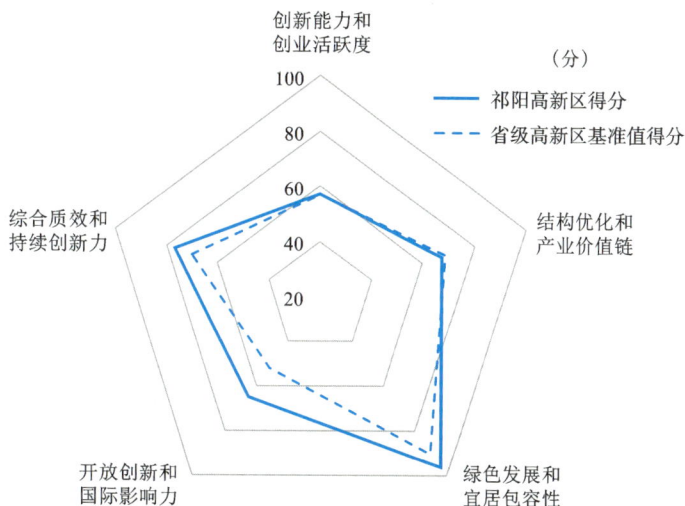

图3-37　祁阳高新区创新能力雷达图

祁阳高新区27项二级定量指标中，有7项指标排名前十，6项指标排名处于后30%。排名靠后的指标为"全员劳动生产率""高新技术产业贡献""人均技术合同交易额"等。

如图3-38所示，祁阳高新区在园区可支配财力、国际人才吸引等方面表现突出；在经济总体规模、研发投入强度、促进就业、亩均效益、出口贡献、地方经济贡献等方面表现较好；在高新技术产业贡献与产业集群建设、劳动生产率、创业活力、技术交易市场活跃度、体制机制创新等方面表现有待进一步加强。

根据本次评价结果，建议祁阳高新区全面落实"三高四新"战略定位和使命任务，积极把握湘南湘西承接产业转移示范区和西部陆海新通道建设机遇，重点围绕智能制造、轻纺制鞋等主特产业，做好产业承接，推进主特产业向产业链条完善、品牌效应聚集方向发展，推进高新技术产业结构优化升级、积极打造创新型产业集群；引导和鼓励企业特别是规上工业企业加强产学研合作，通过设立分支机构、联合共建等方式，建设省级及以上研发平台，夯实园区研发能力，促进创新要素高效集成，加速科技成果转化；加快科技企业孵化器、众创空间等创新创业孵化基地提质升级，提升成果转化、创业孵化载体服务能力和大众创业活力；继续深化园区管理体制机制改革创新，优化机构设置与职能配置，积极探索企业创新积分制、知识价值信用贷款等，主动靠前服务，提升精准施策能力和现代化治理水平，不断激发园区高质量发展动力和活力。

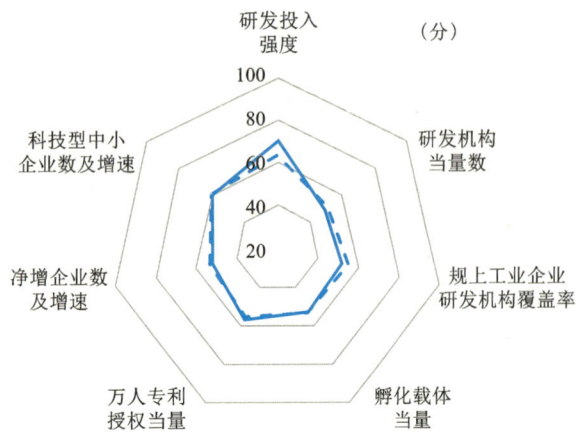

（a）创新能力和创业活跃度

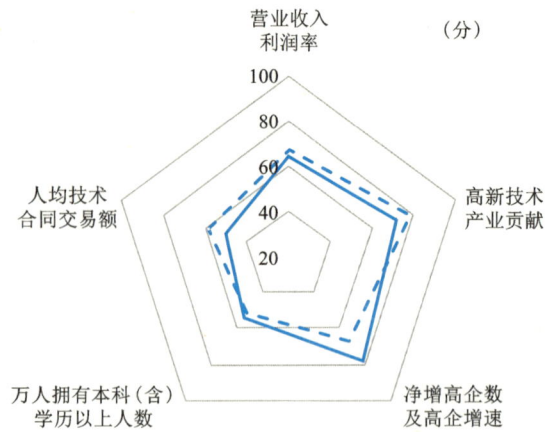

（b）结构优化和产业价值链

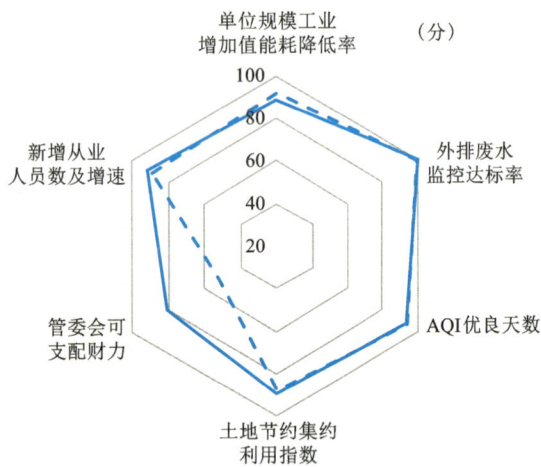

（c）绿色发展和宜居包容性

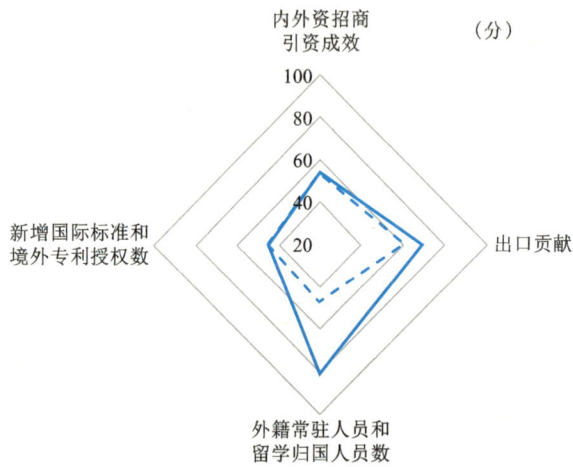

（d）开放创新和国际影响力

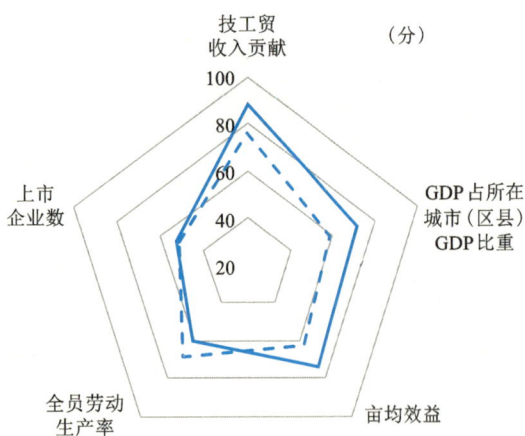

（e）综合质效和持续创新力

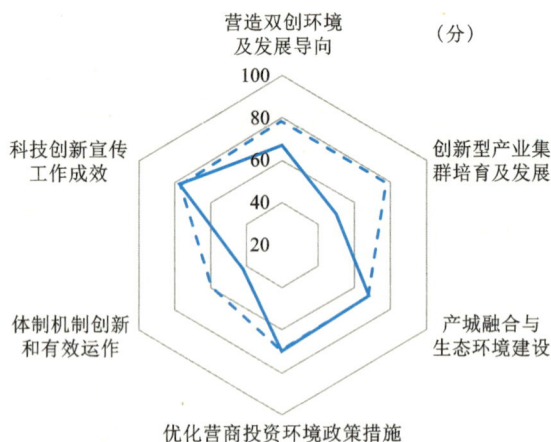

（f）定性评价得分

—— 祁阳高新区得分　- - - - 省级高新区基准值得分

图3-38　祁阳高新区五大能力及定性评价得分情况

十二、津市高新区

津市高新区综合排名第 20，各一级指标中"创新能力和创业活跃度"排名第 14，"结构优化和产业价值链"排名第 18，"绿色发展和宜居包容性"排名第 26，"开放创新和国际影响力"排名第 22，"综合质效和持续创新力"排名第 35，其各项创新能力如图 3-39 所示。

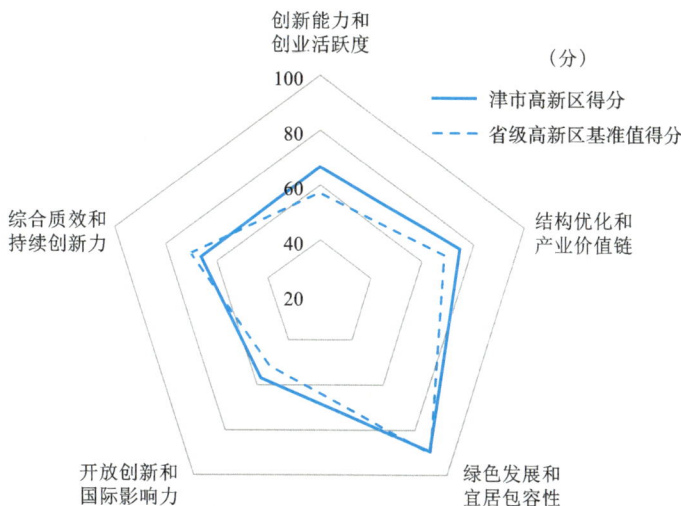

图 3-39　津市高新区创新能力雷达图

津市高新区 27 项二级定量指标中，有 3 项指标排名前十，4 项指标排名处于后 30%。排名靠后的指标为"新增从业人员数及增速""万人新增授权专利数""全员劳动生产率"等。

如图 3-40 所示，津市高新区在科技型中小企业培育、创新型产业集群培育、营商环境优化、体制机制创新等方面表现较为突出；在研发投入强度、孵化载体建设、地方经济贡献、高企培育等方面表现较好；在亩均效益、知识产权密度、促进就业、上市企业培育、全员劳动生产率等方面表现有待进一步加强。

根据本次评价结果，建议津市高新区全面落实"三高四新"战略定位和使命任务，聚焦生物医药、装备制造和健康食品等主特产业，围绕产业链部署创新链，围绕创新链布局产业链，促进产业向智能化、高端化、绿色化融合发展，推动形成集聚效应和品牌优势，进一步推动主导特色产业提质扩容增效；持续加大财政科技投入，建立财政科技投入稳定增长机制，加大对高新技术企业所得税减免、研发费用加计扣除等政策的落实力度，引导企业加大研发投入，加大关键零部件、核心技术攻关力度，建立健全研发和知识产权管理体系，促进创新成果产出，形成一批具有自主知识产权的核心技术和产品；加大科技型企业孵化培育力度，推动高新技术企业树标提质，加强上市后备企业帮扶服务，着力培育一批创新型领军企业；持续通过低效企业出清、"腾笼换鸟"等方式推动资源要素向优质高效领域集中，不断提高园区亩均效益。

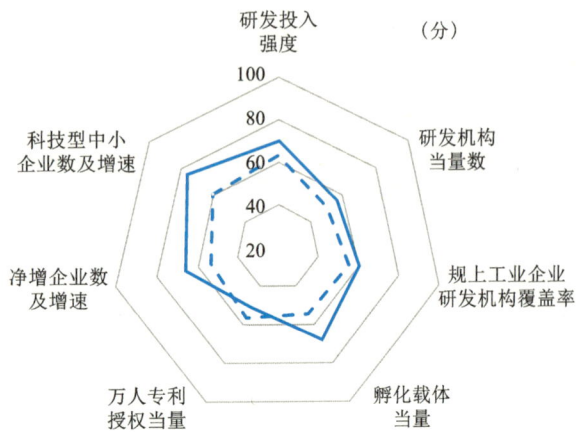

（a）创新能力和创业活跃度

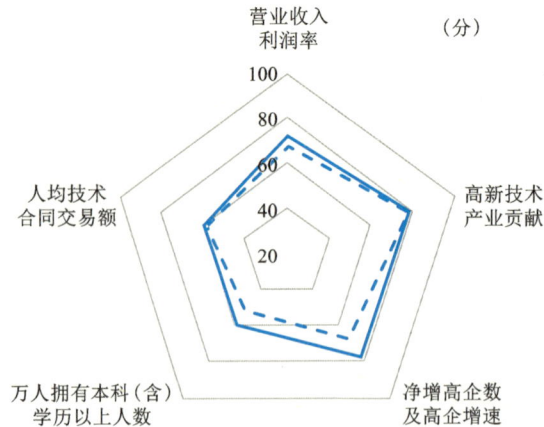

（b）结构优化和产业价值链

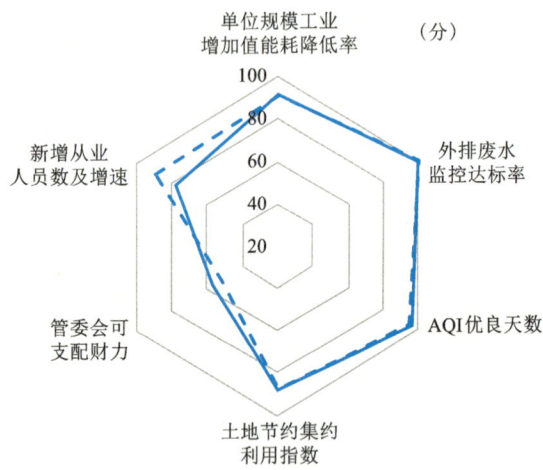

（c）绿色发展和宜居包容性

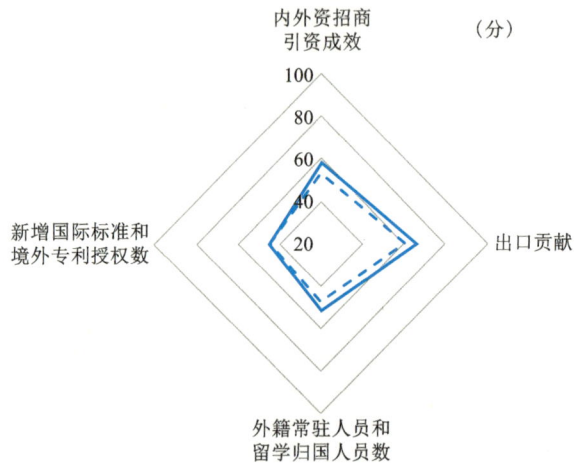

（d）开放创新和国际影响力

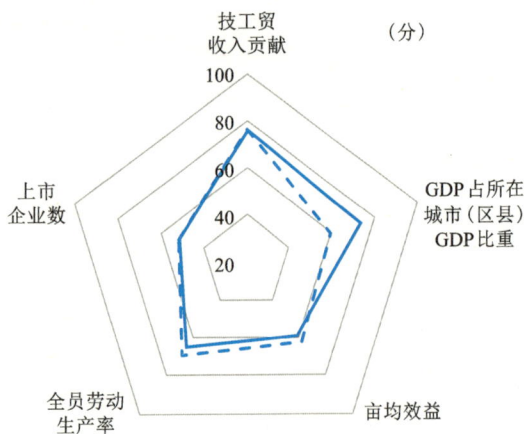

（e）综合质效和持续创新力

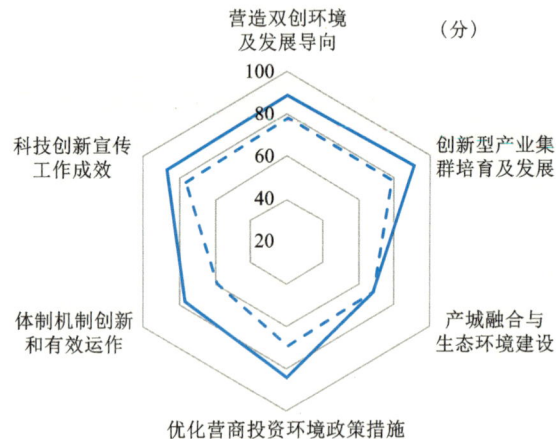

（f）定性评价得分

—— 津市高新区得分   ----- 省级高新区基准值得分

图3-40　津市高新区五大能力及定性评价得分情况

十三、桂阳高新区

桂阳高新区综合排名第21，各一级指标中"创新能力和创业活跃度"排名第31，"结构优化和产业价值链"排名第27，"绿色发展和宜居包容性"排名第36，"开放创新和国际影响力"排名第23，"综合质效和持续创新力"排名第9，其各项创新能力如图3-41所示。

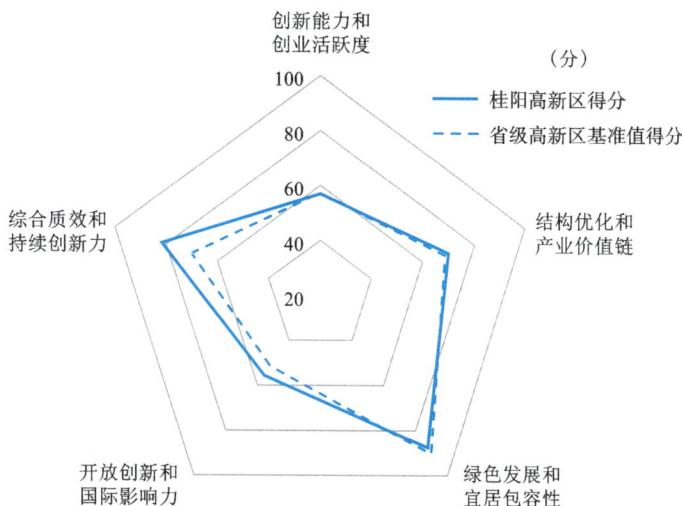

图3-41　桂阳高新区创新能力雷达图

桂阳高新区27项二级定量指标中，有2项指标排名第1，1项指标排名第3，共计4项指标排名前十；8项指标排名处于后30%。排名靠后的指标为"管委会当年可支配财力""人均技术合同交易额""万人新增授权专利数"等。

如图3-42所示，桂阳高新区在孵化载体、地方经济贡献、招商引资成效、体制机制创新、营商环境等方面表现较好；在研发投入与产出、研发平台建设、技术交易市场活跃度、促进就业、上市企业培育、创新创业环境等方面表现有待进一步加强。

根据本次评价结果，建议桂阳高新区深入落实"三高四新"战略定位和使命任务，主动对接融入粤港澳大湾区建设，围绕家居制造、有色金属新材料、电子功能材料等主特产业，承接好优质成果转化和产业转移，积极谋划布局一批重大项目，加快建设以产业链关键环节、创新链关键技术为核心的产业集群生态；建立稳定的科技投入机制，引导企业加大研发经费投入，支持鼓励科技型企业特别是规上企业自建或共建研发机构，科技型企业联合高等科研院所组建新型研发机构、创新联合体等；加大关键零部件、核心技术攻关力度，建立健全研发和知识产权管理体系，促进创新成果产出，形成一批具有自主知识产权的核心技术和产品；持续加大科技型企业孵化培育力度，推动高新技术企业树标提质，加强上市后备企业帮扶服务，着力培育一批创新型领军企业；全面落实国省相关政策措施，在财税、金融、土地、产业、人才、科技创新等方面出台系统化集成化的支持政策，让园区成为"政策洼地"，营造良好的创新创业环境。

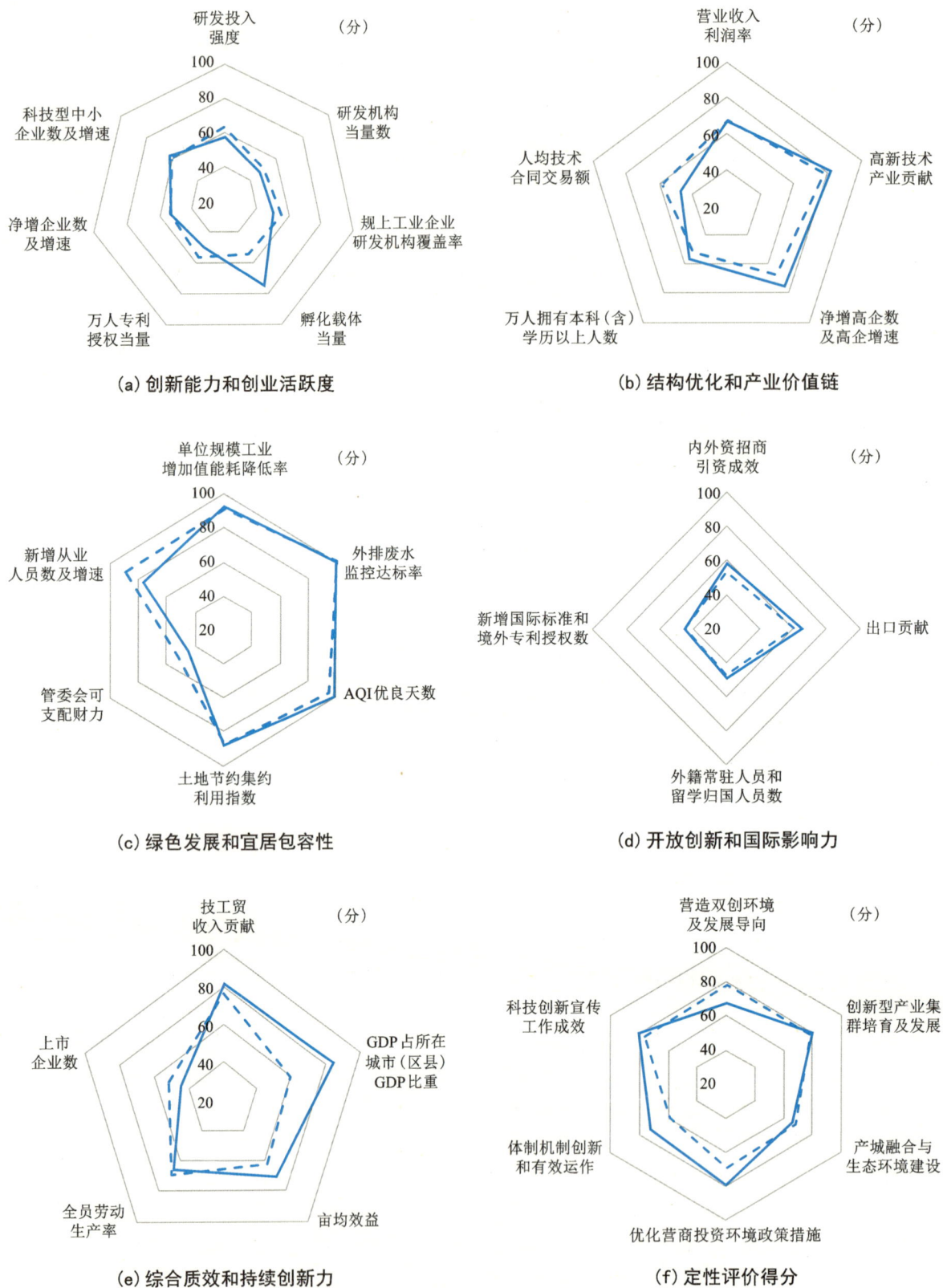

（a）创新能力和创业活跃度

（b）结构优化和产业价值链

（c）绿色发展和宜居包容性

（d）开放创新和国际影响力

（e）综合质效和持续创新力

（f）定性评价得分

—— 桂阳高新区得分　　---- 省级高新区基准值得分

图3-42　桂阳高新区五大能力及定性评价得分情况

十四、江华高新区

江华高新区综合排名第 22，各一级指标中"创新能力和创业活跃度"排名第 20，"结构优化和产业价值链"排名第 22，"绿色发展和宜居包容性"排名第 19，"开放创新和国际影响力"排名第 12，"综合质效和持续创新力"排名第 36，其各项创新能力如图 3-43 所示。

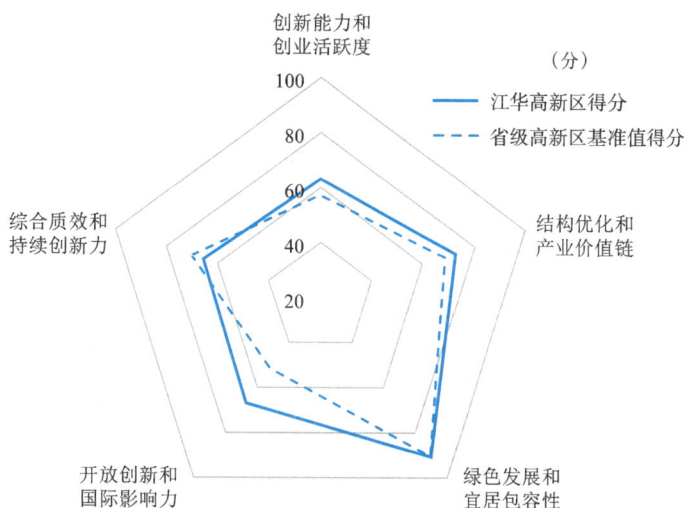

图 3-43　江华高新区创新能力雷达图

江华高新区 27 项二级定量指标中，有 1 项指标排名第 1，2 项指标排名第 2，共计 6 项指标排名前十；3 项指标排名处于后 30%。排名靠后的指标为"园区土地节约集约利用指数""当年新认定高新技术企业数及增速""单位规模工业增加值能耗降低率"等。

如图 3-44 所示，江华高新区在高新技术产业贡献、出口贡献、地方经济贡献上表现突出；在创业活力、营收利润率上表现较好；在高新技术企业和上市企业培育、海外知识产权布局、土地节约集约利用、单位能耗降低、创新型产业集群培育、营商环境优化、体制机制创新等方面表现有待进一步加强。

根据本次评价结果，建议江华高新区全面落实"三高四新"战略定位和使命任务，围绕新材料、电机制造等主特产业，加强创新资源配置和产业发展统筹，实施创新型企业梯度培育计划，加大对科技型领军企业、高新技术企业、高成长性企业、科技型中小企业培育力度，推动创新主体增量提质，加快打造具有竞争力的创新型产业集群。积极把握湘南湘西承接产业转移示范区和西部陆海新通道建设机遇，加大与"一带一路"沿线国家开展人才交流、技术交流和经贸合作力度，推动园区内企业"走出去"，参与国际标准和规则制定，加大产品国际认证力度。严格控制高污染、高耗能、高排放企业入驻，降低单位规模工业增加值能耗，通过低效企业出清、"腾笼换鸟"等方式推动资源要素向优质高效领域集中，提升园区土地节约集约利用水平。继续深化园区管理体制机制改革创新，优化机构设置与职能配置，不断激发园区高质量发展的动力和活力。

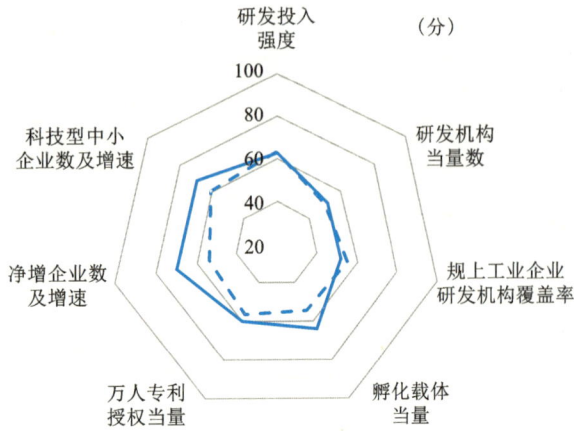

（a）创新能力和创业活跃度

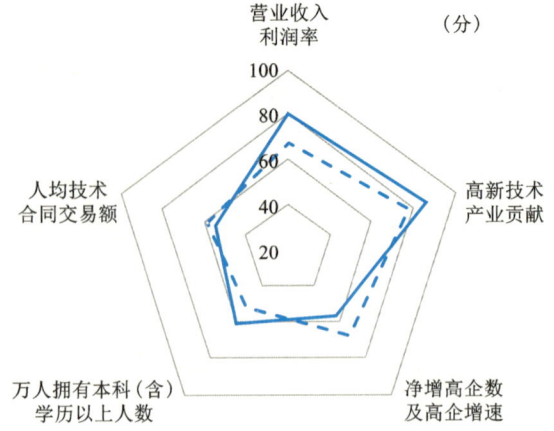

（b）结构优化和产业价值链

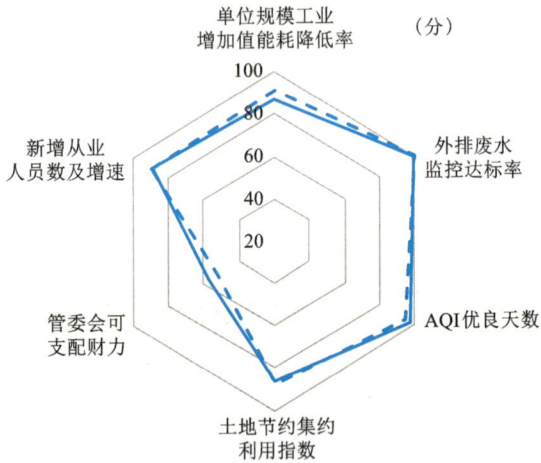

（c）绿色发展和宜居包容性

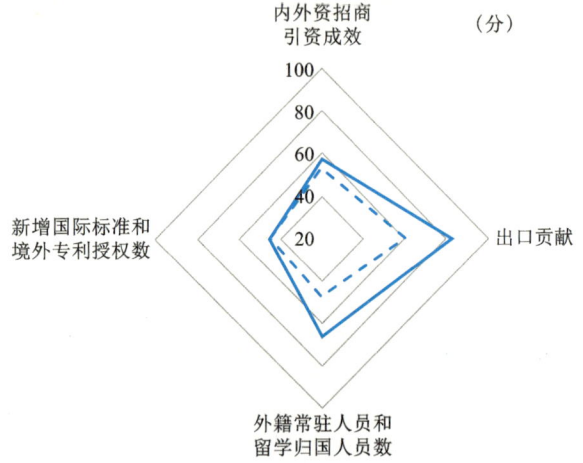

（d）开放创新和国际影响力

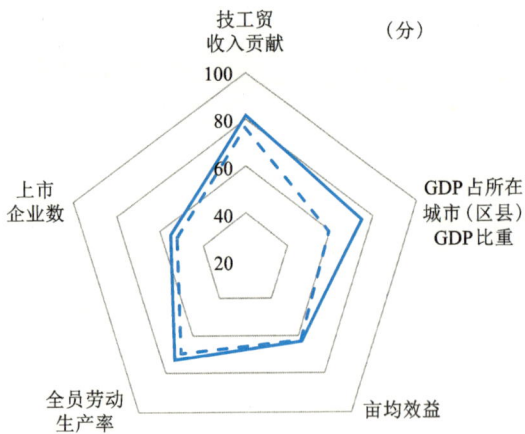

（e）综合质效和持续创新力

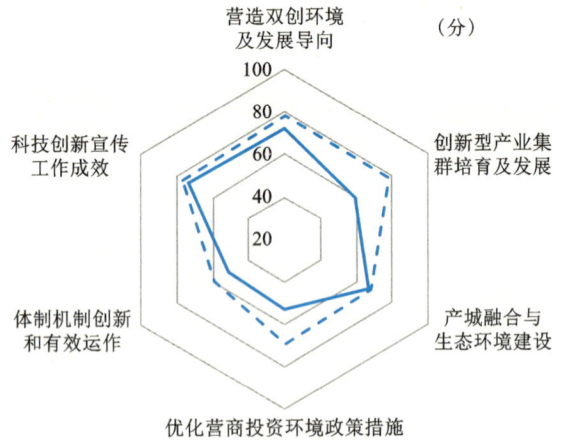

（f）定性评价得分

—— 江华高新区得分　　- - - 省级高新区基准值得分

图3-44　江华高新区五大能力及定性评价得分情况

十五、岳阳绿色化工高新区

岳阳绿色化工高新区综合排名第22，各一级指标中"创新能力和创业活跃度"排名第30，"结构优化和产业价值链"排名第43，"绿色发展和宜居包容性"排名第42，"开放创新和国际影响力"排名第31，"综合质效和持续创新力"排名第3，其各项创新能力如图3-45所示。

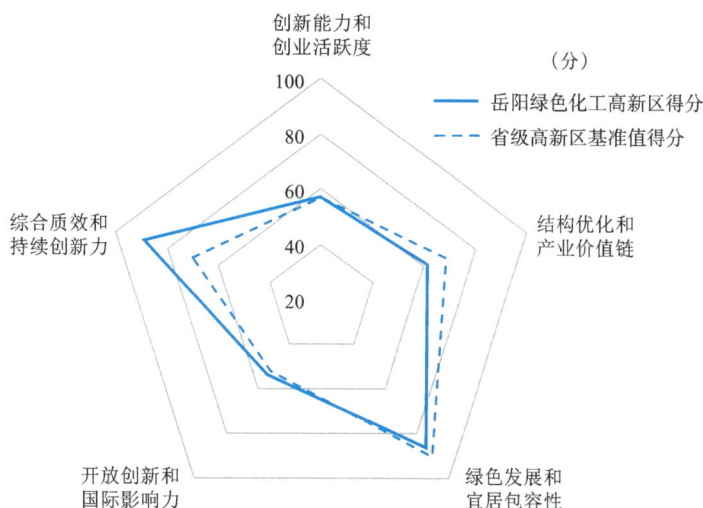

图3-45　岳阳绿色化工高新区创新能力雷达图

岳阳绿色化工高新区27项二级定量指标中，有2项指标排名第1，共计5项指标排名前十；7项指标排名处于后30%。排名靠后的指标为"当地环境空气质量指数（AQI）不大于100的天数""高新技术产业贡献""营业收入利润率"等。

如图3-46所示，岳阳绿色化工高新区在经济总体规模、地方经济贡献、亩均效益上表现突出；在劳动生产率、研发机构建设、园区可支配财力、体制机制创新等方面表现较好；在科技型企业培育、知识产权密度、创新创业环境营造、孵化载体建设、空气质量改善、产城融合发展等方面表现有待进一步加强。

根据本次评价结果，建议岳阳绿色化工高新区全面落实"三高四新"战略定位和使命任务，围绕石油炼制及石油化工、催化剂及助剂和化工新材料等主特产业，构建科技型企业梯次培育体系，加大科技型企业孵化培育力度，建立高新技术企业后备培育发展库，建立健全高新技术企业培育机制，推动科技型企业增量提质，着力培育一批创新型领军企业；坚持营造良好创新生态和创业环境，优化创新资源配置，强化园区科技成果转化、项目孵化、科技金融对接等方面的合作与服务，打造专业化众创空间、科技型企业孵化器，加快引进知识产权评估、交易等服务机构，引导企业建立健全研发和知识产权管理体系，促进创新成果产出，形成一批具有自主知识产权的核心技术和产品，加快构建以企业为主体的技术创新体系；进一步推动产业绿色低碳转型，完善教育、医疗、文化等公共服务设施，有序布局新型基础设施，加强智慧园区建设，提升园区宜居宜业宜创水平，建设绿色生态园区。

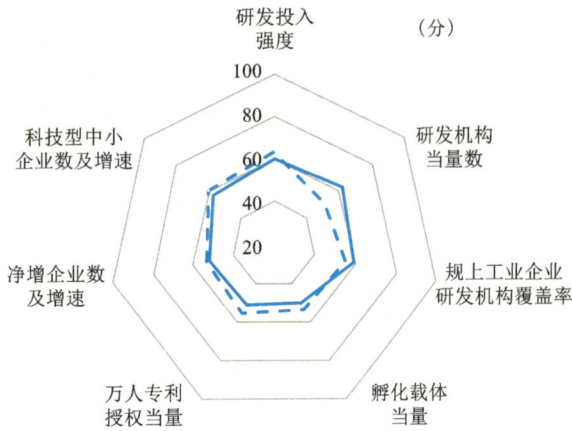

(a) 创新能力和创业活跃度

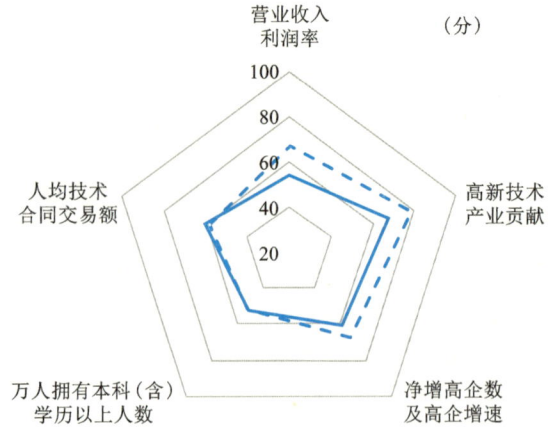

(b) 结构优化和产业价值链

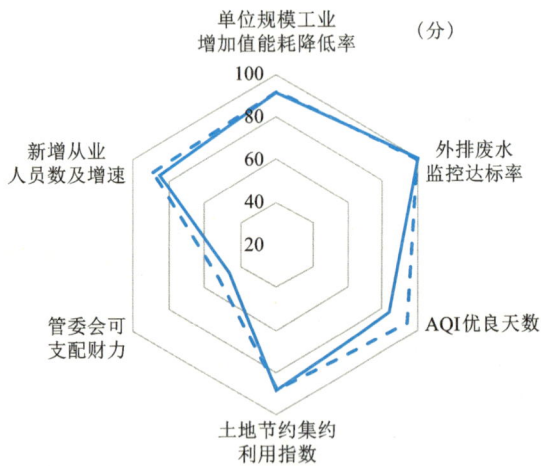

(c) 绿色发展和宜居包容性

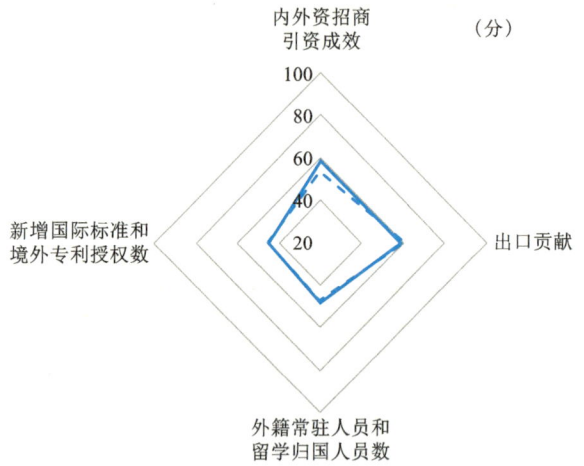

(d) 开放创新和国际影响力

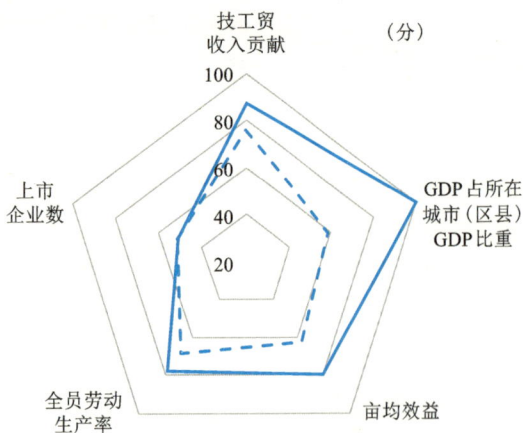

(e) 综合质效和持续创新力

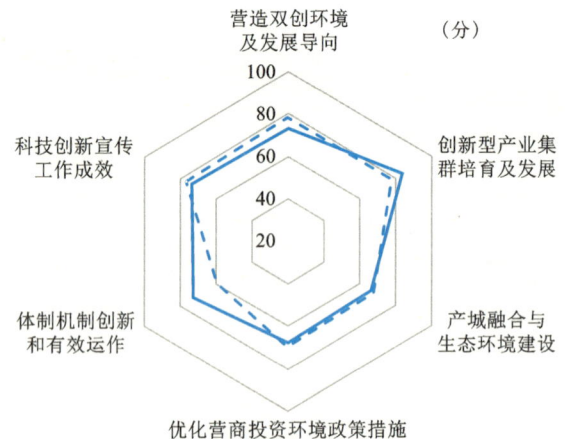

(f) 定性评价得分

—— 岳阳绿色化工高新区得分   ---- 省级高新区基准值得分

图3-46　岳阳绿色化工高新区五大能力及定性评价得分情况

十六、桃源高新区

桃源高新区综合排名第24，各一级指标中"创新能力和创业活跃度"排名第20，"结构优化和产业价值链"排名第19，"绿色发展和宜居包容性"排名第33，"开放创新和国际影响力"排名第14，"综合质效和持续创新力"排名第38，其各项创新能力如图3-47所示。

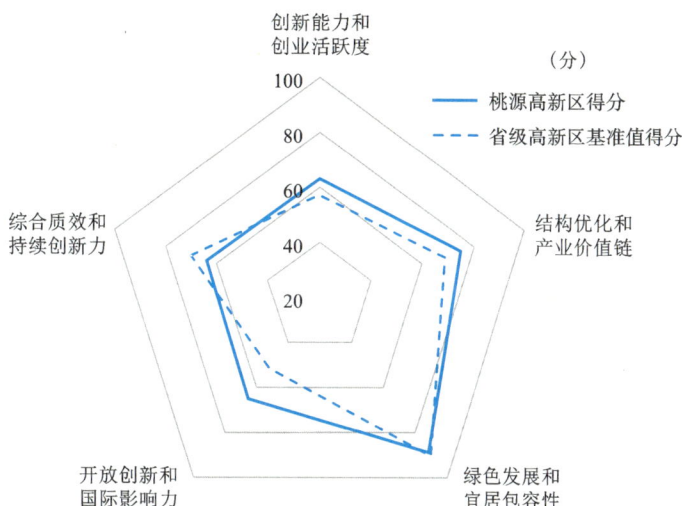

图3-47　桃源高新区创新能力雷达图

桃源高新区27项二级定量指标中，有4项指标排名前十，4项指标排名处于后30%。排名靠后的指标为"新增从业人员数及增速""上年度园区GDP占所在城市（区县）GDP的比重""全员劳动生产率"等。

如图3-48所示，桃源高新区在科技型企业培育、出口贡献、国际人才吸引、双创环境营造、创新型产业集群培育、营商环境优化、科技创新宣传成效等方面表现较好；在技术交易市场活跃度、海外专利布局、地方经济贡献、促进就业、劳动生产率、产城融合发展等方面表现有待进一步加强。

根据本次评价结果，建议桃源高新区全面落实"三高四新"战略定位和使命任务，深耕电子信息及新能源、智能制造等产业，加大科技创新投入，积极引进新技术、新产品，培育新业态、新模式，鼓励科技型企业强化产学研合作，推进科技成果转移转化输出和承接，吸引更多重大创新成果在园区落地转化，引领新旧动能转换，助推产业结构优化升级，提高劳动生产效率，进一步推动主特产业提质增效扩容；引导企业加大研发投入，建立健全研发和知识产权管理体系，积极"走出去"布局海外知识产权，参与国际标准和规则制定，加大产品国际认证力度，拓展国际市场；提升高新区专业化管理水平，完善科研、教育、医疗、文化等公共服务设施，持续促进产城融合发展，优化生产、生活环境建设，提升园区吸纳就业能力。

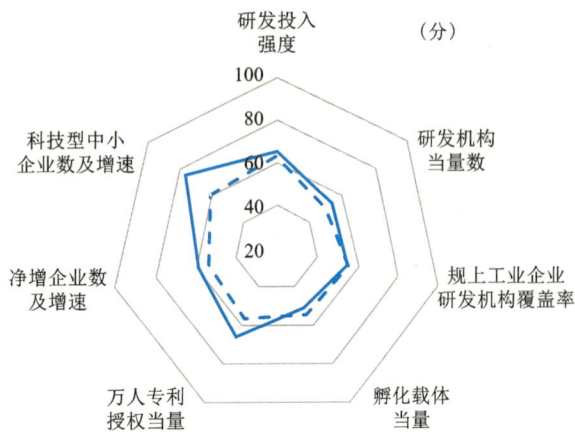

（a）创新能力和创业活跃度

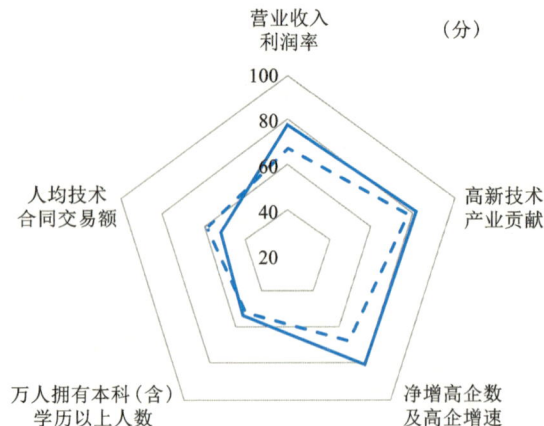

（b）结构优化和产业价值链

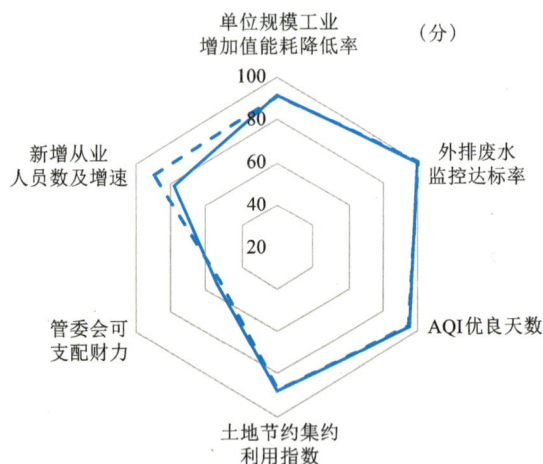

（c）绿色发展和宜居包容性

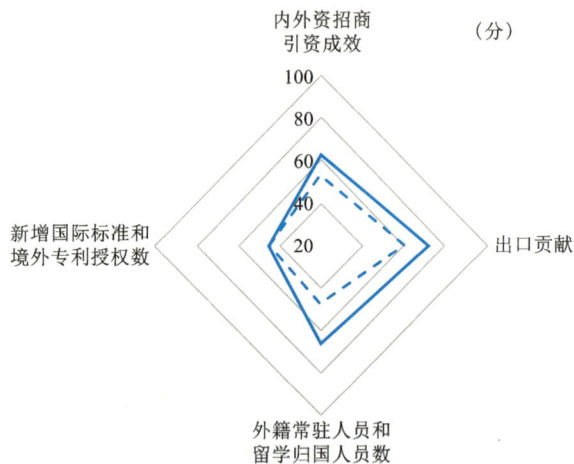

（d）开放创新和国际影响力

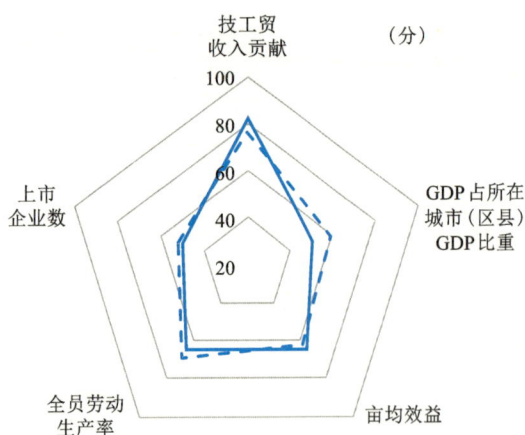

（e）综合质效和持续创新力

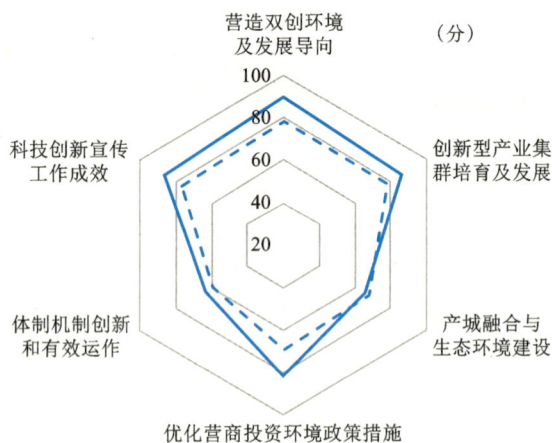

（f）定性评价得分

—— 桃源高新区得分　　---- 省级高新区基准值得分

图3-48　桃源高新区五大能力及定性评价得分情况

十七、韶山高新区

韶山高新区综合排名第 25，各一级指标中"创新能力和创业活跃度"排名第 18，"结构优化和产业价值链"排名第 44，"绿色发展和宜居包容性"排名第 25，"开放创新和国际影响力"排名第 38，"综合质效和持续创新力"排名第 17，其各项创新能力如图 3-49 所示。

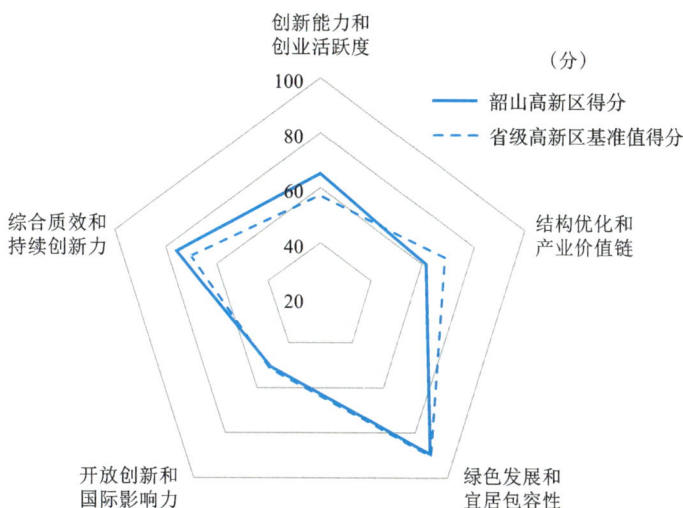

图 3-49　韶山高新区创新能力雷达图

韶山高新区 27 项二级定量指标中，有 1 项指标排名第 1，1 项指标排名第 2，1 项指标排名第 3，共计 4 项指标排名前十；6 项指标排名处于后 30%。排名靠后的指标为"营业收入利润率""单位规模工业增加值能耗降低率""人均技术合同交易额"等。

如图 3-50 所示，韶山高新区在研发投入强度、地方经济贡献、科技创新宣传成效等方面表现突出；在知识产权密度、科技型中小企业培育、劳动生产率、产城融合发展等方面表现较好；在营收利润率、高新技术产业贡献、技术交易市场活跃度、营商环境优化、上市企业培育、单位能耗降低等方面表现有待进一步加强。

根据本次评价结果，建议韶山高新区全面落实"三高四新"战略定位和使命任务，深化长株潭自创区一体化建设，围绕智能制造装备、新材料新能源与食品医药等主特产业，开展关键核心技术攻关，提升技术先进性、产品和服务的创新性，提高产业附加价值，推动产业链、价值链不断优化，推进高新技术产业结构优化升级；强化众创空间、孵化器等专业化服务平台建设，深入对接岳麓山国家大学科技城、湘江西岸科创走廊，积极承接外溢科技成果，强化高校与科研院所成果转移转化；建立高新技术企业后备培育发展库，推动高新技术企业树标提质，着力培育一批小巨人企业、独角兽企业和创新型领军企业；加快引导传统产业"两型"升级，推进能源梯级利用，降低化石能源消耗；加大开放创新力度，推动园区企业、各类主体"走出去"，加强与"一带一路"沿线国家开展人才交流、技术交流和跨境合作。

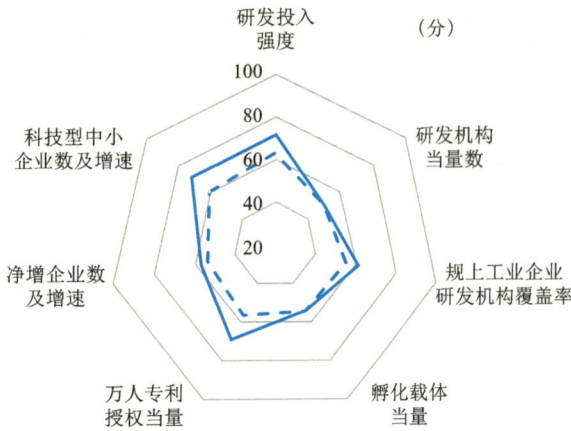

（a）创新能力和创业活跃度

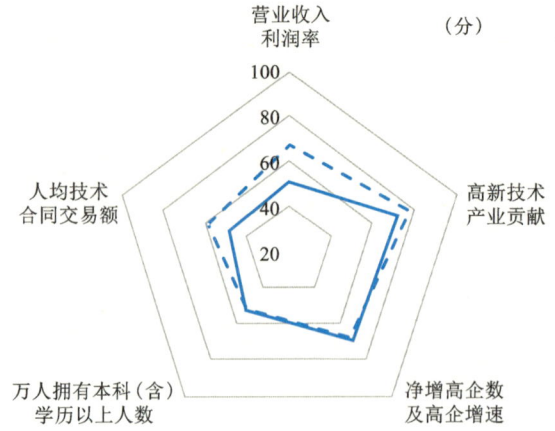

（b）结构优化和产业价值链

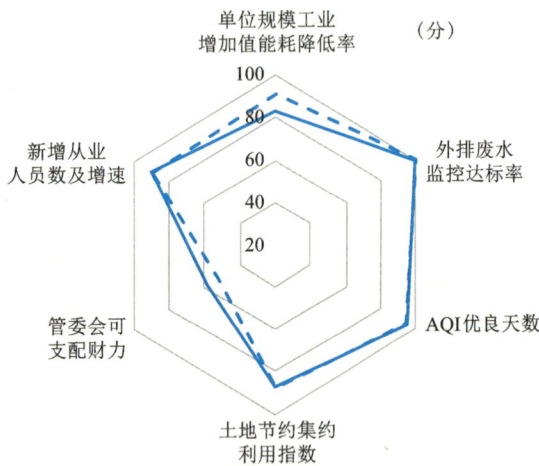

（c）绿色发展和宜居包容性

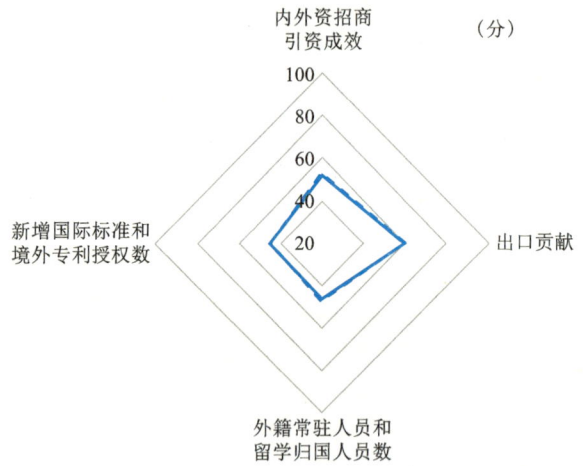

（d）开放创新和国际影响力

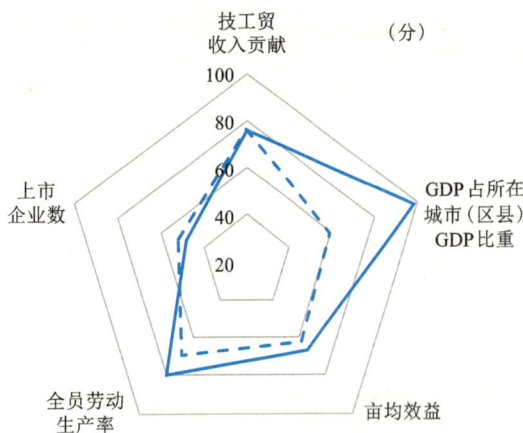

（e）综合质效和持续创新力

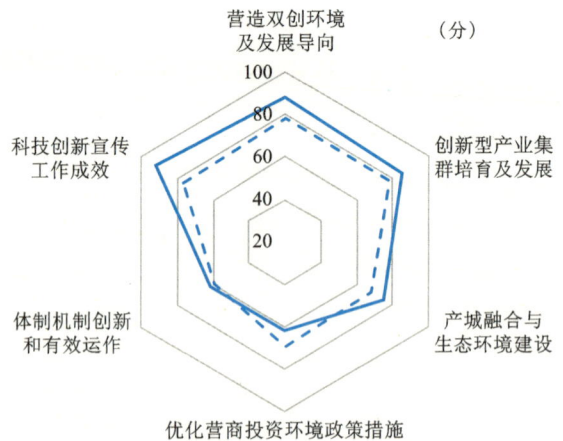

（f）定性评价得分

—— 韶山高新区得分　- - - 省级高新区基准值得分

图3-50　韶山高新区五大能力及定性评价得分情况

十八、岳阳高新区

岳阳高新区综合排名第26，各一级指标中"创新能力和创业活跃度"排名第28，"结构优化和产业价值链"排名第14，"绿色发展和宜居包容性"排名第27，"开放创新和国际影响力"排名第28，"综合质效和持续创新力"排名第26，其各项创新能力如图3-51所示。

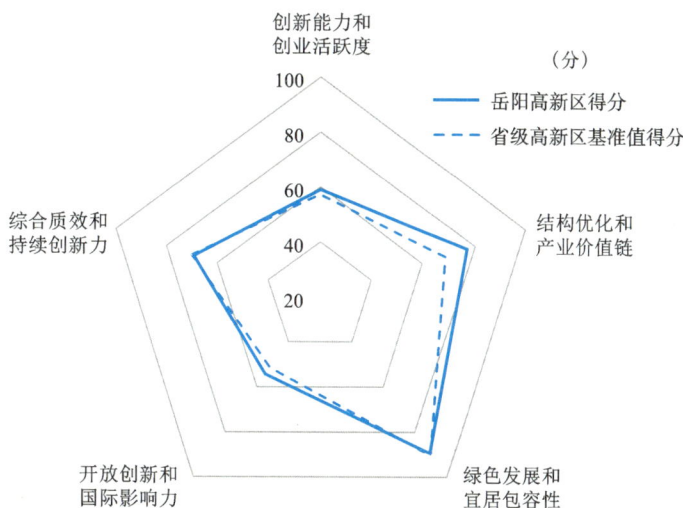

图3-51　岳阳高新区创新能力雷达图

岳阳高新区27项二级定量指标中，有1项指标排名第1，1项指标排名第2，2项指标排名第3，共计7项指标排名前十；7项指标排名处于后30%。排名靠后的指标为"科技企业孵化器和众创空间数""万人拥有本科（含）学历以上人数""当年登记入库的科技型中小企业数及增速"等。

如图3-52所示，岳阳高新区在创业活力、营收利润率、促进就业、亩均效益等方面表现突出；在招商引资成效、高新技术产业贡献等方面表现较好；在研发投入强度、研发平台与孵化载体建设、从业人员结构优化、单位增加值能耗、双创环境营造、创新型产业集群建设、产城融合发展、体制机制创新等方面表现有待进一步加强。

根据本次评价结果，建议岳阳高新区全力落实"三高四新"战略定位和使命任务，围绕生物医药、建材家居及新材料等主特产业，以培育发展创新型领军企业、科技型中小企业为重点，加快建设以产业链关键环节、创新链关键技术为核心的产业集群生态；强化众创空间、孵化器等专业化服务平台建设，积极对接省内外高校，共建异地孵化器，促进创新要素高效集成，加速科技成果转化；引导企业加大研发投入，加强产学研合作，通过设立分支机构、联合共建等方式，积极引入省内外高校、科研院所等创新资源，大力推进高水平研发载体建设；按照碳达峰、碳中和要求，加快建设高新区绿色低碳循环经济体系；深化科技创新体制机制改革，提升精准施策能力和现代化治理水平，加强宜居宜业环境建设，优化园区营商环境，打造支撑园区高质量发展的良好创新创业生态环境。

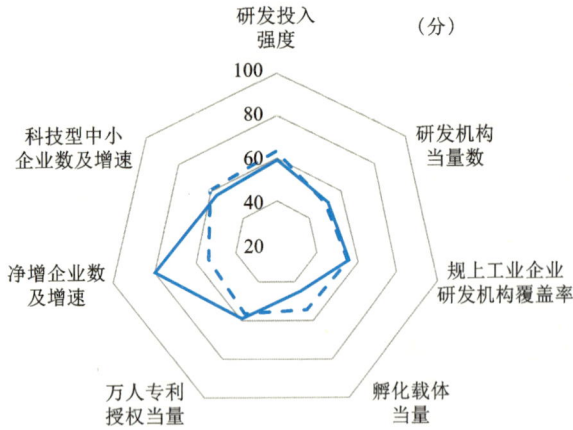

（a）创新能力和创业活跃度

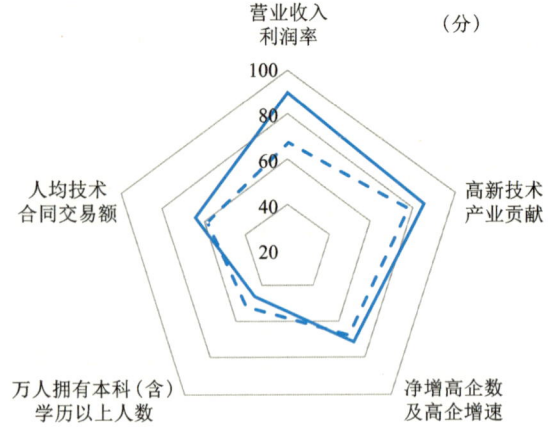

（b）结构优化和产业价值链

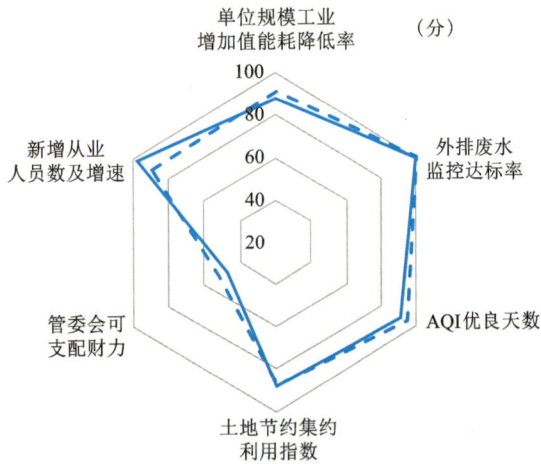

（c）绿色发展和宜居包容性

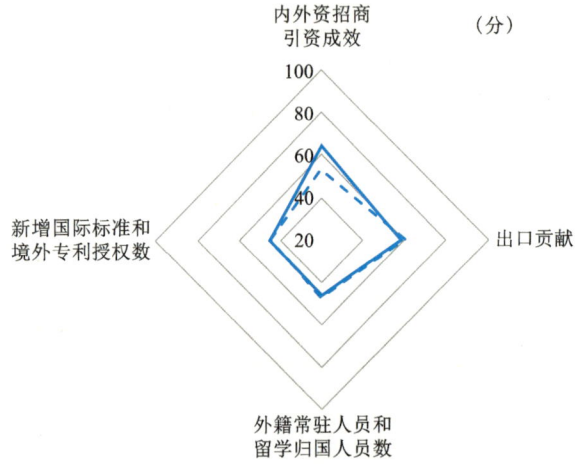

（d）开放创新和国际影响力

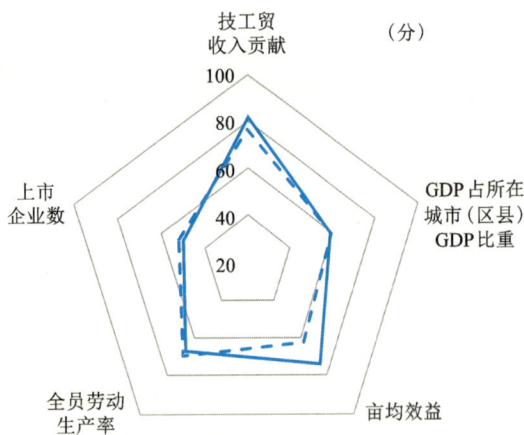

（e）综合质效和持续创新力

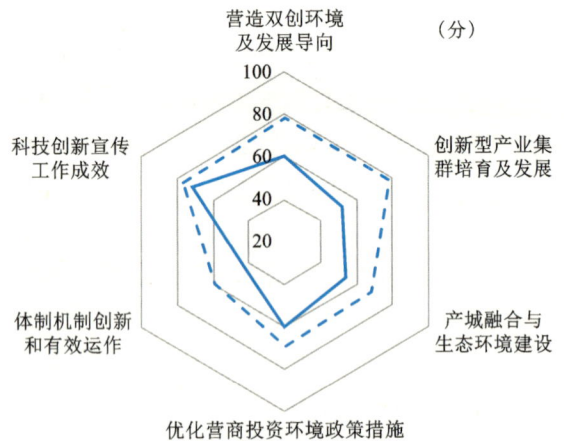

（f）定性评价得分

——— 岳阳高新区得分　　- - - - 省级高新区基准值得分

图3-52　岳阳高新区五大能力及定性评价得分情况

十九、洪江高新区

洪江高新区综合排名第27，各一级指标中"创新能力和创业活跃度"排名第16，"结构优化和产业价值链"排名第15，"绿色发展和宜居包容性"排名第30，"开放创新和国际影响力"排名第17，"综合质效和持续创新力"排名第44，其各项创新能力如图3-53所示。

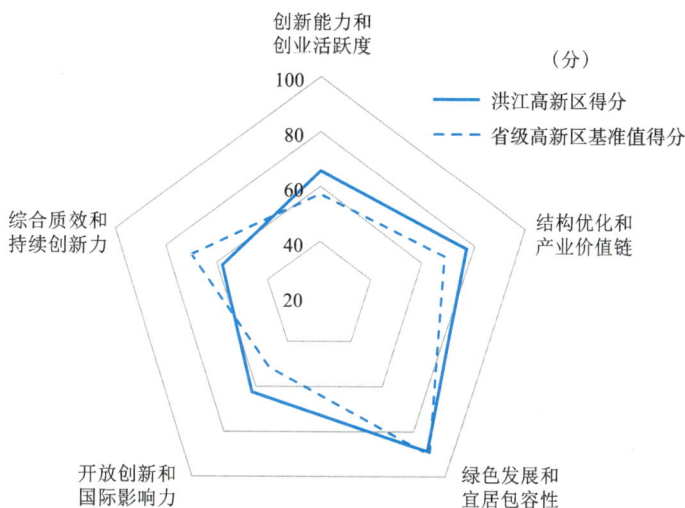

图3-53 洪江高新区创新能力雷达图

洪江高新区27项二级定量指标中，有4项指标排名第1，共计9项指标排名前十；7项指标排名处于后30%。排名靠后的指标为"当年新认定高新技术企业数及增速""管委会当年可支配财力""外籍常驻人员和留学归国人员数"等。

如图3-54所示，洪江高新区在研发机构覆盖率、产业结构优化、技术交易市场活跃度、招商引资成效方面表现突出；在研发投入强度、单位能耗降低、空气质量改善、地方经济贡献、上市企业培育等方面表现较好；在孵化载体建设、知识产权密度、高企培育、促进就业、创新型产业集群、营商环境优化、体制机制创新等方面表现有待进一步加强。

根据本次评价结果，建议洪江高新区全面落实"三高四新"战略定位和使命任务，抢抓西部陆海新通道国家战略机遇，充分发挥国家火炬怀化洪江精细化工新材料特色产业基地等品牌优势，突出循环经济特色，做大做强化工新材料、生物医药等主特产业，围绕产业链部署创新链，联合省内外高校及科研院所设立新型研发机构、分支机构、研发中心，开展新材料(精细化工)关键核心技术攻关，形成一批具有自主知识产权的核心技术和产品；建立健全"微成长、小升高、高壮大"科技型企业梯次培育机制，打造专业化众创空间和科技企业孵化器，着力培育竞争力强、成长性好的科技型中小企业和高新技术企业，推动重点产业竞争力整体跃升；深化科技创新体制机制改革，积极探索企业创新积分制、知识价值信用贷款等，主动靠前服务，加快构建以企业为主体的技术创新体系；完善园区配套设施建设，加强宜居宜业环境建设，提升园区吸纳就业能力，优化园区营商环境，打造支撑园区高质量发展的良好创新创业生态环境。

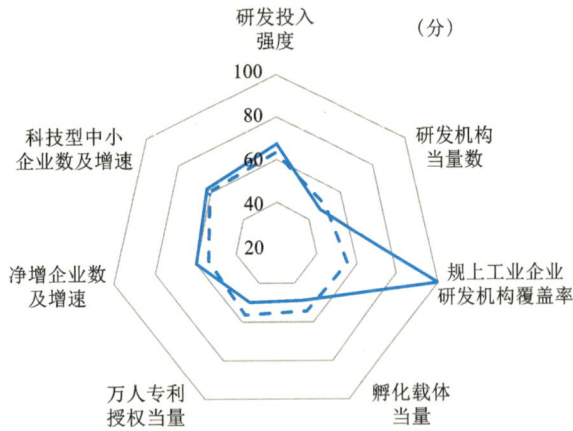

(a) 创新能力和创业活跃度

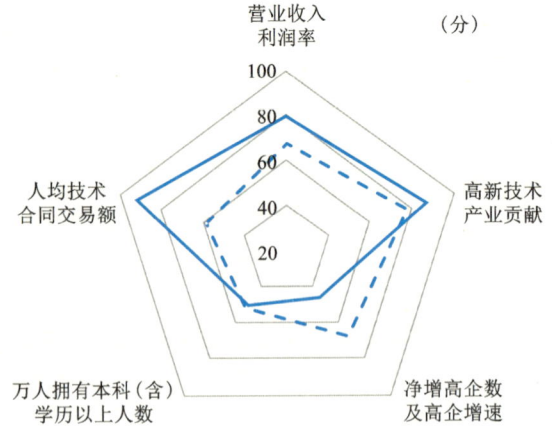

(b) 结构优化和产业价值链

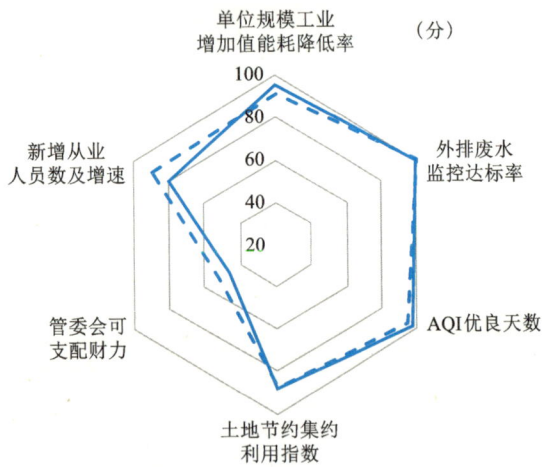

(c) 绿色发展和宜居包容性

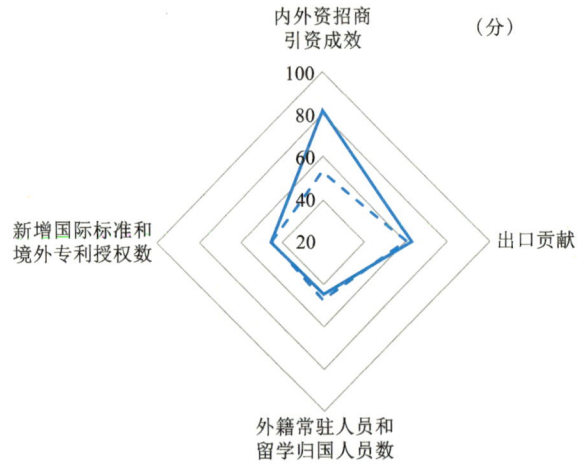

(d) 开放创新和国际影响力

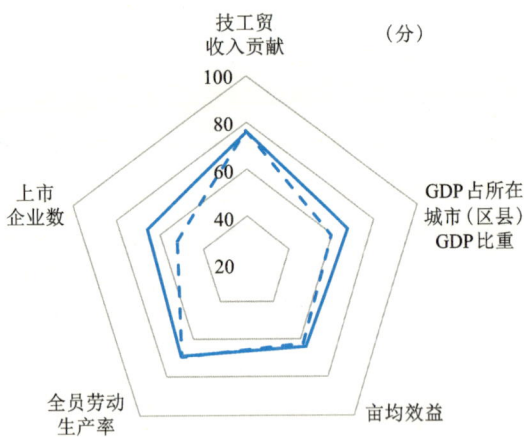

(e) 综合质效和持续创新力

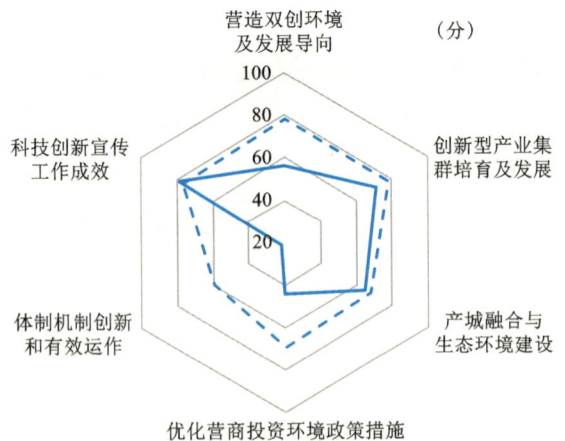

(f) 定性评价得分

图 3-54　洪江高新区五大能力及定性评价得分情况

二十、澧县高新区

澧县高新区综合排名第 28，各一级指标中"创新能力和创业活跃度"排名第 38，"结构优化和产业价值链"排名第 36，"绿色发展和宜居包容性"排名第 11，"开放创新和国际影响力"排名第 24，"综合质效和持续创新力"排名第 19，其各项创新能力如图 3-55 所示。

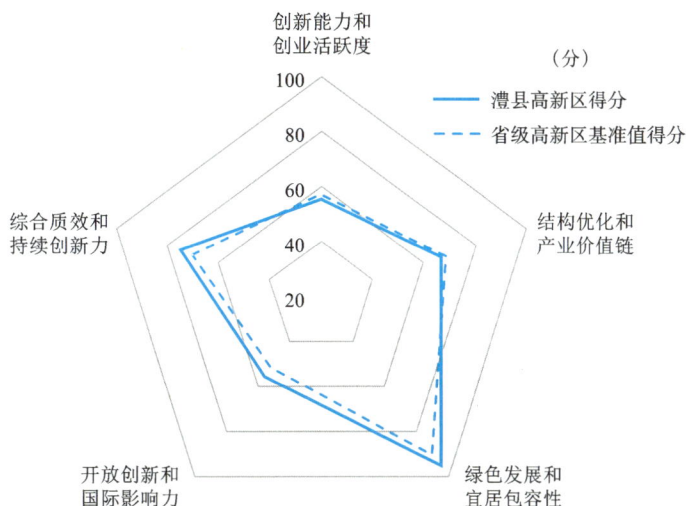

图 3-55　澧县高新区创新能力雷达图

澧县高新区 27 项二级定量指标中，有 2 项指标排名前十，7 项指标排名处于后 30%。排名靠后的指标为"当年登记入库的科技型中小企业数及增速""营业收入利润率""当年净增企业数及增速"等。

如图 3-56 所示，澧县高新区在研发投入强度、园区可支配财力、单位能耗降低、科技创新宣传成效等方面表现较好；在研发平台建设、科技型企业和上市企业培育、营收利润率、地方经济贡献、产城融合发展等方面表现有待进一步加强。

根据本次评价结果，建议澧县高新区全面落实"三高四新"战略定位和使命任务，统筹抓好生物医药、轻纺服饰、新型建材家居等主特转型升级，积极谋划布局一批重大项目，积极培育新业态、新模式，推动形成集聚效应和品牌优势，进一步推动主导特色产业提质扩容增效；引导企业加大研发投入，加强产学研合作，通过设立分支机构、联合共建等方式，积极引入省内外高校、科研院所等创新资源，大力推进高水平研发载体建设；加大科技型企业孵化培育力度，建立高新技术企业后备培育发展库，建立健全高新技术企业培育机制，推动高新技术企业树标提质，加强上市后备企业帮扶服务，着力培育一批创新型领军企业；深化科技创新体制机制改革，积极探索企业创新积分制、知识价值信用贷款等，提升精准施策能力和现代化治理水平，不断优化园区创新创业生态；完善教育、医疗、文化等公共服务设施，有序布局新型基础设施，推进安全、绿色、智慧科技园区建设，推进产城融合发展。

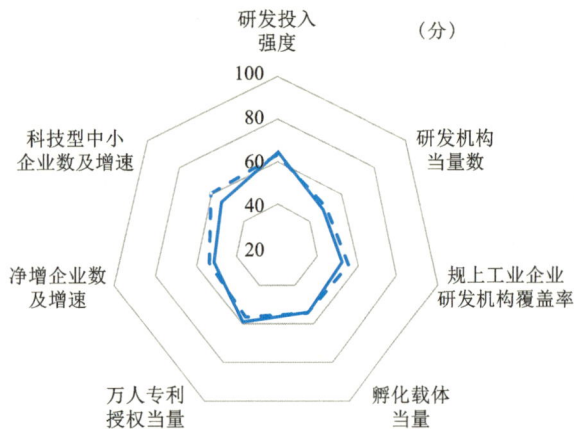

(a) 创新能力和创业活跃度

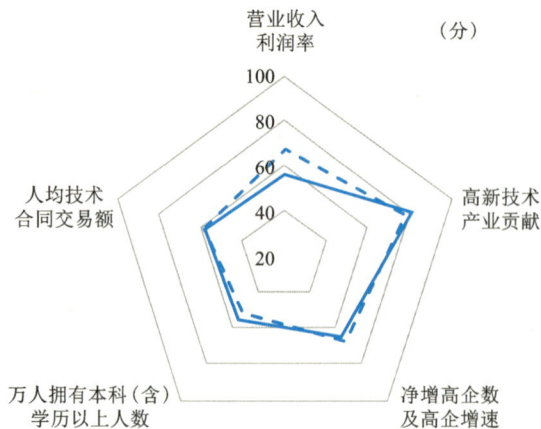

(b) 结构优化和产业价值链

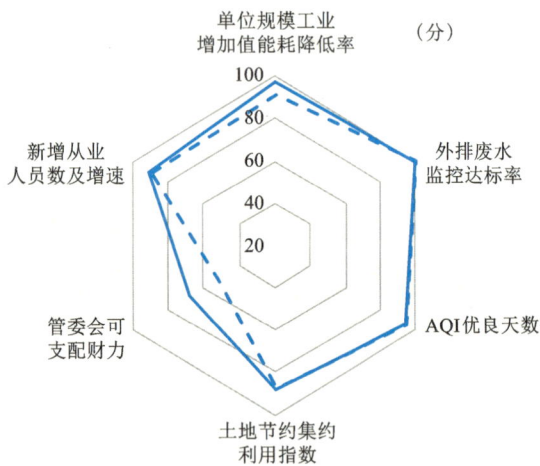

(c) 绿色发展和宜居包容性

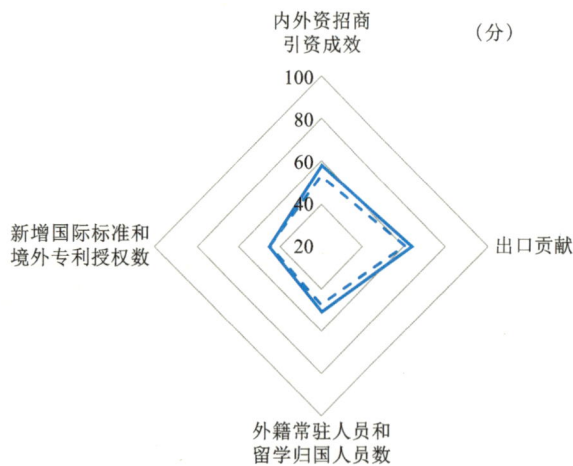

(d) 开放创新和国际影响力

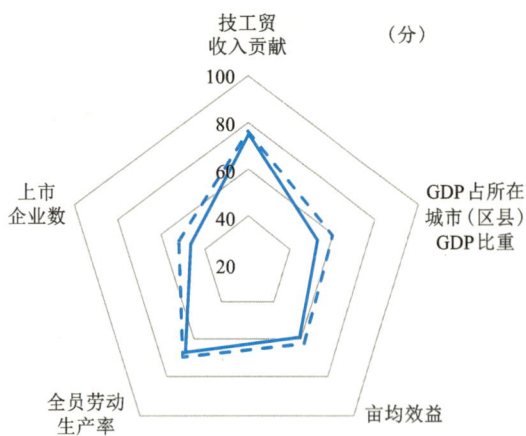

(e) 综合质效和持续创新力

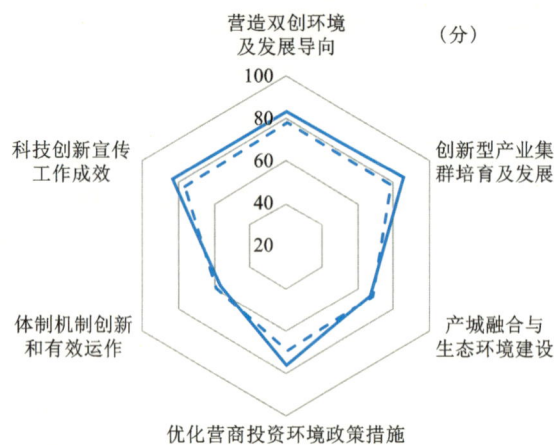

(f) 定性评价得分

—— 澧县高新区得分　- - - 省级高新区基准值得分

图 3-56　澧县高新区五大能力及定性评价得分情况

二十一、汉寿高新区

汉寿高新区综合排名第29，各一级指标中"创新能力和创业活跃度"排名第40，"结构优化和产业价值链"排名第45，"绿色发展和宜居包容性"排名第22，"开放创新和国际影响力"排名第9，"综合质效和持续创新力"排名第20，其各项创新能力如图3-57所示。

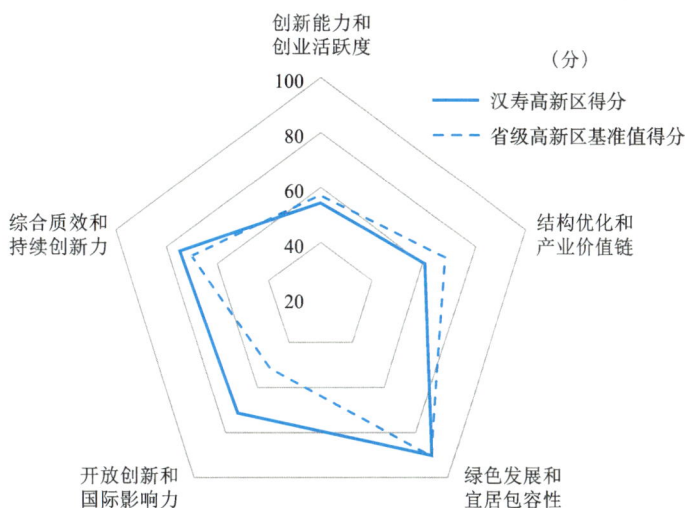

图 3-57　汉寿高新区创新能力雷达图

汉寿高新区27项二级定量指标中，有3项指标排名前十，5项指标排名处于后30%。排名靠后的指标为"当年净增企业数及增速""当年新认定高新技术企业数及增速""当年登记入库的科技型中小企业数及增速"等。

如图3-58所示，汉寿高新区在招商引资成效、海外知识产权布局等方面表现较好；在创业活跃度、科技型企业培育、营收利润率、技术交易市场活跃度、营商环境优化、科技创新宣传成效等方面表现有待进一步加强。

根据本次评价结果，建议汉寿高新区全面落实"三高四新"战略定位和使命任务，发展装备制造主导产业，培育医药化工特色产业，积极推动高水平研发平台建设，促进创新要素高效集成，鼓励科技型企业联合高等科研院所组建新型研发机构、创新联合体等，强化产学研合作，推进科技成果转移转化输出和承接、技术咨询、技术合同认定登记，加速科技成果转化；加强科技企业孵化器和众创空间等专业化服务平台建设，培育竞争力强、成长性好的科技型中小企业和高新技术企业；鼓励企业采用兼职、挂职、聘用、学术交流、技术合作等多种方式引进高层次创新创业人才，定向引进产业、企业急缺的高端科技创新人才；进一步深化管理服务改革，探索适合自身发展条件和水平的管理体制机制，强化创新资源配置，强化园区科技成果转化、项目孵化、科技金融对接等方面的合作与服务，加强园区科技创新宣传工作，营造良好的营商环境和创新创业氛围。

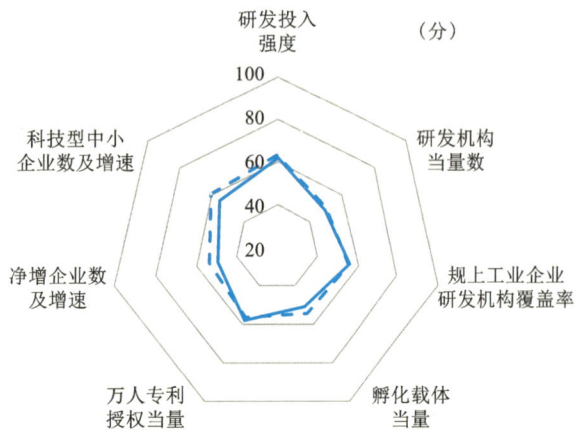

（a）创新能力和创业活跃度

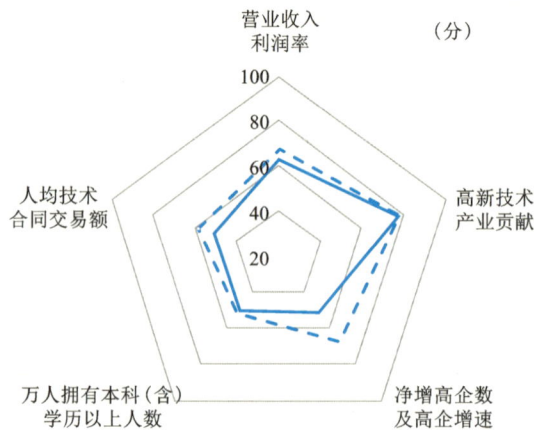

（b）结构优化和产业价值链

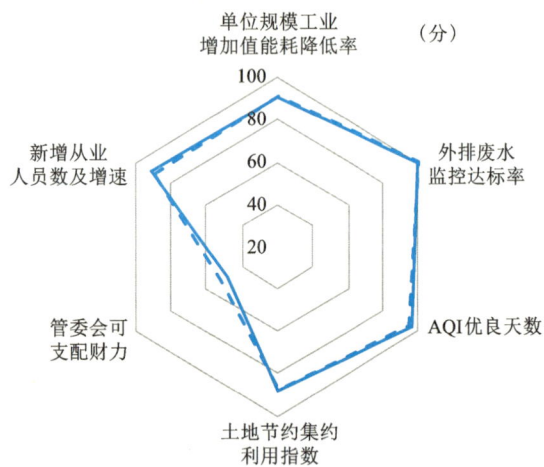

（c）绿色发展和宜居包容性

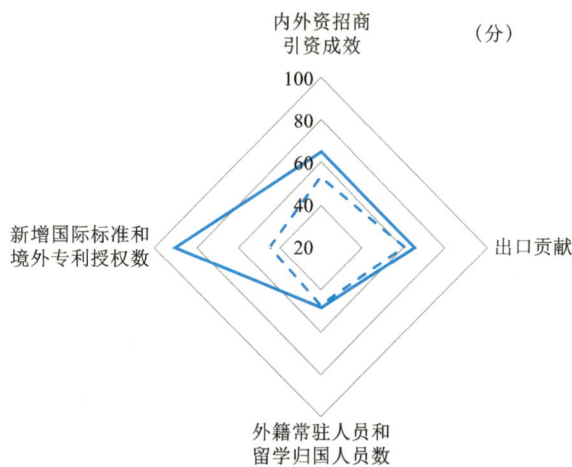

（d）开放创新和国际影响力

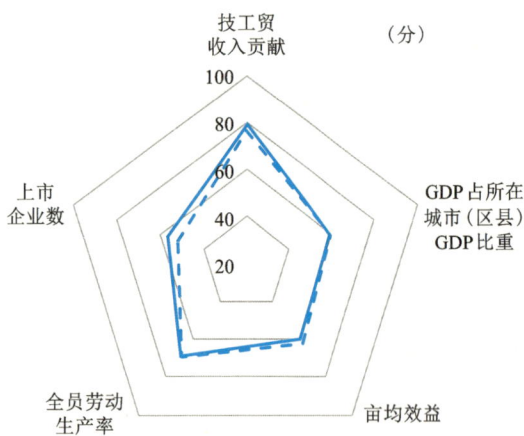

（e）综合质效和持续创新力

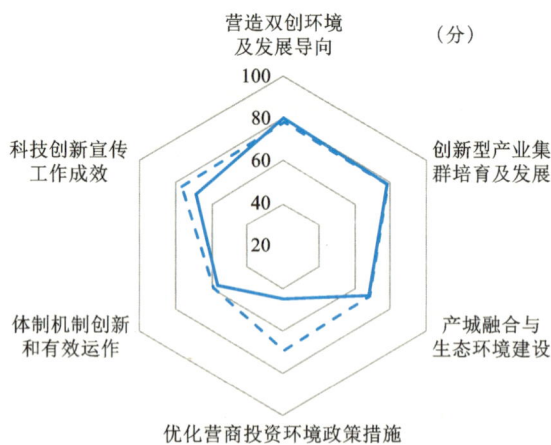

（f）定性评价得分

—— 汉寿高新区得分　　- - - 省级高新区基准值得分

图3-58　汉寿高新区五大能力及定性评价得分情况

二十二、道县高新区

道县高新区综合排名第30，各一级指标中"创新能力和创业活跃度"排名第29，"结构优化和产业价值链"排名第10，"绿色发展和宜居包容性"排名第13，"开放创新和国际影响力"排名第29，"综合质效和持续创新力"排名第42，其各项创新能力如图3-59所示。

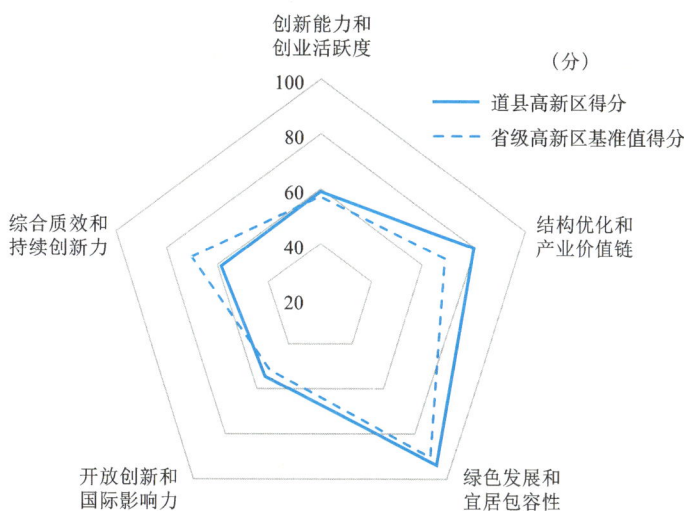

图3-59　道县高新区创新能力雷达图

道县高新区27项二级定量指标中，有5项指标排名前十，8项指标排名处于后30%。排名靠后的指标为"亩均效益""当年技工贸收入贡献""研发投入强度贡献"等。

如图3-60所示，道县高新区在单位能耗降低、科技型企业培育、技术交易市场活跃度、营商环境优化等方面表现突出；在高企培育、出口贡献、空气质量改善等方面表现较好；在研发投入强度、研发机构和孵化载体建设、从业人员结构优化、劳动生产效率、亩均效益、创新型产业集群建设等方面表现有待进一步加强。

根据本次评价结果，建议道县高新区全面落实"三高四新"战略定位和使命任务，积极把握湘南湘西承接产业转移示范区和西部陆海新通道建设机遇，聚焦新一代电子信息、智能制造等主特产业，以培育发展创新型领军企业、科技型中小企业为重点，加快建设以产业链关键环节、创新链关键技术为核心的产业集群生态；加大财政科技投入，引导企业加强产学研合作，积极引入省内外高校、科研院所等创新资源，建设省级及以上创新平台；积极对接省内外高校共建异地孵化器，促进创新要素高效集成，加速科技成果转化；开展低效企业整治提升行动，建立低效用地倒逼机制，盘活闲置和低效工业用地，提升园区亩均效益水平；坚持人才引进与人才培育并重，出台更加有力的人才支持政策，吸引更多高学历、高层次人才来园区就业创业，持续优化人才结构，提升劳动生产效率。

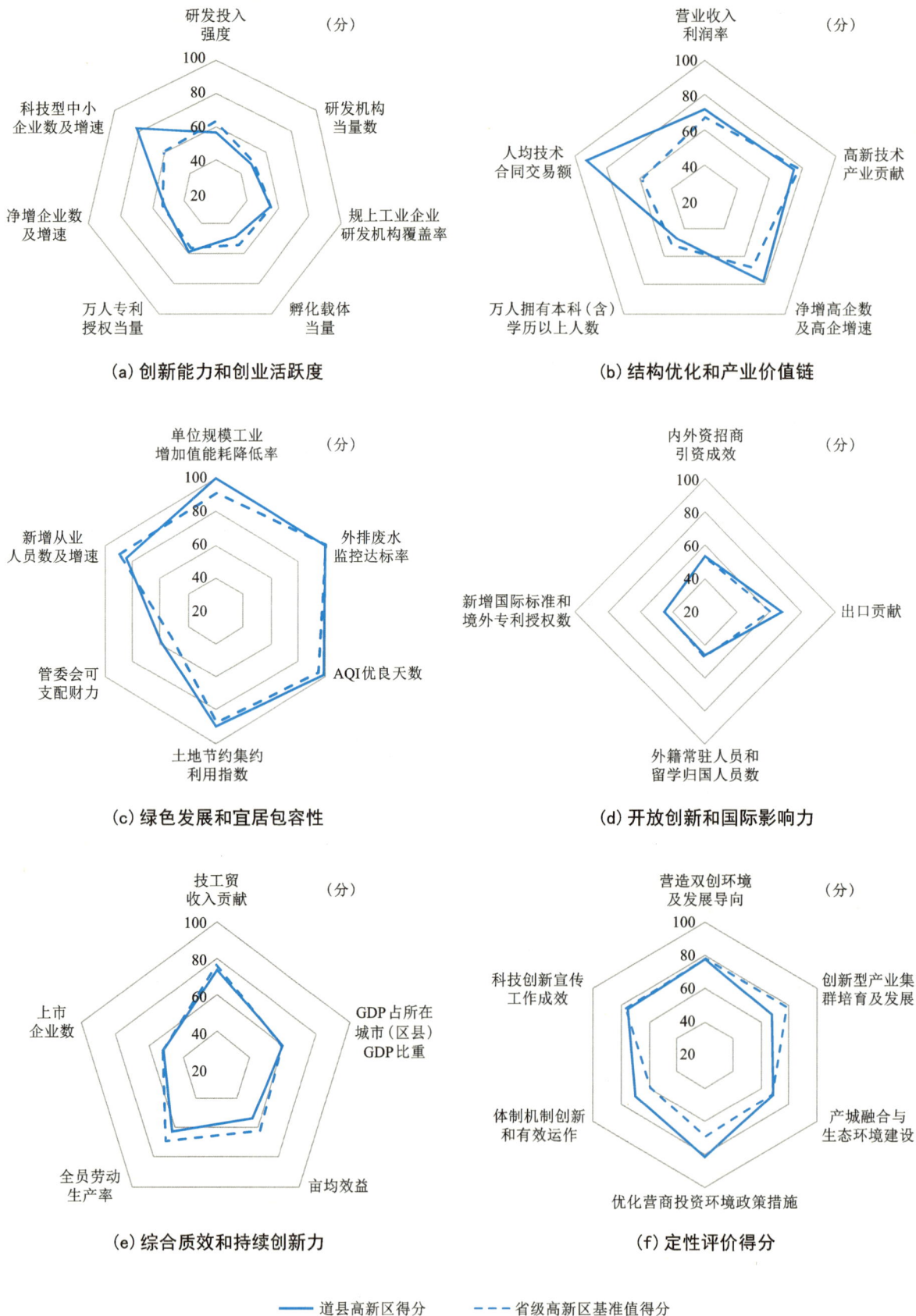

(a) 创新能力和创业活跃度

(b) 结构优化和产业价值链

(c) 绿色发展和宜居包容性

(d) 开放创新和国际影响力

(e) 综合质效和持续创新力

(f) 定性评价得分

——— 道县高新区得分　　- - - 省级高新区基准值得分

图 3-60　道县高新区五大能力及定性评价得分情况

二十三、沅江高新区

沅江高新区综合排名第31，各一级指标中"创新能力和创业活跃度"排名第39，"结构优化和产业价值链"排名第32，"绿色发展和宜居包容性"排名第21，"开放创新和国际影响力"排名第36，"综合质效和持续创新力"排名第18，其各项创新能力如图3-61所示。

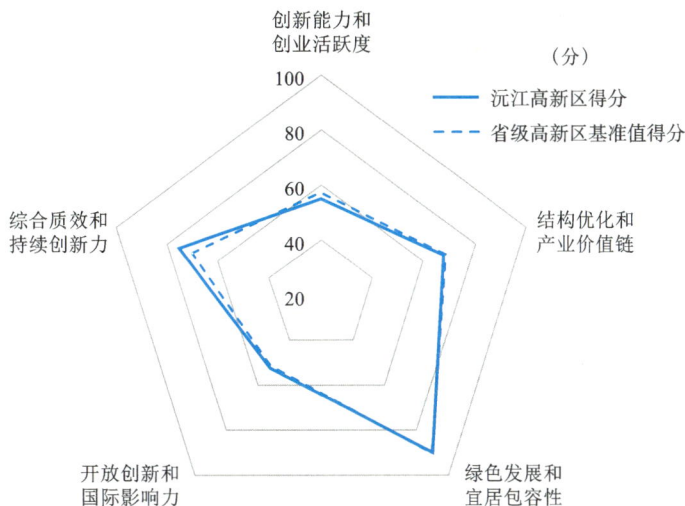

图 3-61　沅江高新区创新能力雷达图

沅江高新区27项二级定量指标中，有2项指标排名前十，6项指标排名处于后30%。排名靠后的指标为"管委会当年可支配财力""当年净增企业数及增速""规上工业企业研发机构覆盖率"等。

如图3-62所示，沅江高新区在高新技术产业贡献、单位能耗降低、高企培育等方面表现较好；在企业研发机构覆盖率建设、孵化载体建设、创业活力、从业人员结构优化、体制机制创新、营商环境优化、科技创新宣传成效等方面表现有待进一步加强。

根据本次评价结果，建议沅江高新区全面落实"三高四新"战略定位和使命任务，围绕装备制造、船舶制造等主特产业，加大财政科技投入，引导企业加强产学研合作，通过自建、联建或与高校、科研院所共建等方式，建立各类研发机构；不断优化完善人才政策，大力引进符合园区主特产业发展需求的人才，改善园区人才结构；围绕园区优势特色产业加快推进众创空间、孵化器等专业化服务平台建设，促进要素优化配置，推进平台资源共享，加速科技成果转化，加快创新主体培育，营造良好创业环境和创新生态；进一步深化体制机制改革，探索适合自身发展条件和水平的管理体制机制，积极探索企业创新积分制、知识价值信用贷款等新型科技创新政策工具，主动靠前服务，提升精准施策能力和现代化治理水平，优化园区创新创业生态，加强园区科技创新宣传工作，营造良好的营商环境和创新创业氛围。

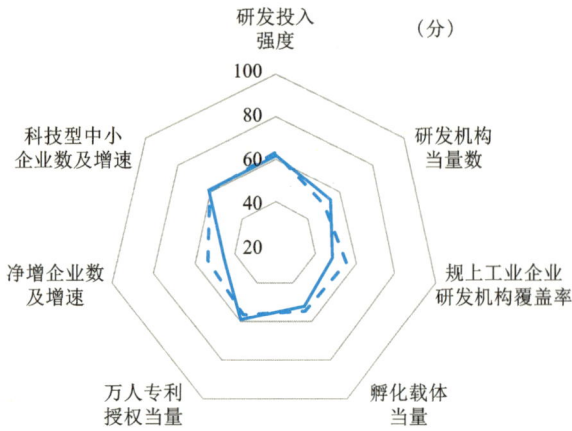

(a) 创新能力和创业活跃度

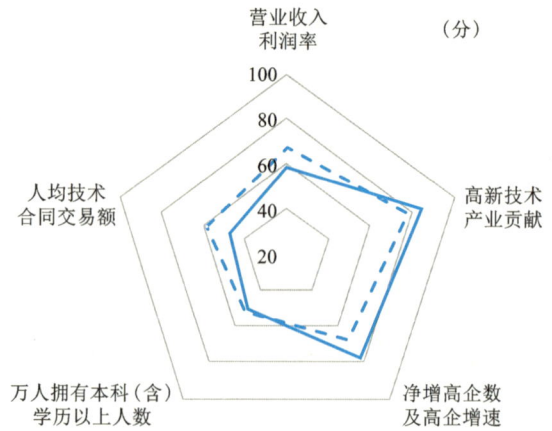

(b) 结构优化和产业价值链

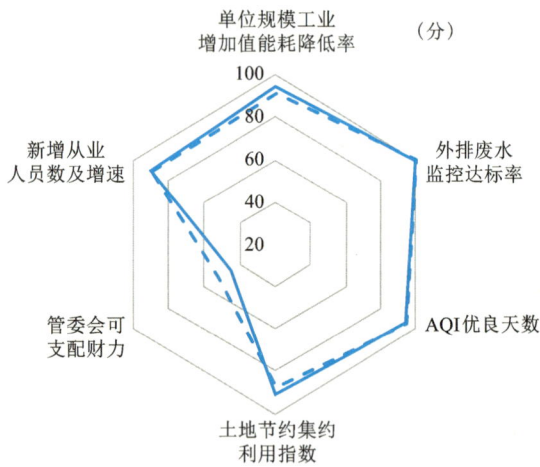

(c) 绿色发展和宜居包容性

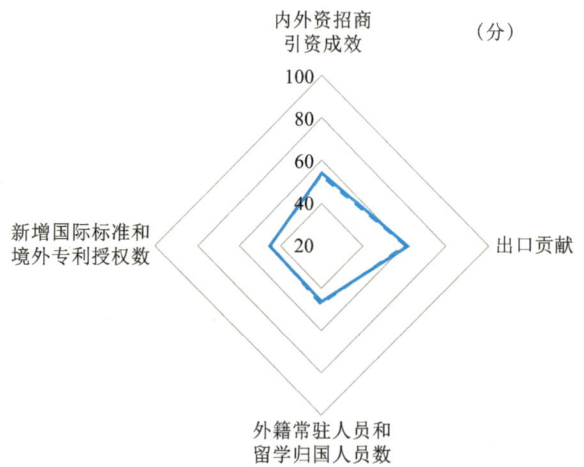

(d) 开放创新和国际影响力

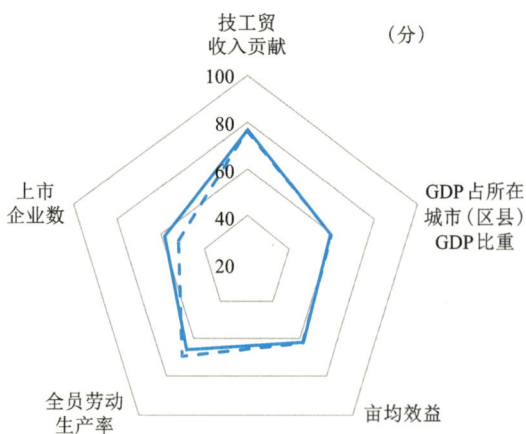

(e) 综合质效和持续创新力

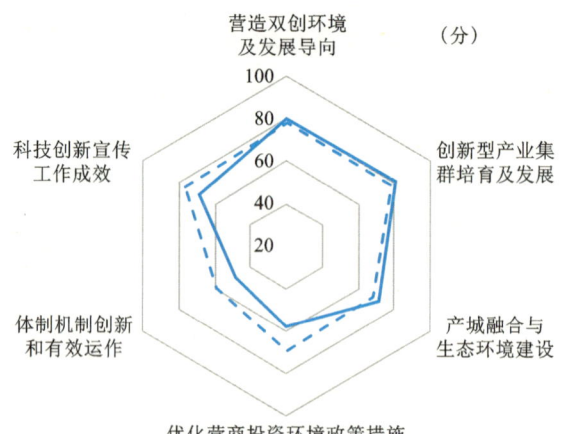

(f) 定性评价得分

—— 沅江高新区得分　- - - 省级高新区基准值得分

图3-62　沅江高新区五大能力及定性评价得分情况

二十四、临澧高新区

临澧高新区综合排名第32，各一级指标中"创新能力和创业活跃度"排名第23，"结构优化和产业价值链"排名第9，"绿色发展和宜居包容性"排名第28，"开放创新和国际影响力"排名第33，"综合质效和持续创新力"排名第46，其各项创新能力如图3-63所示。

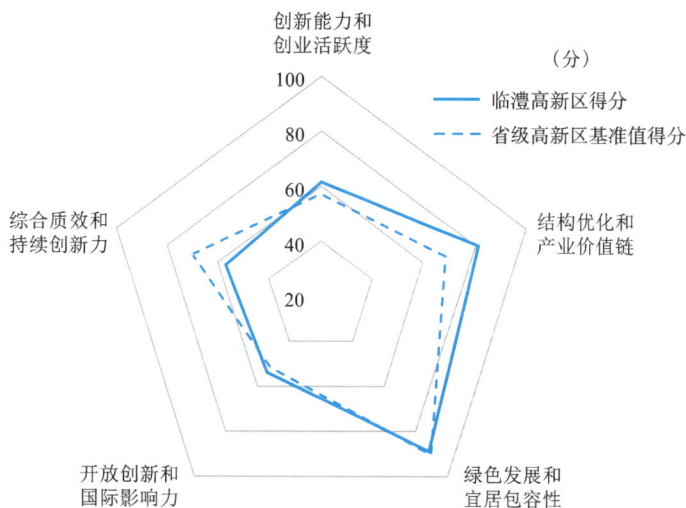

图3-63　临澧高新区创新能力雷达图

临澧高新区27项二级定量指标中，有3项指标排名前十，11项指标排名处于后30%。排名靠后的指标为"全员劳动生产率""当年技工贸收入贡献""园区土地节约集约利用指数"等。

如图3-64所示，临澧高新区在创业活跃度、技术交易市场活跃度等方面表现突出；在科技型企业培育、招商引资成效、双创环境营造等方面表现较好；在研发投入强度、研发平台建设、出口贡献、亩均效益、劳动生产率、上市企业培育、产城融合发展等方面表现有待进一步加强。

根据本次评价结果，建议临澧高新区全面落实"三高四新"战略定位和使命任务，围绕新材料、生物医药与健康食品等主特产业，积极谋划布局一批重大项目，加快构建以产业链关键环节、创新链关键技术为核心的产业集群生态；建立稳定的科技投入机制，加大研发加计扣除等科技创新政策落实力度，引导企业加大研发投入，鼓励科技型企业联合高等科研院所组建新型研发机构、创新联合体等，围绕主特产业开展关键核心技术联合攻关，促进产业转型升级；推动高新技术企业树标提质，加强上市后备企业帮扶服务，着力培育一批创新型领军企业；加强与"一带一路"沿线国家开展人才交流、技术交流和经贸合作，推动高新区内企业"走出去"，参与国际标准和规则制定，加大产品国际认证力度，积极拓展国际市场；加强园区土地利用清理，加快低效企业清退和优质企业招引，提升园区亩均效益；完善科研、教育、医疗、文化等公共服务设施，推进安全、绿色、智慧科技园区建设。

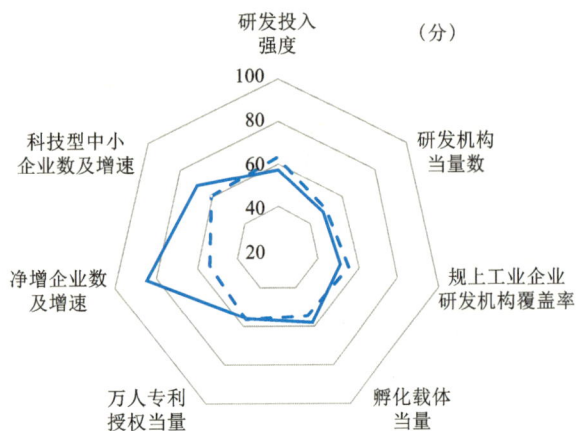

(a) 创新能力和创业活跃度

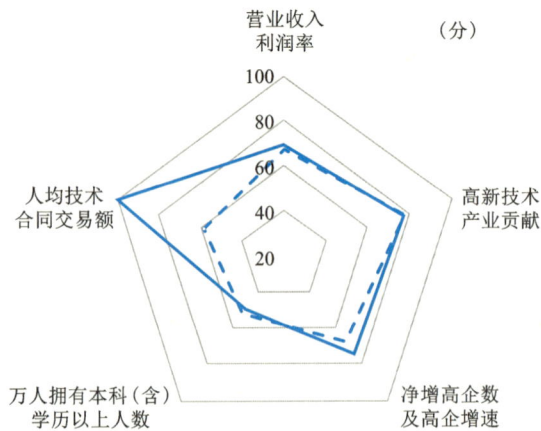

(b) 结构优化和产业价值链

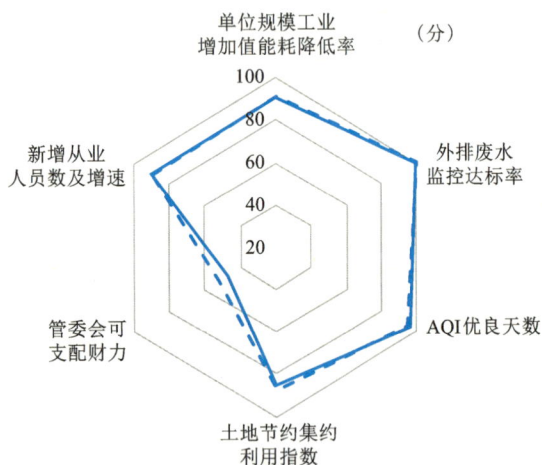

(c) 绿色发展和宜居包容性

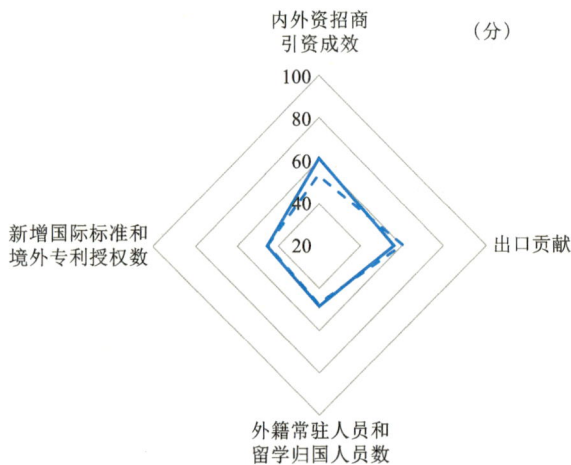

(d) 开放创新和国际影响力

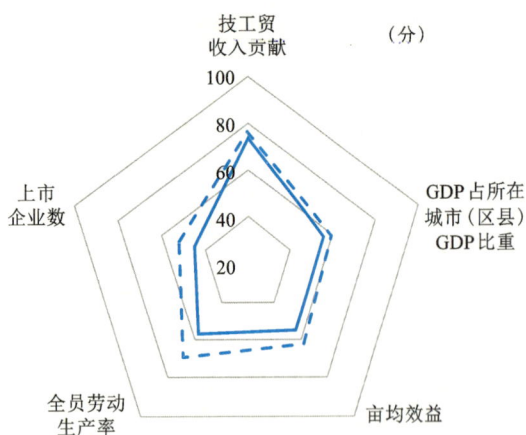

(e) 综合质效和持续创新力

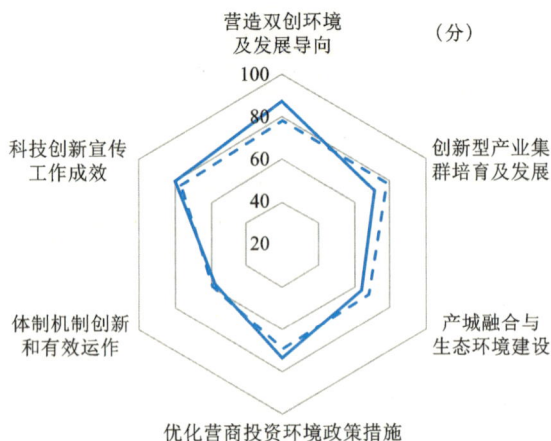

(f) 定性评价得分

——— 临澧高新区得分　　- - - 省级高新区基准值得分

图3-64　临澧高新区五大能力及定性评价得分情况

二十五、攸县高新区

攸县高新区综合排名第33，各一级指标中"创新能力和创业活跃度"和"开放创新和国际影响力"排名第41，"结构优化和产业价值链"排名第37，"绿色发展和宜居包容性"排名第20，"综合质效和持续创新力"排名第13，其各项创新能力如图3-65所示。

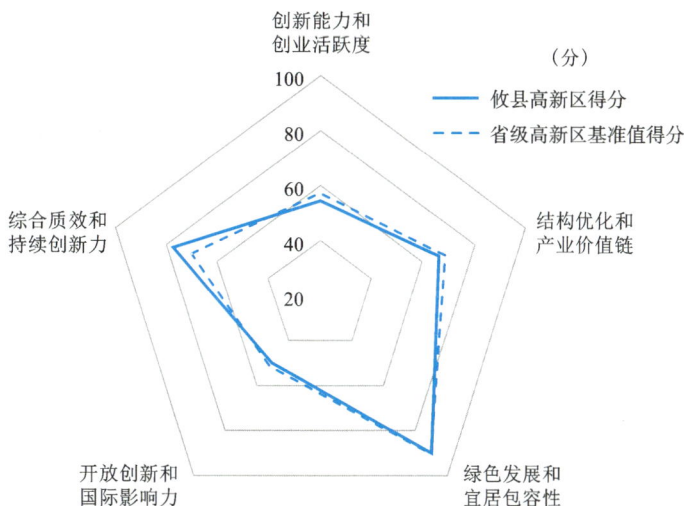

图3-65 攸县高新区创新能力雷达图

攸县高新区27项二级定量指标中，1项指标排名前十，8项指标排名处于后30%。排名靠后的指标为"科技企业孵化器和众创空间数""管委会当年可支配财力""当年新认定高新技术企业数及增速"等。

如图3-66所示，攸县高新区在高新技术产业贡献、单位能耗降低、促进就业、管理体制机制创新等方面表现较好；在招商引资成效、地方经济贡献、研发投入强度、知识产权密度、孵化载体建设、高企和上市企业培育、出口贡献等方面表现有待进一步加强。

根据本次评价结果，建议攸县高新区全面落实"三高四新"战略定位和使命任务，深耕高分子新材料和精细化工主特产业发展，创新招商方式方法，开展靶向招商，精准引进一批产业链关联度高的项目，加快高分子新材料产业集群建设，增强园区持续发展后劲；引导企业进一步加大研发投入，积极推动科技型企业联合高等科研院所组建新型研发机构、创新联合体等，建立健全研发和知识产权管理体系，促进创新成果产出，形成一批具有自主知识产权的核心技术和产品；围绕园区优势特色产业加快推进众创空间、孵化器等专业化服务平台建设，积极对接省内外高校共建异地孵化器，促进要素优化配置，推进平台资源共享；持续加大科技型企业孵化培育力度，推动高新技术企业树标提质，建立上市后备企业绿色服务通道，推动优质科技型企业挂牌上市；积极推动园区内企业"走出去"，参与国际标准和规则制定，加大产品国际认证力度；持续深化安全和生态风险防范意识，不断完善园区安全、生态监控基础设施建设，守牢环保红线、安全生产底线。

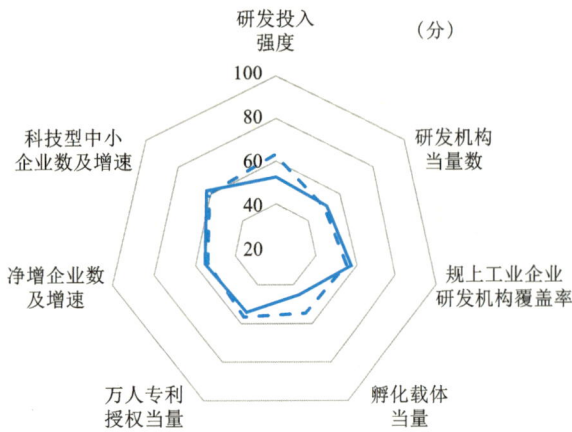

(a) 创新能力和创业活跃度

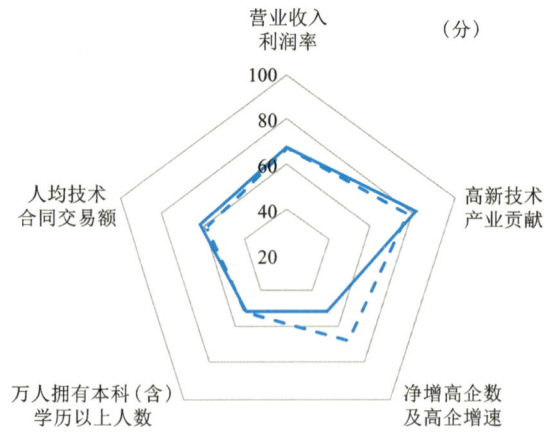

(b) 结构优化和产业价值链

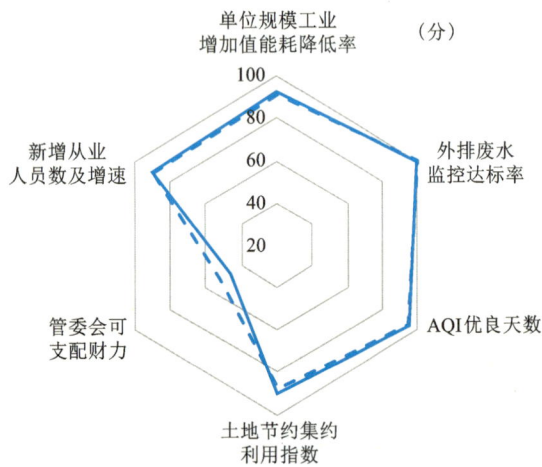

(c) 绿色发展和宜居包容性

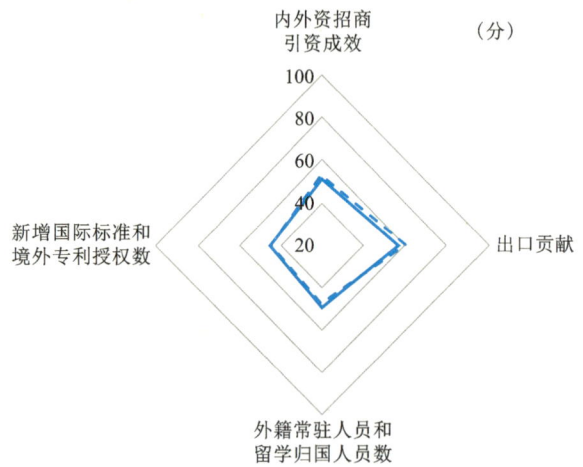

(d) 开放创新和国际影响力

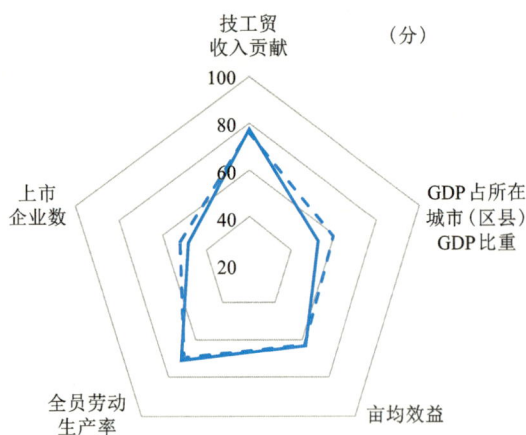

(e) 综合质效和持续创新力

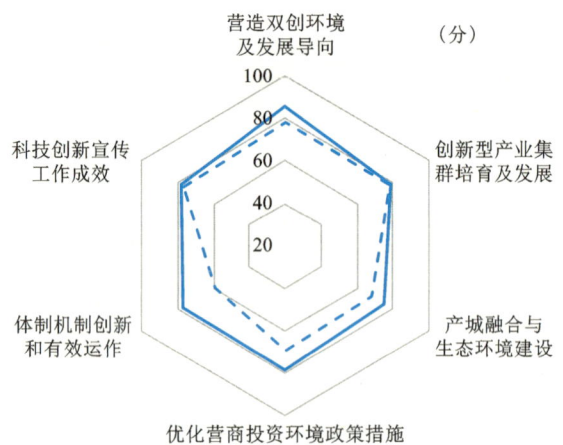

(f) 定性评价得分

—— 攸县高新区得分　- - - 省级高新区基准值得分

图 3-66　攸县高新区五大能力及定性评价得分情况

二十六、宁远高新区

宁远高新区综合排名第33，各一级指标中"创新能力和创业活跃度"排名第34，"结构优化和产业价值链"排名第40，"绿色发展和宜居包容性"排名第5，"开放创新和国际影响力"排名第30，"综合质效和持续创新力"排名第27，其各项创新能力如图3-67所示。

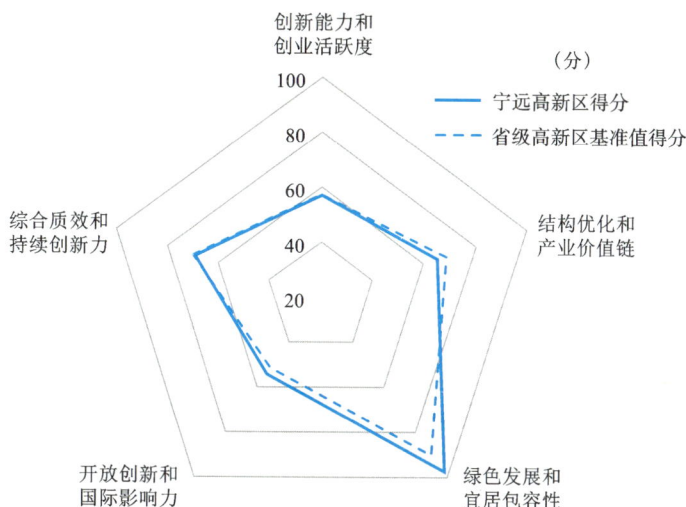

图3-67 宁远高新区创新能力雷达图

宁远高新区27项二级定量指标中，有1项指标排名第1，7项指标排名前十，12项指标排名处于后30%。排名靠后的指标为"亩均效益""人均技术合同交易额""万人新增授权专利数"等。

如图3-68所示，宁远高新区在营收利润率、园区可支配财力等方面表现突出；在研发投入强度、科技型企业培育、单位能耗降低、空气质量改善、出口贡献、地方经济贡献、营商环境优化等方面表现较好；在研发机构建设、知识产权密度、双创环境营造、促进就业及就业人员结构优化、亩均效益、创新型产业集群建设等方面表现有待进一步加强。

根据本次评价结果，建议宁远高新区全面落实"三高四新"战略定位和使命任务，积极把握湘南湘西打造承接产业转移示范区发展机遇，围绕电气机械及器材、轻纺制鞋等主特产业，引进省内外科研机构联合设立各类研发机构，促进科技成果在园区转移转化；引导企业加大关键核心技术攻关力度，建立健全研发和知识产权管理体系，促进创新成果产出，形成一批具有自主知识产权的核心技术和产品，积极打造创新型产业集群；加强宜居宜业宜创环境建设，不断完善园区配套建设，打造支撑园区优质发展的良好创新创业生态环境，吸引更多高学历、高层次人才来园区就业创业；提高土地节约集约利用水平，通过低效企业出清、"腾笼换鸟"等方式，推动资源要素不断向优质高效领域集中，持续提升园区亩均效益。

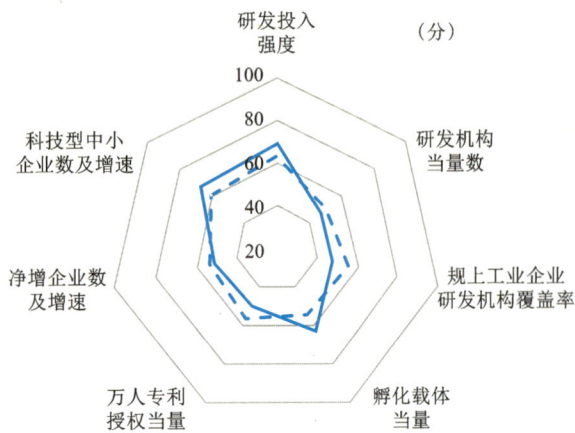

（a）创新能力和创业活跃度

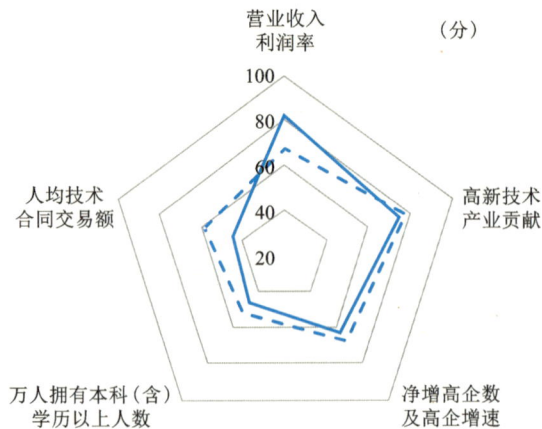

（b）结构优化和产业价值链

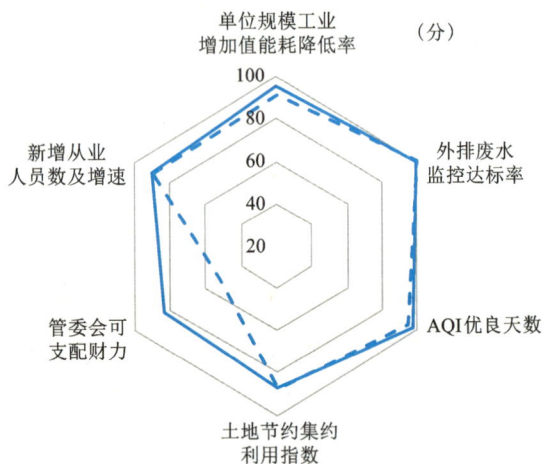

（c）绿色发展和宜居包容性

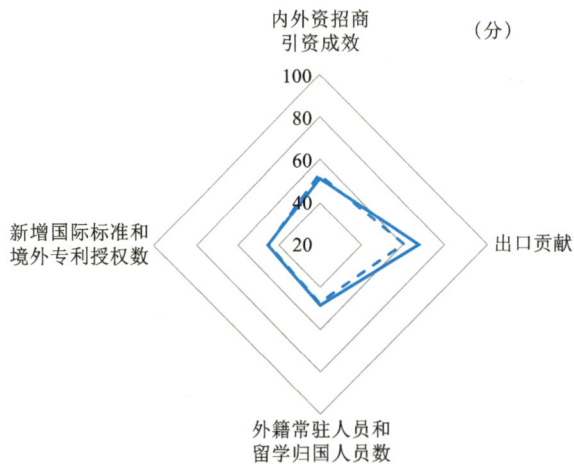

（d）开放创新和国际影响力

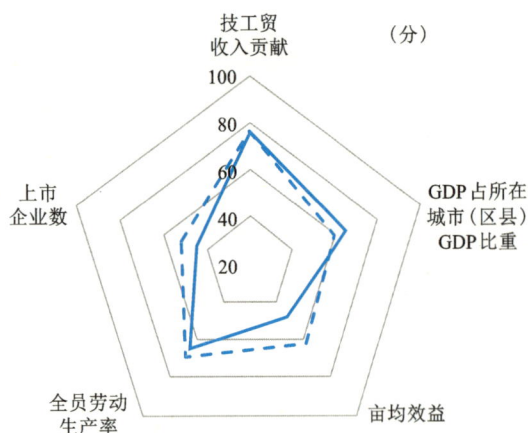

（e）综合质效和持续创新力

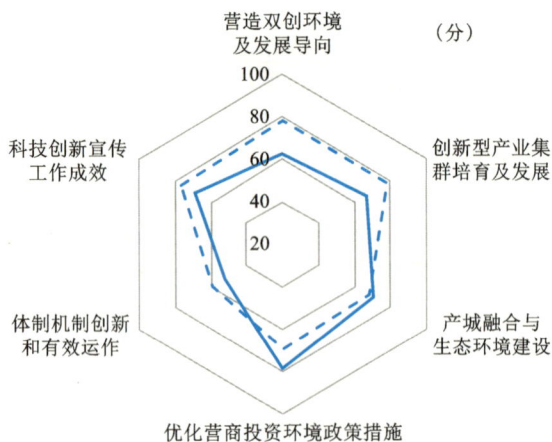

（f）定性评价得分

—— 宁远高新区得分　　---- 省级高新区基准值得分

图3-68　宁远高新区五大能力及定性评价得分情况

二十七、汩罗高新区

汩罗高新区综合排名第 35，各一级指标中"创新能力和创业活跃度"排名第 35，"结构优化和产业价值链"排名第 24，"绿色发展和宜居包容性"排名第 12，"开放创新和国际影响力"排名第 27，"综合质效和持续创新力"排名第 37，其各项创新能力如图 3-69 所示。

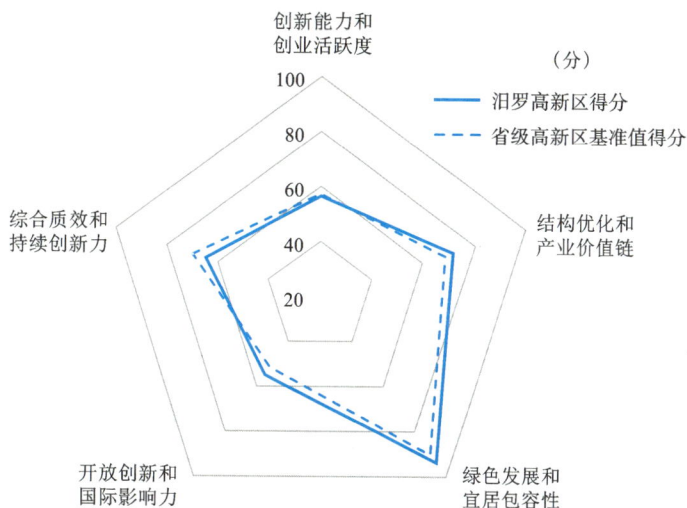

图 3-69　汩罗高新区创新能力雷达图

汩罗高新区 27 项二级定量指标中，有 4 项指标排名前十，5 项指标排名处于后 30%。排名靠后的指标为"外籍常驻人员和留学归国人员数""万人拥有本科(含)学历以上人数""当年登记入库的科技型中小企业数及增速"等。

如图 3-70 所示，汩罗高新区在绿色低碳发展、高新技术产业贡献、高企培育、经济总体规模、体制机制创新等方面表现较好；在研发机构建设、从业人员结构优化、开放创新、科技型企业和上市企业培育、营收利润率、创新型产业集群建设、产城融合发展等方面表现有待进一步加强。

根据本次评价结果，建议汩罗高新区深入落实"三高四新"战略定位和使命任务，发挥邻近长沙的地域优势，围绕有色金属冶炼和压延加工、再生资源综合利用、高分子材料等主特产业，组织实施一批重大科技专项、重点研发计划，积极争取国家级、省级科技重点项目和重大平台支持，布局省级及以上研发平台，开展关键核心技术攻关，形成一批具有自主知识产权的核心技术和产品；推进科技型企业创新主体培育，建立科技型中小企业、高新技术企业、科技型领军企业等梯次培育体系，建立上市后备企业绿色服务通道，推动优质科技型企业挂牌上市；坚持"引进来"与"走出去"相结合，促进双向投资协调发展，以高水平开放带动改革全面深化，逐渐形成国际合作和竞争新优势；进一步推进国家绿色产业示范基地建设，加快循环园高铁新城和配套园长沙北(汩罗)生态智造城建设，创造良好的宜居宜业环境，引进高端国际化科技创新人才。

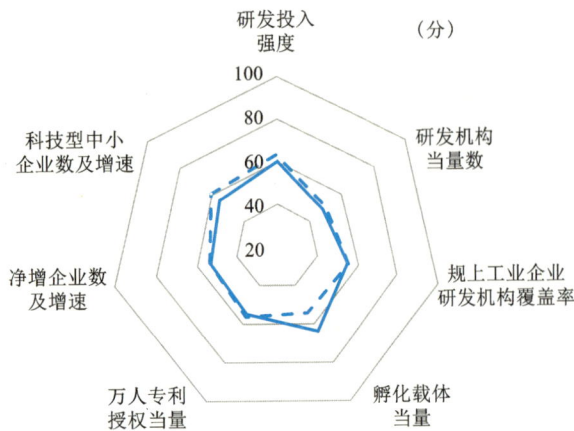

(a) 创新能力和创业活跃度

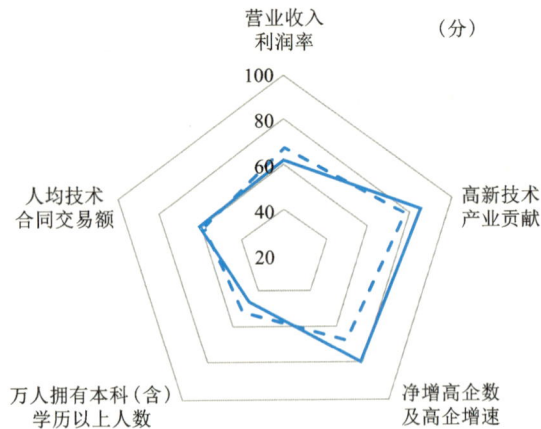

(b) 结构优化和产业价值链

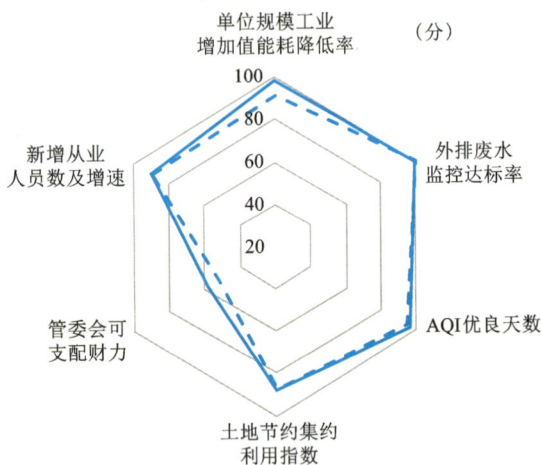

(c) 绿色发展和宜居包容性

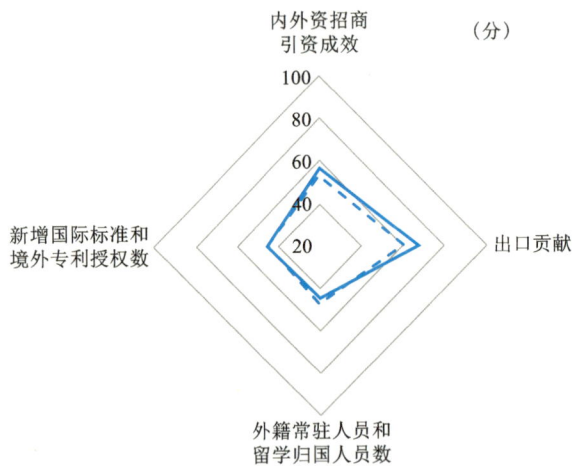

(d) 开放创新和国际影响力

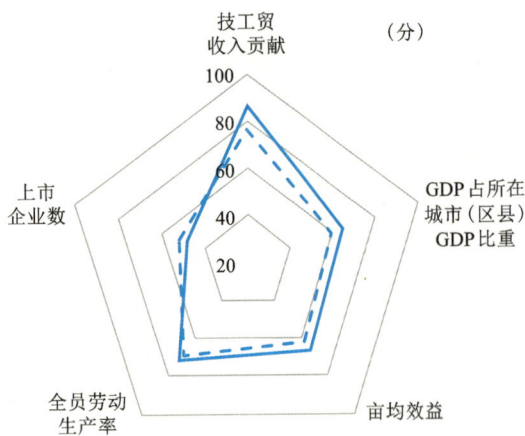

(e) 综合质效和持续创新力

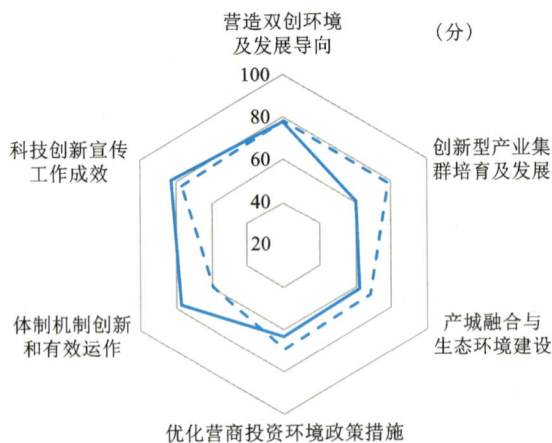

(f) 定性评价得分

—— 汨罗高新区得分   - - - - 省级高新区基准值得分

图 3-70　汨罗高新区五大能力及定性评价得分情况

二十八、石门高新区

石门高新区综合排名第 36，各一级指标中"创新能力和创业活跃度"排名第 27，"结构优化和产业价值链"排名第 31，"绿色发展和宜居包容性"排名第 34，"开放创新和国际影响力"排名第 34，"综合质效和持续创新力"排名第 28，其各项创新能力如图 3-71 所示。

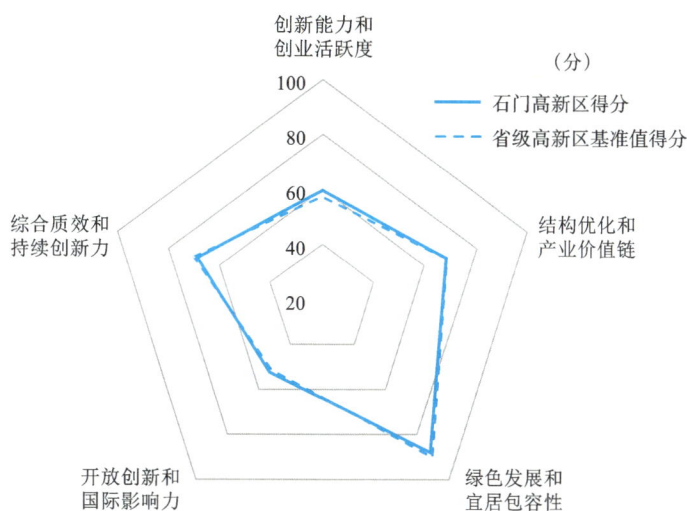

图 3-71　石门高新区创新能力雷达图

石门高新区 27 项二级定量指标中，有 4 项指标排名前十，6 项指标排名处于后 30%。排名靠后的指标为"规上工业企业研发机构覆盖率""管委会当年可支配财力""人均技术合同交易额"等。

如图 3-72 所示，石门高新区在研发投入强度、科技型中小企业培育、亩均效益等方面表现较好；在研发机构和孵化载体建设、技术交易市场活跃度、促进就业、出口贡献、开放创新、上市企业培育、产城融合发展、体制机制创新等方面表现有待进一步加强。

根据本次评价结果，建议石门高新区全面落实"三高四新"战略定位和使命任务，围绕电子信息、新材料、农副产品精深加工等主特产业，加大产学研合作力度，持续深化与相关科研院所交流合作，建立"产学研用"紧密结合的技术创新体系；推动建立各类研发平台，促进高水平科技创新成果在园区转化落地，形成一批具有自主知识产权的核心技术和产品；加快科技企业孵化器、众创空间等创新创业孵化基地提质升级，提升成果转化、创业孵化载体服务能力和大众创业活力；加大科技型企业培育，着力培育高新技术企业和科技型中小企业，建立上市后备企业绿色服务通道，推动优质科技型企业挂牌上市；积极融入"一带一路"建设，助推企业开拓国际市场，拓展对外合作深度与广度，柔性引进更多国际化人才，争取更多国际创新成果产出；加快推进园区生产生活配套设施建设，促进"三生融合、三态协同"。

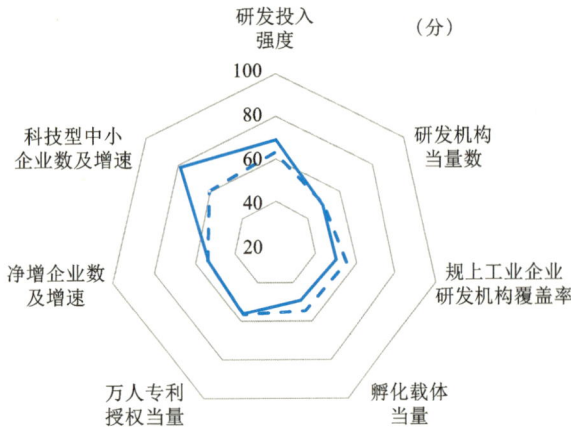

(a) 创新能力和创业活跃度

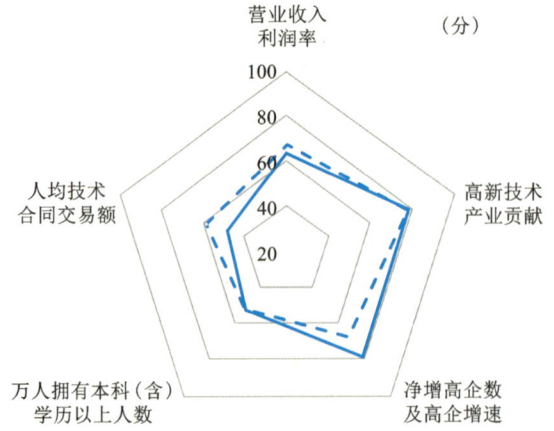

(b) 结构优化和产业价值链

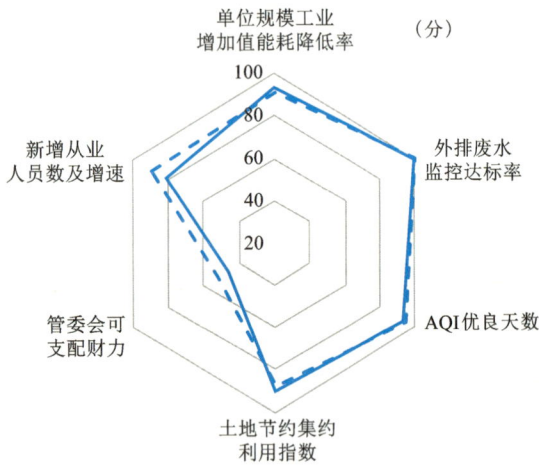

(c) 绿色发展和宜居包容性

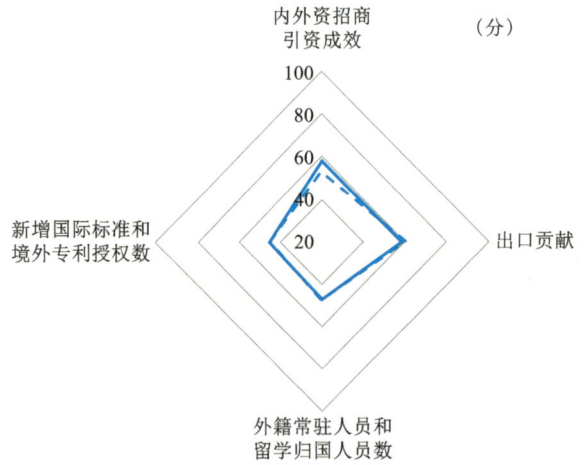

(d) 开放创新和国际影响力

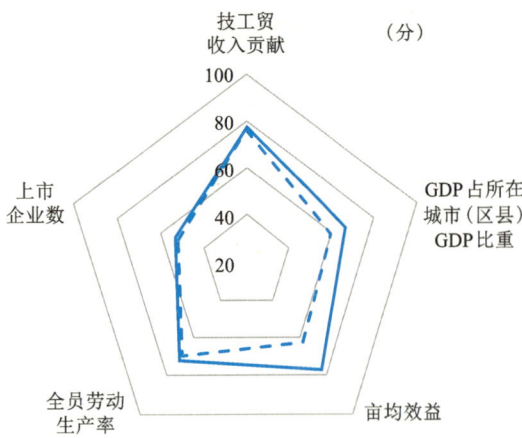

(e) 综合质效和持续创新力

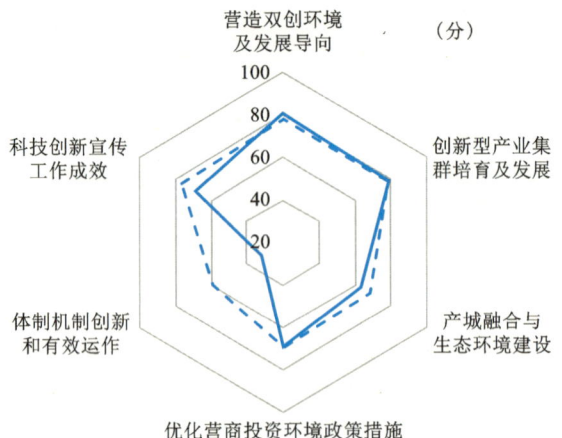

(f) 定性评价得分

—— 石门高新区得分　---- 省级高新区基准值得分

图3-72　石门高新区五大能力及定性评价得分情况

二十九、双峰高新区

双峰高新区综合排名第37，各一级指标中"创新能力和创业活跃度"排名第42，"结构优化和产业价值链"排名第20，"绿色发展和宜居包容性"排名第24，"开放创新和国际影响力"排名第26，"综合质效和持续创新力"排名第30，其各项创新能力如图3-73所示。

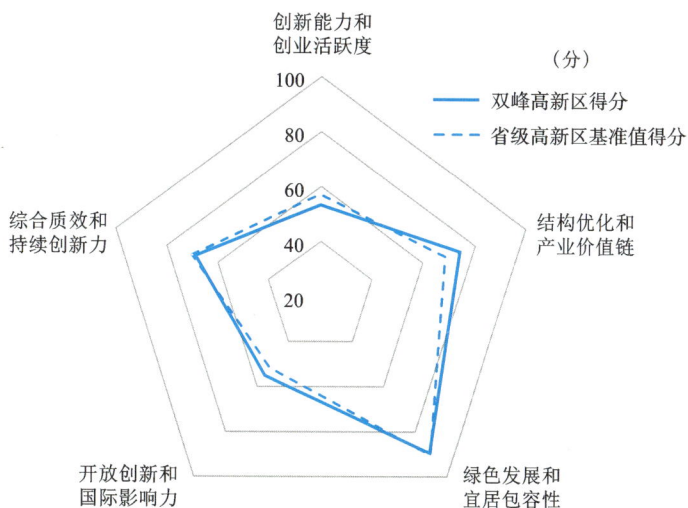

图3-73　双峰高新区创新能力雷达图

双峰高新区27项二级定量指标中，有2项指标排名前十，10项指标排名处于后30%。排名靠后的指标为"万人新增授权专利数""当年登记入库的科技型中小企业数及增速""万人拥有本科（含）学历以上人数"等。

如图3-74所示，双峰高新区在营业收入利润率、创新型产业集群培育等方面表现突出；在招商引资成效、技术交易市场活跃度等方面表现较好；在研发机构建设、孵化载体建设、科技型企业和上市企业培育、知识产权密度、高新技术产业贡献、经济总体规模、从业人员结构优化、开放创新、宜居宜业宜创环境营造等方面表现有待进一步加强。

根据本次评价结果，建议双峰高新区全面落实"三高四新"战略定位和使命任务，加快融入长株潭都市圈的拓展区和辐射区建设，围绕农机制造、农副产品精深加工及生物医药等主特产业，积极引入省内外高校、科研院所等创新资源，设立各类研发机构，促进科技成果在园区转移转化，形成一批具有核心竞争力的技术和具有影响力的创新成果，培育一批科技型中小企业和高新技术企业等创新型企业，建立上市后备企业绿色服务通道，推动优质科技型企业挂牌上市；加强与"一带一路"沿线国家开展人才交流、技术交流和经贸合作，推动高新区内企业"走出去"，参与国际标准和规则制定，加大产品国际认证力度，积极拓展国际市场；继续深化园区管理体制机制改革创新，优化机构设置与职能配置，积极探索企业创新积分制、知识价值信用贷款等，主动靠前服务，提升精准施策能力和现代化治理水平；完善教育、医疗、文化等公共服务设施，有序布局新型基础设施，加强智慧园区建设，建设绿色生态园区。

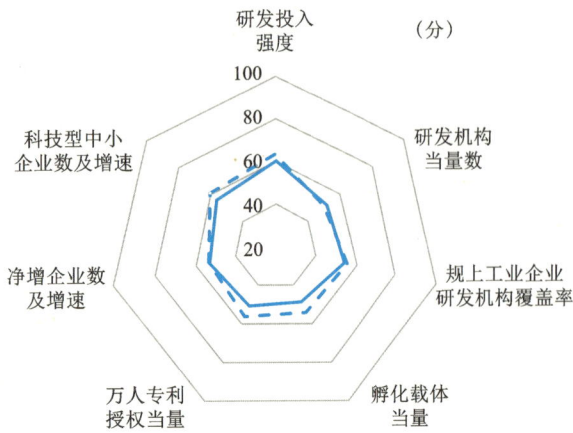

(a) 创新能力和创业活跃度

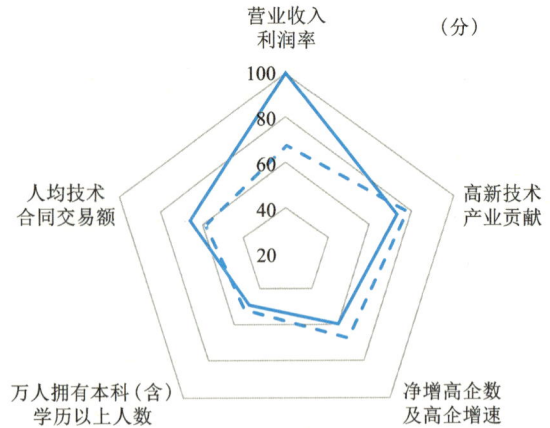

(b) 结构优化和产业价值链

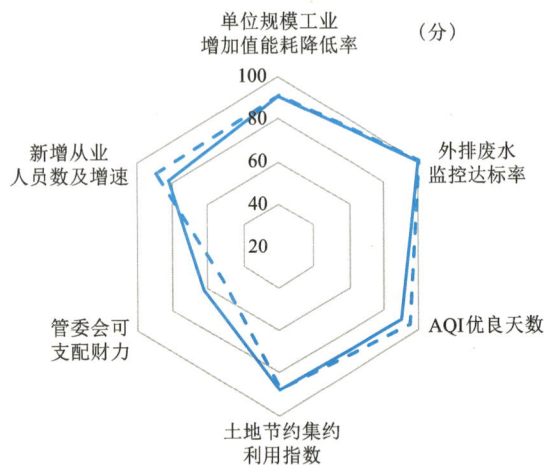

(c) 绿色发展和宜居包容性

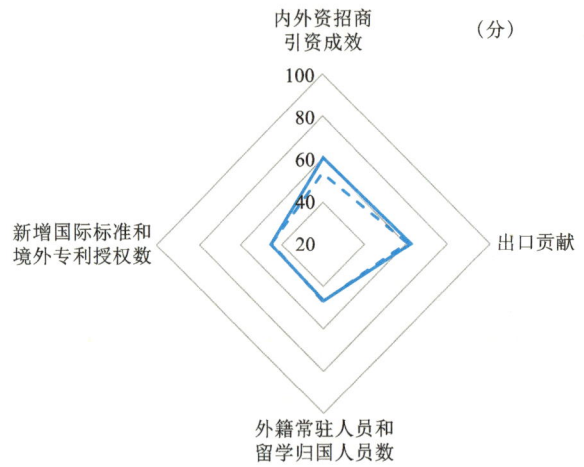

(d) 开放创新和国际影响力

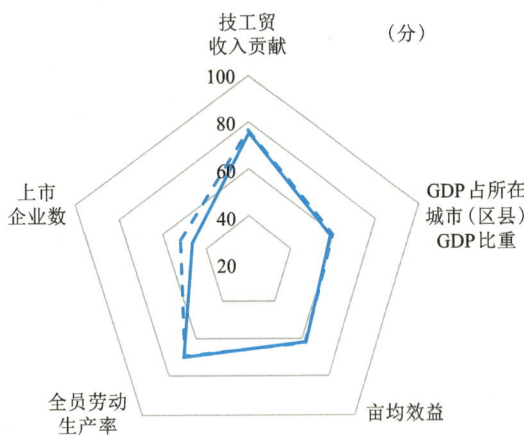

(e) 综合质效和持续创新力

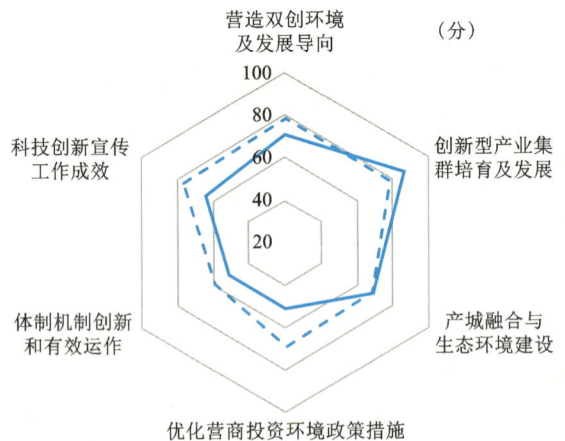

(f) 定性评价得分

—— 双峰高新区得分　　---- 省级高新区基准值得分

图3-74　双峰高新区五大能力及定性评价得分情况

三十、衡阳西渡高新区

衡阳西渡高新区综合排名第38，各一级指标中"创新能力和创业活跃度"排名第19，"结构优化和产业价值链"排名第33，"绿色发展和宜居包容性"排名第23，"开放创新和国际影响力"排名第43，"综合质效和持续创新力"排名第40，其各项创新能力如图3-75所示。

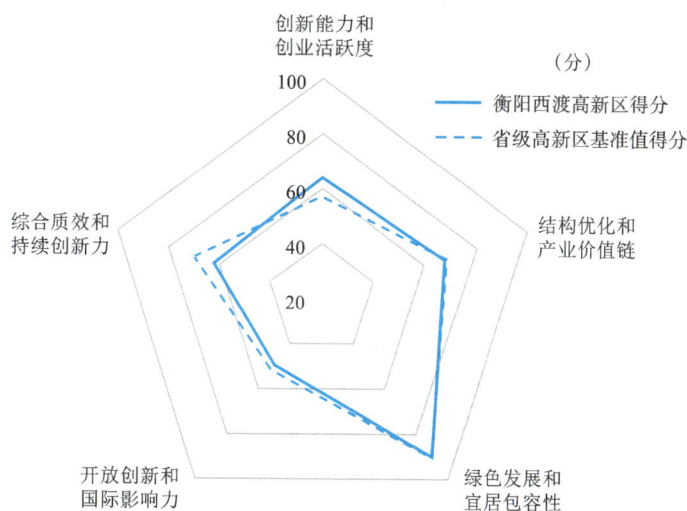

图3-75　衡阳西渡高新区创新能力雷达图

衡阳西渡高新区27项二级定量指标中，有3项指标排名前十，10项指标排名处于后30%。排名靠后的指标为"万人拥有本科（含）学历以上人数""亩均效益""出口贡献"等。

如图3-76所示，衡阳西渡高新区在科技型企业培育、研发机构覆盖率、营收利润率、体制机制创新、科技创新宣传成效等方面表现较好；在招商引资成效、高新技术产业贡献、经济效益、研发机构建设、从业人员结构优化、开放创新、亩均效益等方面表现有待进一步加强。

根据本次评价结果，建议衡阳西渡高新区全面落实"三高四新"战略定位和使命任务，聚焦医药、智能机器、非金属矿物制品等主特产业，创新招商方式，持续招大引强，进一步延链补链，引导传统产业结构转型升级，提高劳动生产效率，推动主特产业提质增效扩容；加强产学研合作，通过设立分支机构、联合共建等方式，积极引入省内外高校、科研院所等创新资源，推进科技创新平台建设；依托"万雁入衡"人才引进行动，大力引进吸纳本科及以上学历人才和其他高素质、高技能人才，优化人才结构；积极融入"一带一路"建设，加强与粤港澳大湾区、北部湾、东盟等区域合作，推动产业链"走出去"，参与国际标准和规则制定，加大产品国际认证力度，提升优势产品的国际竞争优势；持续通过低效企业出清、"腾笼换鸟"等方式推动资源要素向优质高效领域集中，强化高新区建设用地开发利用强度、投资强度整体控制，助推企业提质增效，激发低效工业用地活力，提升园区亩均效益。

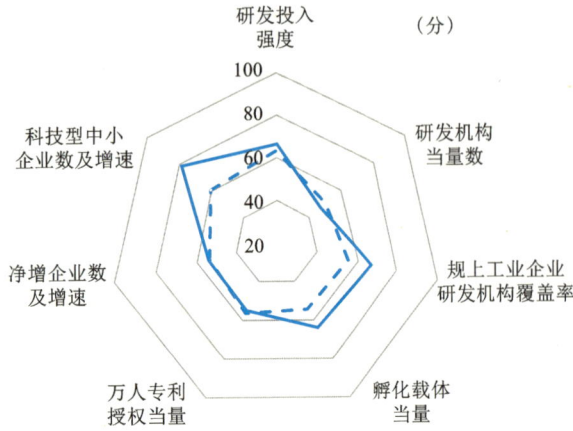

(a) 创新能力和创业活跃度

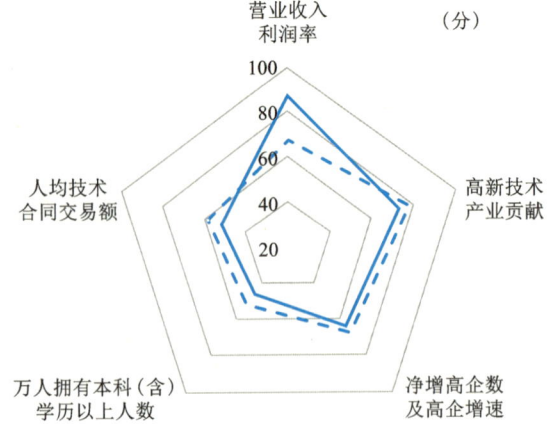

(b) 结构优化和产业价值链

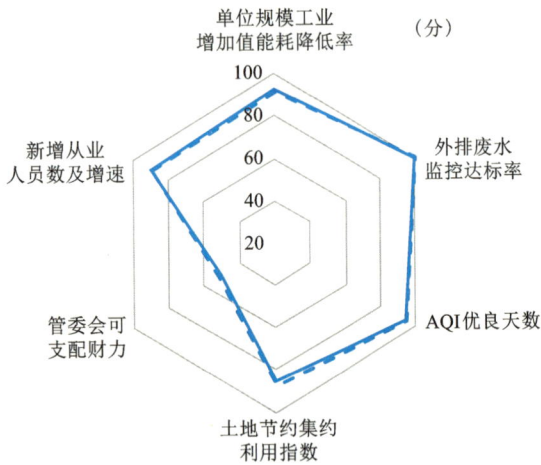

(c) 绿色发展和宜居包容性

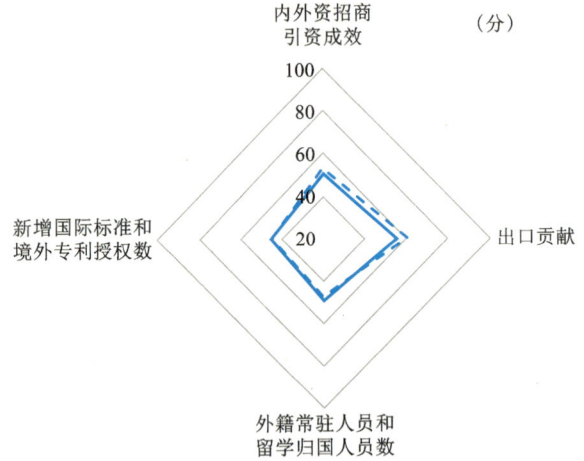

(d) 开放创新和国际影响力

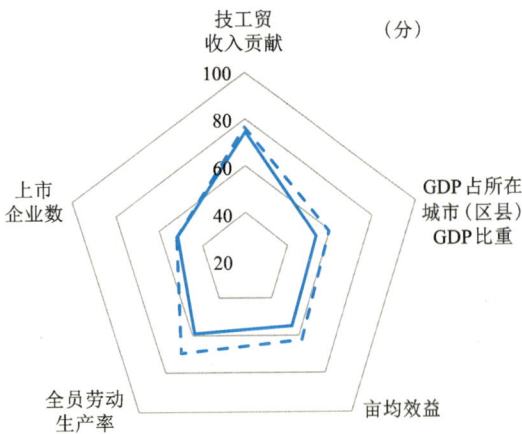

(e) 综合质效和持续创新力

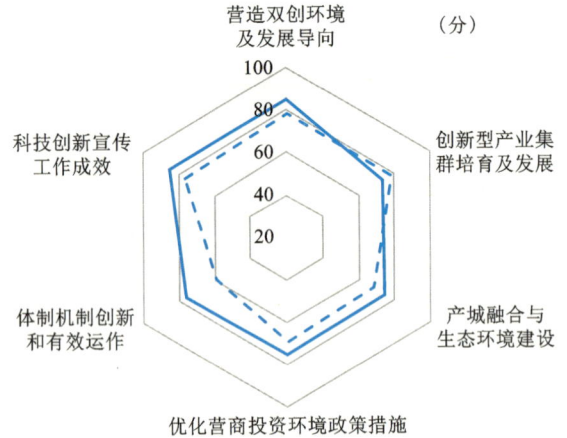

(f) 定性评价得分

—— 衡阳西渡高新区得分　---- 省级高新区基准值得分

图 3-76　衡阳西渡高新区五大能力及定性评价得分情况

三十一、新化高新区

新化高新区综合排名第 39，各一级指标中"创新能力和创业活跃度"排名第 36，"结构优化和产业价值链"排名第 41，"绿色发展和宜居包容性"排名第 32，"开放创新和国际影响力"排名第 32，"综合质效和持续创新力"排名第 21，其各项创新能力如图 3-77 所示。

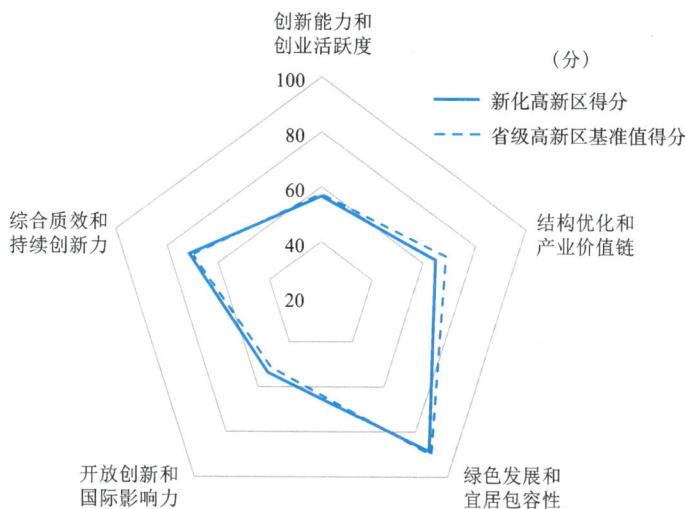

图 3-77 新化高新区创新能力雷达图

新化高新区 27 项二级定量指标中，有 1 项指标排名前十，11 项指标排名处于后 30%。排名靠后的指标为"出口贡献""当年技工贸收入贡献""全员劳动生产率""亩均效益""空气质量指数"等。

如图 3-78 所示，新化高新区在海外知识产权布局、研发投入强度、上市企业培育等方面表现较好；在研发机构覆盖率、技术交易市场活跃度、创新型产业集群培育、经济效益、科技型企业培育、促进就业与就业人员结构优化、开放创新、亩均效益、科技创新宣传成效等方面表现有待进一步加强。

根据本次评价结果，建议新化高新区全面落实"三高四新"战略定位和使命任务，积极把握湖南中部（株洲—湘潭—娄底）产业转型升级示范区发展机遇，围绕先进陶瓷、现代文印等主特产业，加强产学研合作，通过设立分支机构、联合共建等方式，积极引入省内外高校、科研院所等创新资源，推进科技创新平台建设，加速成果转移转化，引领新旧动能转换，助推产业升级、结构调整，提高劳动生产效率，进一步推动主特产业提质增效扩容，培育具有领先竞争优势的特色产业集群；加强宜居宜业宜创环境建设，不断完善生产生活配套建设，吸引更多高学历人才来园区就业创业；加快发展中小微企业，不断做强存量、做优增量，实现科技型企业阶梯式发展；积极融入"一带一路"建设，支持鼓励企业"走出去"，助推企业开拓国际市场，拓展对外合作深度与广度；开展低效企业整治提升行动，建立低效用地倒逼机制，盘活闲置和低效工业用地，提升园区亩均效益水平。

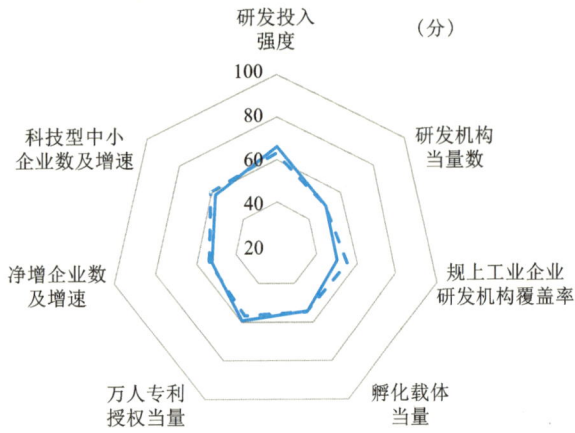

(a) 创新能力和创业活跃度

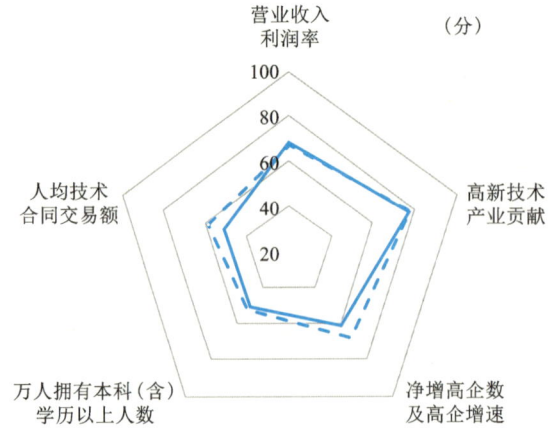

(b) 结构优化和产业价值链

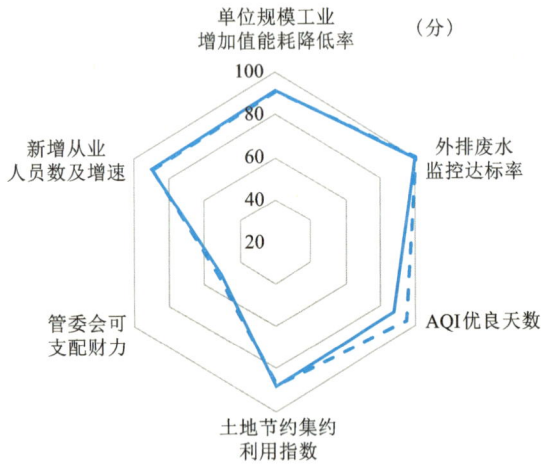

(c) 绿色发展和宜居包容性

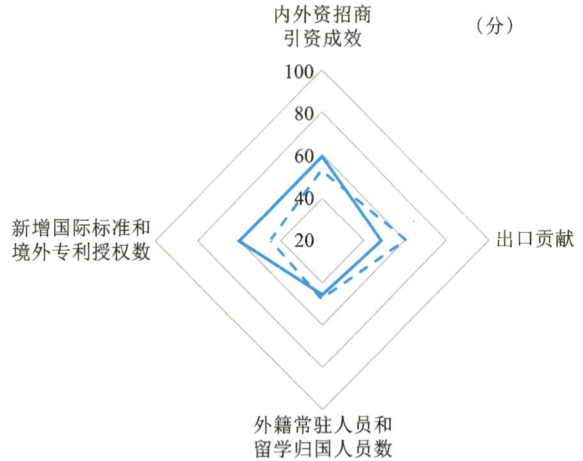

(d) 开放创新和国际影响力

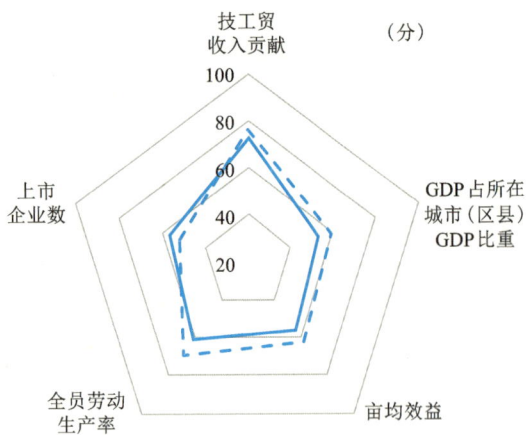

(e) 综合质效和持续创新力

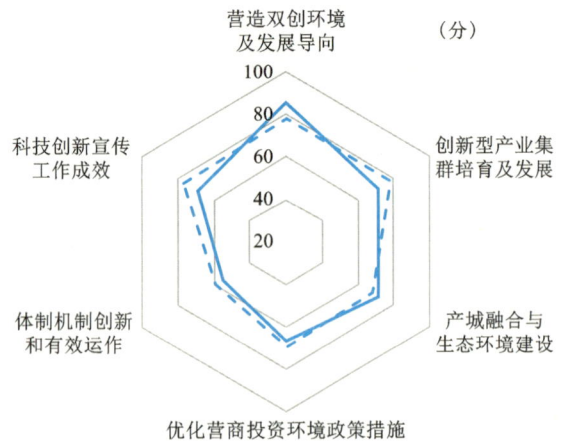

(f) 定性评价得分

—— 新化高新区得分 ----- 省级高新区基准值得分

图3-78 新化高新区五大能力及定性评价得分情况

三十二、张家界高新区

张家界高新区综合排名第 39，各一级指标中"创新能力和创业活跃度"排名第 33，"结构优化和产业价值链"排名第 29，"绿色发展和宜居包容性"排名第 45，"开放创新和国际影响力"排名第 25，"综合质效和持续创新力"排名第 25，其各项创新能力如图 3-79 所示。

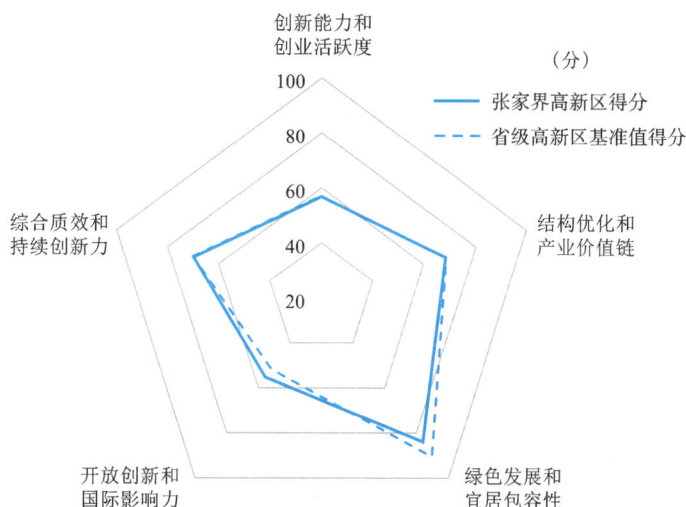

图 3-79　张家界高新区创新能力雷达图

张家界高新区 27 项二级定量指标中，有 2 项指标排名前十，10 项指标排名处于后 30%。排名靠后的指标为"全员劳动生产率""当年技工贸收入贡献""单位规模工业增加值能耗降低率"等。

如图 3-80 所示，张家界高新区在出口贡献、技术交易市场活跃度方面表现较好；在招商引资成效、高新技术产业贡献与产业集群建设、经济效益、单位能耗降低、亩均效益、营商环境优化、研发投入强度、创业活力、开放创新等方面表现有待进一步加强。

根据本次评价结果，建议张家界高新区全面落实"三高四新"战略定位和使命任务，依托渝长厦高铁经济带，围绕绿色食品、生物医药等主特产业，创新招商方式，瞄准产业链进行精准招商，着力引进一批产业链关联度高的项目，推动产业结构转型升级，引领新旧动能转变，提高劳动生产效率，壮大园区经济总量规模，培育创新型产业集群；按照碳达峰、碳中和要求，推进能源梯级利用，降低园区单位增加值能耗；开展低效企业整治提升行动，建立低效用地倒逼机制，盘活闲置和低效工业用地，提升园区亩均效益水平；加大对高新技术企业所得税减免、研发费用加计扣除等政策的落实力度，引导企业加大研发投入；加大关键零部件、核心技术攻关力度，提升企业自主创新能力水平；发挥辐射带动作用，打造武陵山片区的人才、技术、资金、项目集聚洼地，强化创新资源配置，加强科技成果转化、项目孵化、科技金融对接等方面的合作与服务，营造低成本、全要素、便利化的创新环境，吸引国际化人才和创新团队来园区就业创业，促进更多国际创新成果产出。

(a) 创新能力和创业活跃度

(b) 结构优化和产业价值链

(c) 绿色发展和宜居包容性

(d) 开放创新和国际影响力

(e) 综合质效和持续创新力

(f) 定性评价得分

——— 张家界高新区得分　　- - - - 省级高新区基准值得分

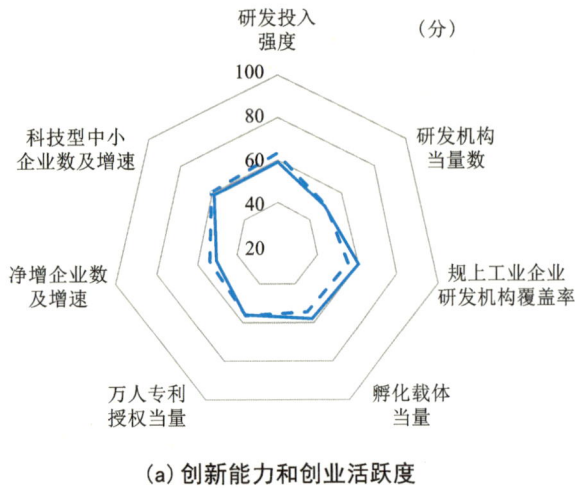

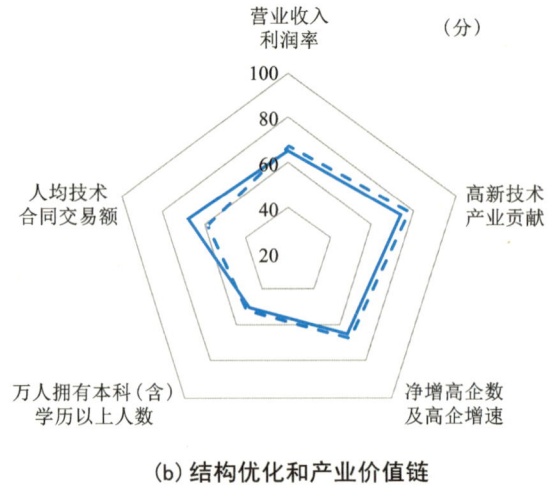

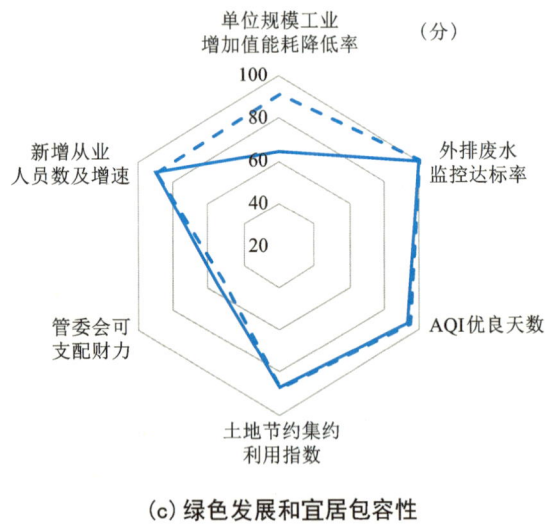

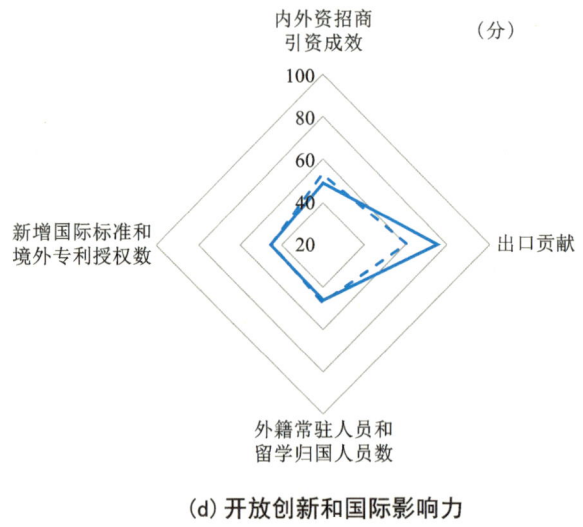

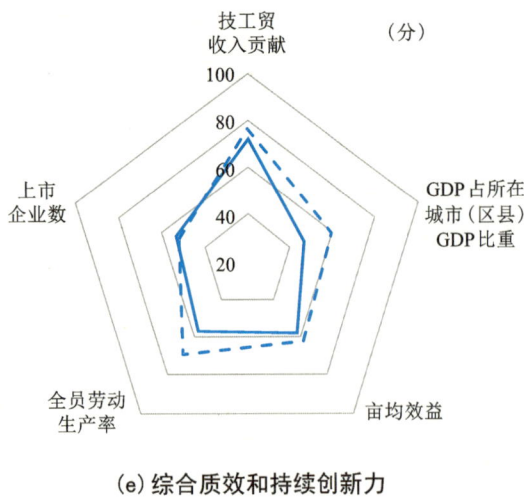

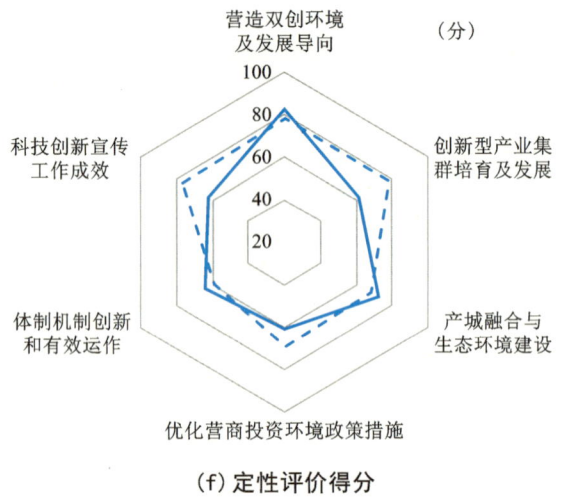

图 3-80　张家界高新区五大能力及定性评价得分情况

三十三、衡山高新区

衡山高新区综合排名第41，各一级指标中"创新能力和创业活跃度"排名第24，"结构优化和产业价值链"排名第16，"绿色发展和宜居包容性"排名第37，"开放创新和国际影响力"排名第39，"综合质效和持续创新力"排名第45，其各项创新能力如图3-81所示。

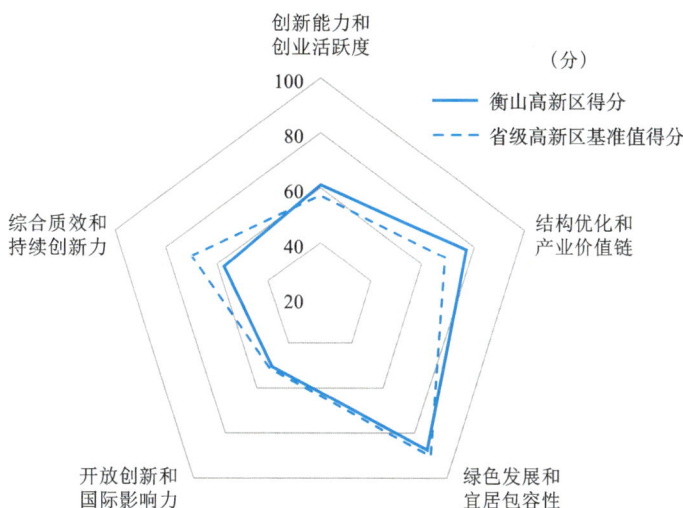

图3-81 衡山高新区创新能力雷达图

衡山高新区27项二级定量指标中，有4项指标排名前十，9项指标排名处于后30%。排名靠后的指标为"全员劳动生产率""园区土地节约集约利用指数""科技企业孵化器和众创空间数"等。

如图3-82所示，衡山高新区在科技型企业培育、营收利润率等方面表现较为突出；在研发机构建设、科技创新宣传成效等方面表现较好；在招商引资成效、技术交易市场活跃度、知识产权密度、全员劳动生产率、孵化载体建设、上市企业培育、促进就业和就业人员结构优化、开放创新、亩均效益等方面表现有待进一步加强。

根据本次评价结果，建议衡山高新区全面落实"三高四新"战略定位和使命任务，把握湘南湘西承接产业转移示范区发展机遇，围绕机械制造、新材料等主特产业，坚持"引进来"和"走出去"并重，引资和引技、引智并举，着力引进符合园区主导产业、科技水平高、项目效益好的优质项目；积极对接省内外高校院所，开展产学研合作，促进科技成果在园区转移转化，形成一批具有自主知识产权的核心技术和产品，推动产业结构优化升级，提升全员劳动生产率；加快科技企业孵化器、众创空间等创新创业孵化基地提质升级，提升成果转化、创业孵化载体服务能力和大众创业活力；加大科技型企业培育力度，着力培育高新技术企业和科技型中小企业，建立上市后备企业绿色服务通道，推动优质科技型企业挂牌上市；落实人才引进和业务培训等相关配套措施，营造园区创新创业良好氛围，吸引更多高学历人才来园区就业创业；加大园区土地利用清理，加快低效企业清退和优质企业招引，提升园区亩均效益。

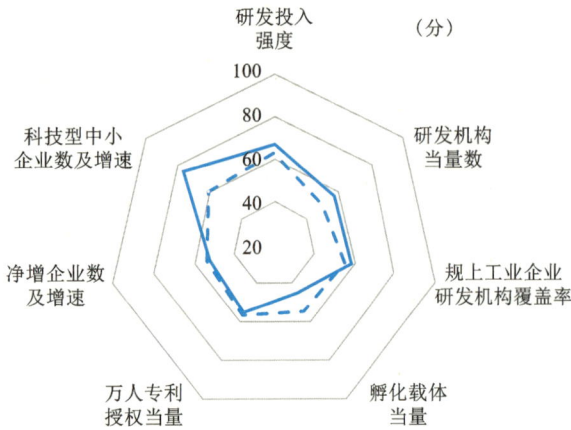

(a) 创新能力和创业活跃度

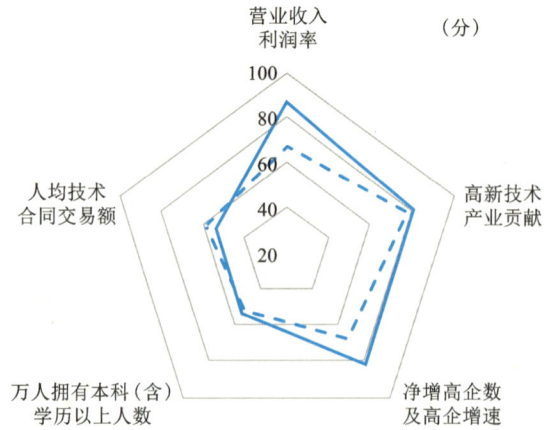

(b) 结构优化和产业价值链

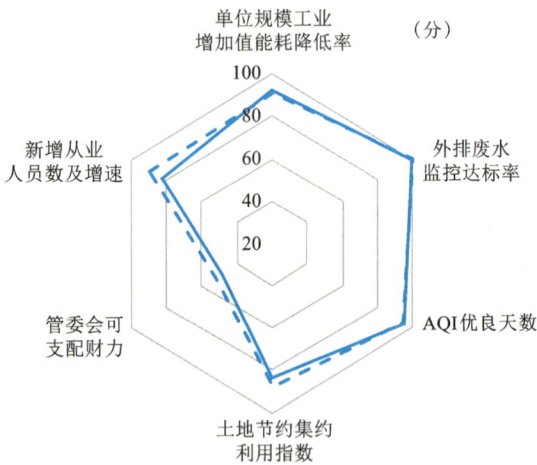

(c) 绿色发展和宜居包容性

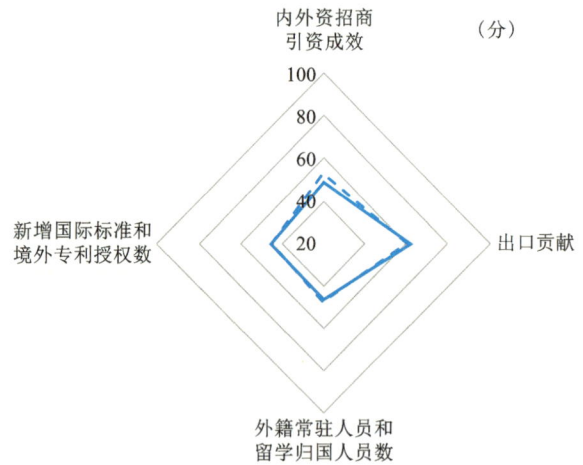

(d) 开放创新和国际影响力

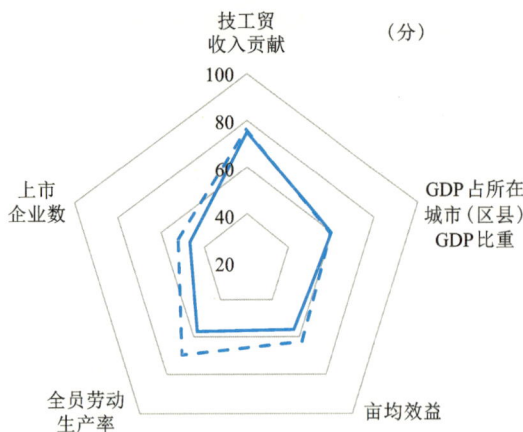

(e) 综合质效和持续创新力

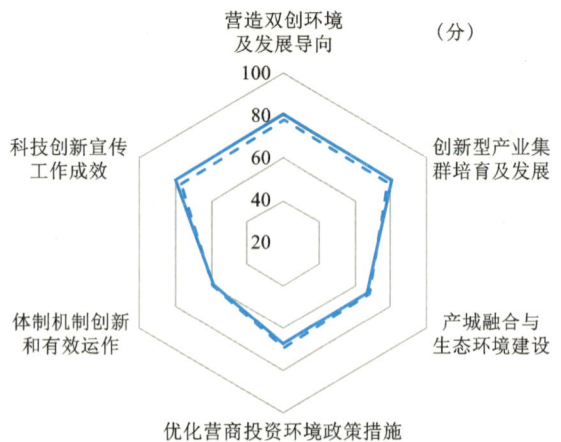

(f) 定性评价得分

—— 衡山高新区得分　－－－ 省级高新区基准值得分

图 3-82　衡山高新区五大能力及定性评价得分情况

三十四、泸溪高新区

　　泸溪高新区综合排名第42，各一级指标中"创新能力和创业活跃度"排名第15，"结构优化和产业价值链"排名第42，"绿色发展和宜居包容性"排名第40，"开放创新和国际影响力"排名第18，"综合质效和持续创新力"排名第43，其各项创新能力如图3-83所示。

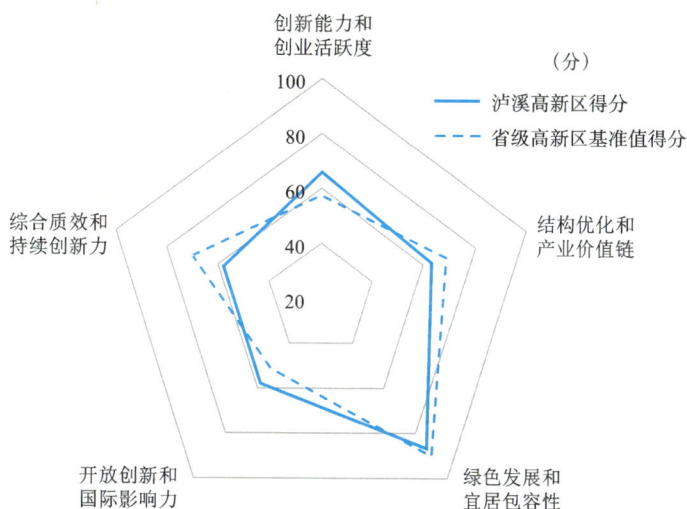

图3-83　泸溪高新区创新能力雷达图

　　泸溪高新区27项二级定量指标中，有4项指标排名前十，9项指标排名处于后30%。排名靠后的指标为"亩均效益""出口贡献""新增从业人员数及增速"等。

　　如图3-84所示，泸溪高新区在研发机构建设、从业人员结构优化、海外知识产权布局等方面表现突出；在知识产权密度、产城融合发展等方面表现较好；在招商引资成效、高新技术产业贡献、经济总体规模、孵化载体建设、高企和上市企业培育、开放创新、亩均效益、宜居宜业宜创环境营造等方面表现有待进一步加强。

　　根据本次评价结果，建议泸溪高新区贯彻落实"三高四新"战略定位和使命任务，积极融入"长江经济带"和"一带一路"建设，大力发展新材料、化学原料、化学制品制造等主特产业，加大招商引资力度，推动全产业链精准招商，协同引进上卜游配套企业和产业缺环项目，引领新旧动能转换，推动传统产业转型升级，发展壮大产业集群，提高产业竞争力；加快推进科技企业孵化器、众创空间等孵化载体建设，建立健全科技型企业梯次培育体系，推动高新技术企业树标提质，加强上市后备企业帮扶服务，着力培育一批创新型领军企业；助推企业"走出去"，开拓国际市场，加大与"一带一路"沿线国家开展人才交流、技术交流和经贸合作力度；加强宜居宜业宜创环境建设，不断完善高新区配套建设，营造良好创业环境和创新生态，为入园企业提供更加贴心的服务，吸引更多优质企业在园区落户，吸引更多高端人才到园区就业创业。

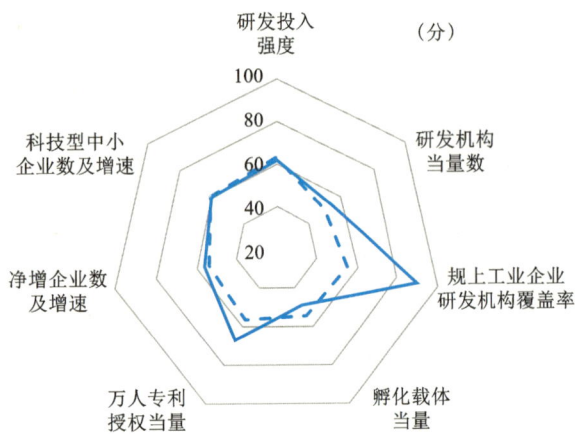

(a) 创新能力和创业活跃度

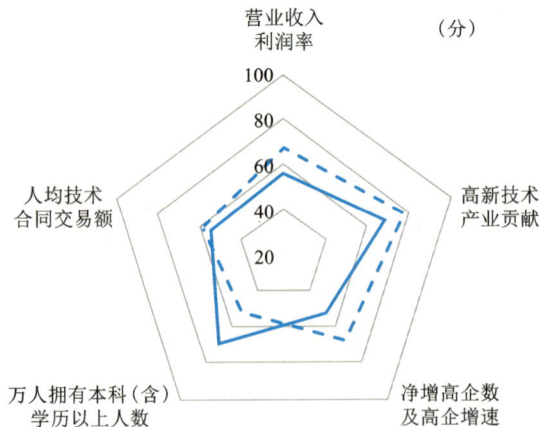

(b) 结构优化和产业价值链

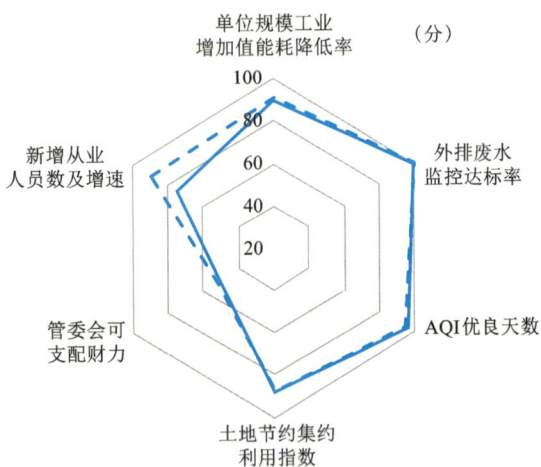

(c) 绿色发展和宜居包容性

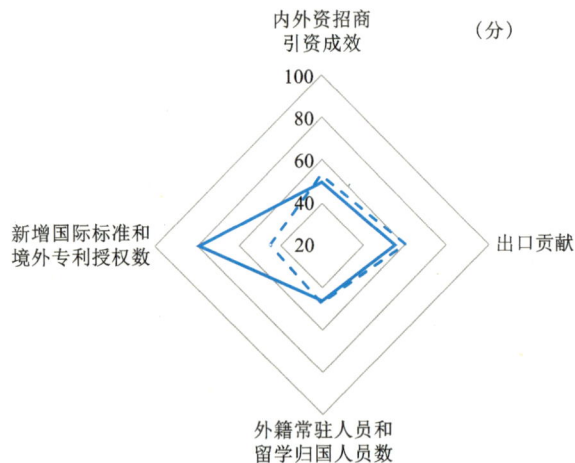

(d) 开放创新和国际影响力

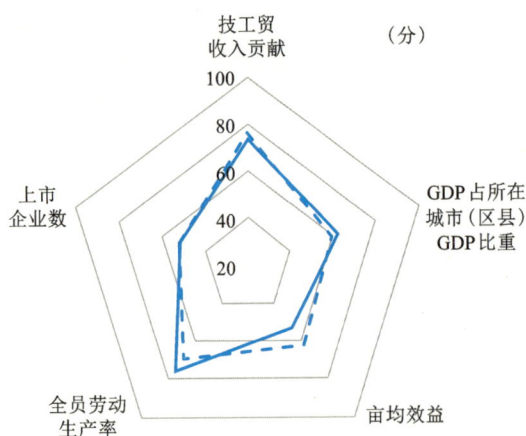

(e) 综合质效和持续创新力

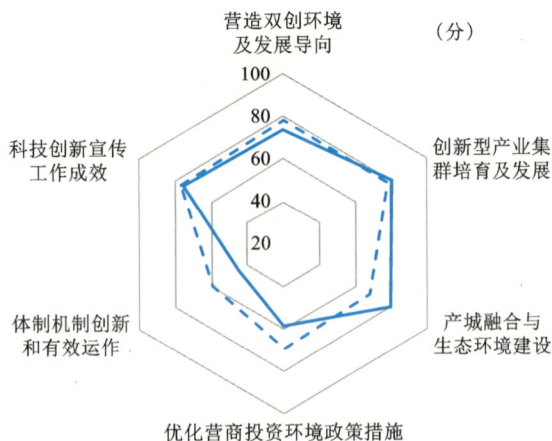

(f) 定性评价得分

—— 泸溪高新区得分　- - - 省级高新区基准值得分

图 3-84　泸溪高新区五大能力及定性评价得分情况

三十五、华容高新区

华容高新区综合排名第43，各一级指标中"创新能力和创业活跃度"排名第45，"结构优化和产业价值链"排名第12，"绿色发展和宜居包容性"排名第41，"开放创新和国际影响力"排名第46，"综合质效和持续创新力"排名第34，其各项创新能力如图3-85所示。

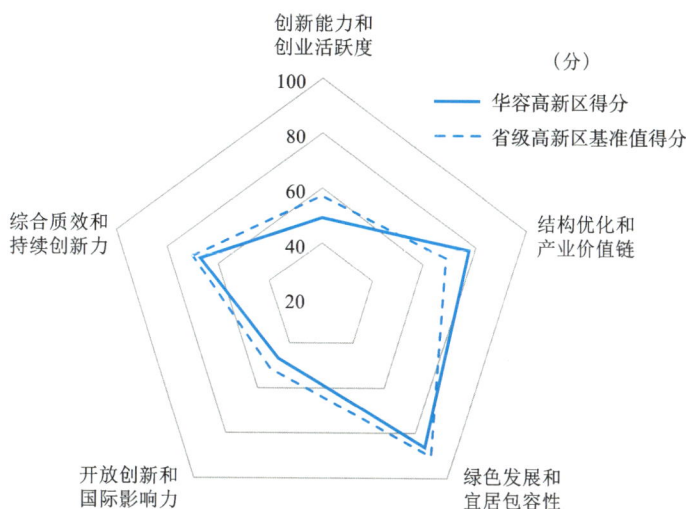

图3-85　华容高新区创新能力雷达图

华容高新区27项二级定量指标中，有4项指标排名前十，14项指标排名处于后30%。排名靠后的指标为"当年登记入库的科技型中小企业数及增速""规上工业企业研发机构覆盖率""省级及以上研发机构数"等。

如图3-86所示，华容高新区在劳动生产率、技术交易市场活跃度等方面表现突出；在高企培育、知识产权密度等方面表现较好；在招商引资成效、研发投入强度、研发机构和孵化载体建设、创业活力、科技型企业和上市企业培育、营收利润率、开放创新、宜居宜业宜创环境营造等方面表现有待进一步加强。

根据本次评价结果，建议华容高新区全面落实"三高四新"战略定位和使命任务，按照岳阳省域副中心建设要求，加快融入长江百里绿色经济发展走廊建设，围绕纺织服装、医药卫材等主特产业，通过招商与招才并举、引资与引智并重的方式，让高新区人才、资金、技术、项目同频共振，推动产业链与人才链、创新链深度融合，培育创新型产业集群；加大园区财政科技投入，引导企业加大研发投入，加强产学研合作，通过设立分支机构、联合共建等方式，积极引入省内外高校、科研院所等创新资源，加快推动科技创新平台载体建设；建立并完善科技型企业梯次培育体系，打造专业化众创空间和科技企业孵化器，着力培育竞争力强、成长性好的科技型中小企业和高新技术企业，推动高新技术企业树标提质；加强上市后备企业帮扶服务，着力培育一批创新型领军企业；积极融入国家"一带一路"战略大格局，推动园区内企业"走出去"，参与国际标准和规则制定，拓展新兴市场。

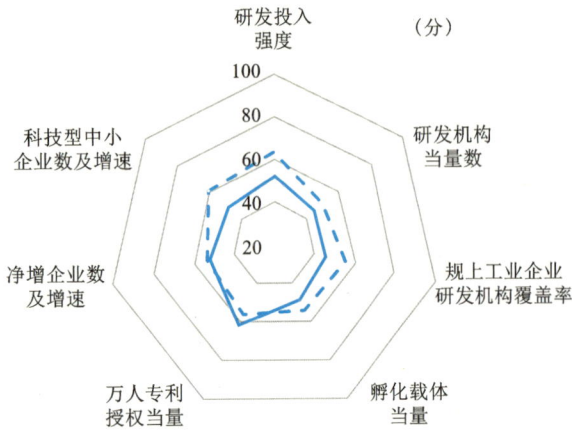

(a) 创新能力和创业活跃度

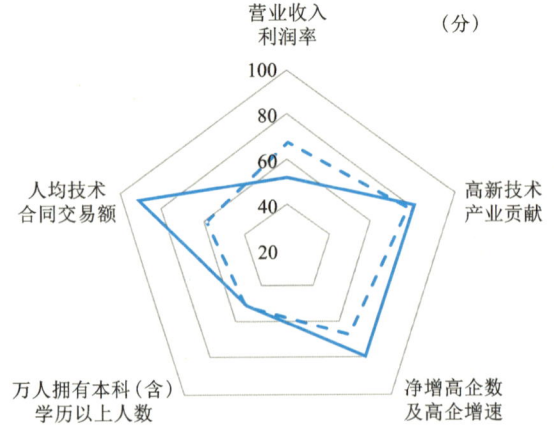

(b) 结构优化和产业价值链

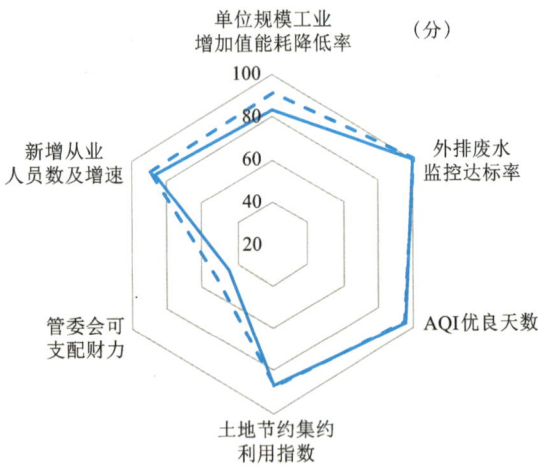

(c) 绿色发展和宜居包容性

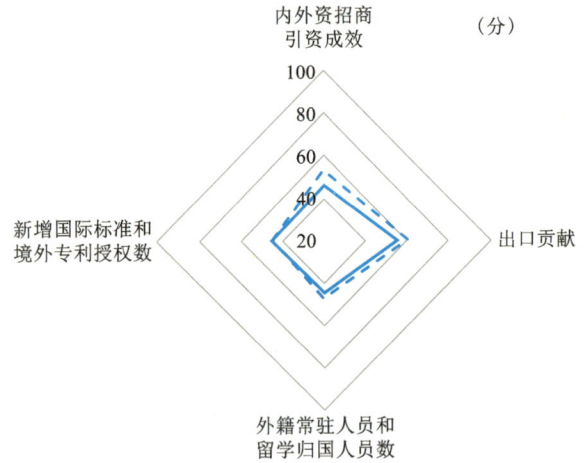

(d) 开放创新和国际影响力

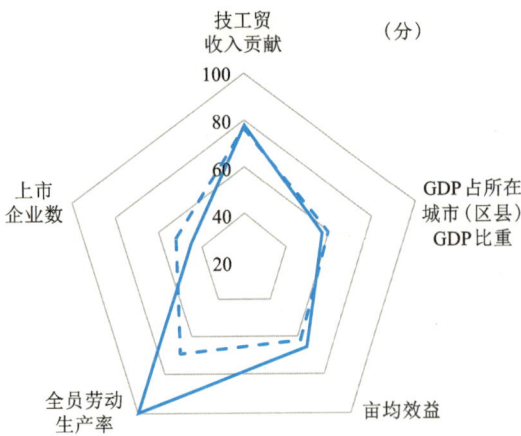

(e) 综合质效和持续创新力

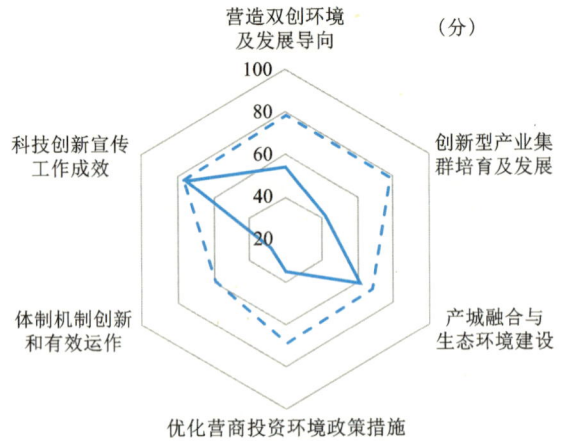

(f) 定性评价得分

—— 华容高新区得分　　- - - 省级高新区基准值得分

图3-86　华容高新区五大能力及定性评价得分情况

三十六、邵阳县高新区

邵阳县高新区综合排名第44，各一级指标中"创新能力和创业活跃度"排名第43，"结构优化和产业价值链"排名第28，"绿色发展和宜居包容性"排名第39，"开放创新和国际影响力"排名第40，"综合质效和持续创新力"排名第32，其各项创新能力如图3-87所示。

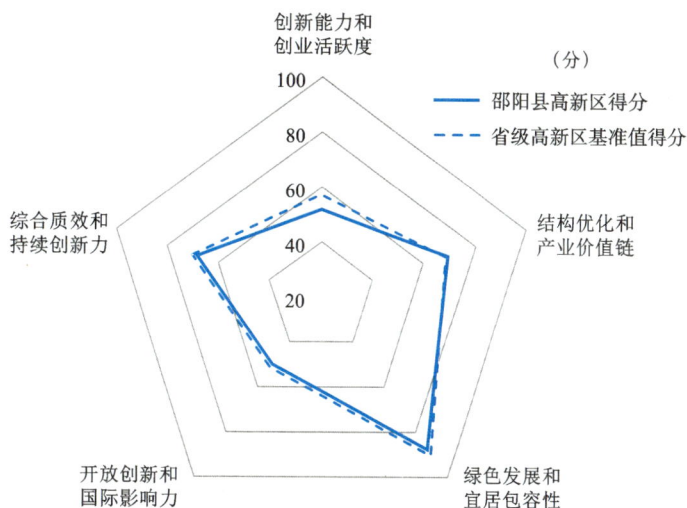

图3-87　邵阳县高新区创新能力雷达图

邵阳县高新区27项二级定量指标中，有2项指标排名前十，14项指标排名处于后30%。排名靠后的指标为"万人拥有本科（含）学历以上人数""园区土地节约集约利用指数""全员劳动生产率"等。

如图3-88所示，邵阳县高新区在研发投入强度、营收利润率、高新技术产业贡献等方面表现较好；在招商引资成效、知识产权密度、研发机构和孵化载体建设、从业人员结构优化、劳动生产效率、开放创新、科技型企业培育、宜居宜业宜创环境营造等方面表现有待进一步加强。

根据本次评价结果，建议邵阳县高新区全面落实"三高四新"战略定位和使命任务，紧紧围绕湘南湘西承接产业转移示范区建设，聚焦特色轻工（纺织、塑胶）、特色农产品（油茶加工）、电子信息等主特产业发展，不断创新招商引资方式，优化营商环境，吸引更多产业链上下游企业和项目落地，推动传统产业转型升级；建立健全科技型企业梯次培育机制，打造专业化众创空间和科技企业孵化器，加大领军企业、高新技术企业、科技型中小企业等培育力度；加大对高新技术企业所得税减免、研发费用加计扣除等政策的落实力度，引导企业加大研发投入，鼓励科技型企业联合高等科研院所组建新型研发机构、创新联合体等，加大关键零部件、核心技术攻关力度，提升企业自主创新能力水平；依托主特产业相关平台项目，吸引更多高学历、高层次人才来园区就业创业，优化人才结构；积极对接粤港澳大湾区、长江经济带，加快融入国内国际双循环发展新格局，加强国际贸易交流，提升园区开放创新水平。

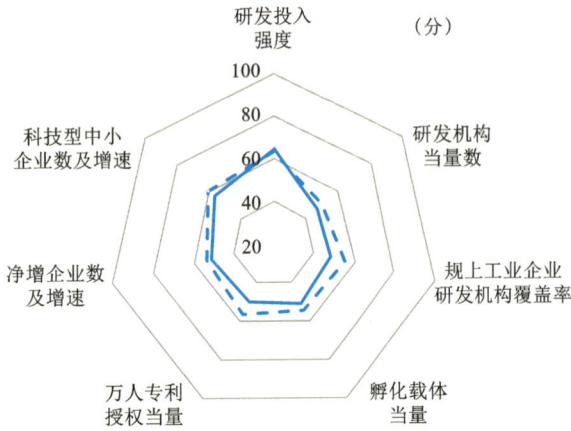

(a) 创新能力和创业活跃度

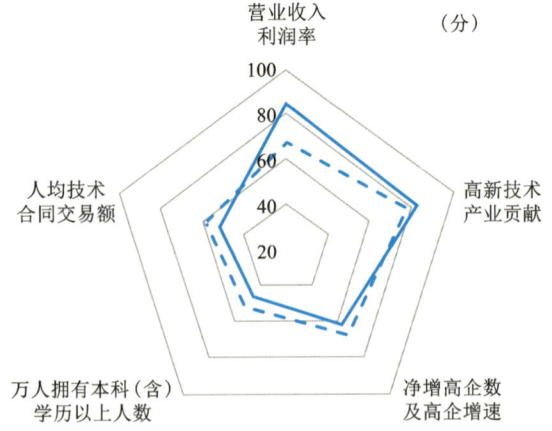

(b) 结构优化和产业价值链

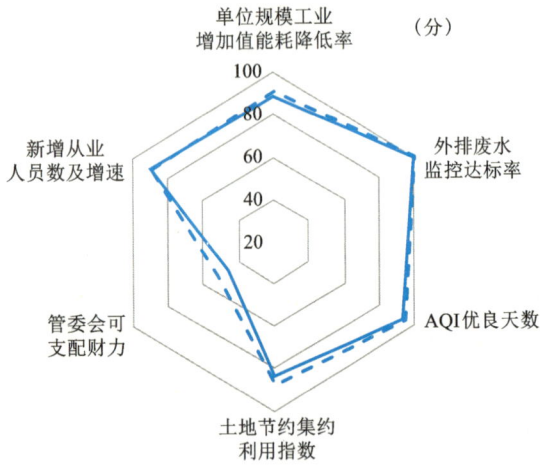

(c) 绿色发展和宜居包容性

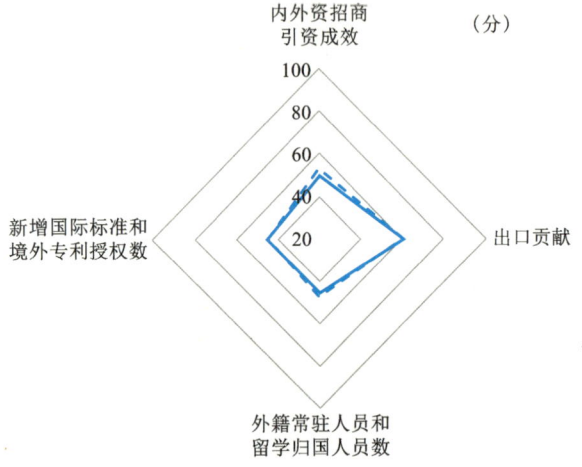

(d) 开放创新和国际影响力

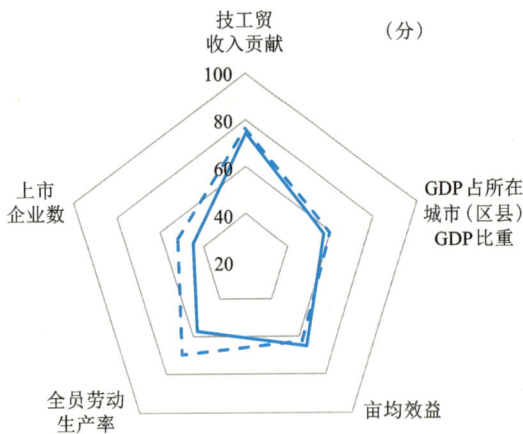

(e) 综合质效和持续创新力

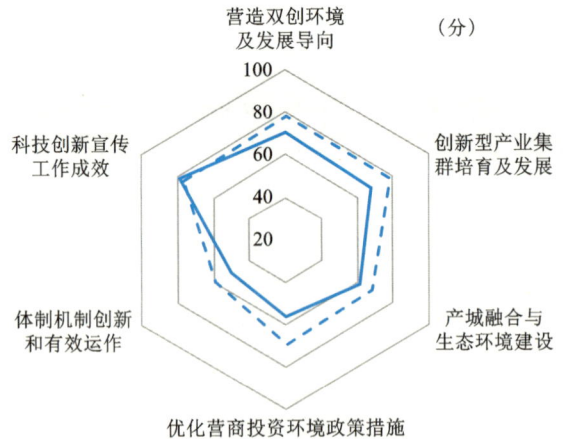

(f) 定性评价得分

—— 邵阳县高新区得分　- - - 省级高新区基准值得分

图3-88　邵阳县高新区五大能力及定性评价得分情况

三十七、临湘高新区

临湘高新区综合排名第45，各一级指标中"创新能力和创业活跃度"排名第46，"结构优化和产业价值链"排名第38，"绿色发展和宜居包容性"排名第43，"开放创新和国际影响力"排名第35，"综合质效和持续创新力"排名第31，其各项创新能力如图3-89所示。

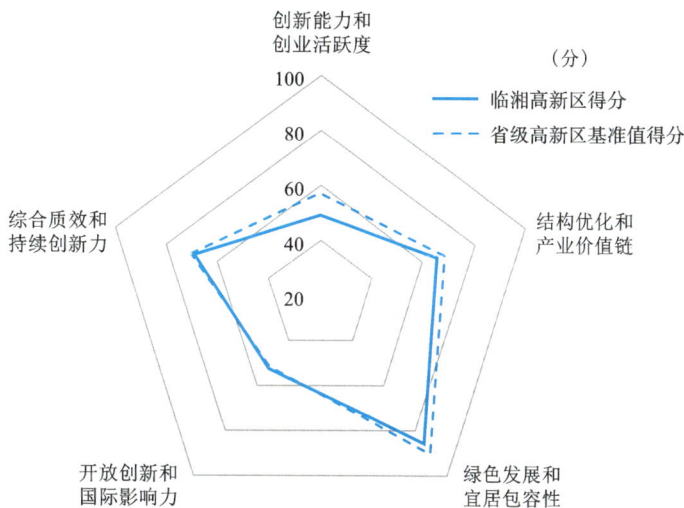

图3-89　临湘高新区创新能力雷达图

临湘高新区27项二级定量指标中，有4项指标排名前十，15项指标排名处于后30%。排名靠后的指标为"研发投入强度""当年技工贸收入贡献""当年新认定高新技术企业数及增速""万人新增授权专利数"等。

如图3-90所示，临湘高新区在从业人员结构优化、劳动生产率、地方经济贡献、技术交易市场活跃度等方面表现较好；在招商引资成效、高新技术产业贡献、研发投入强度、研发机构和孵化载体建设、知识产权密度、高企和上市企业培育、经济效益、开放创新、单位能耗降低等方面表现有待进一步加强。

根据本次评价结果，建议临湘高新区全面落实"三高四新"战略定位和使命任务，把握中国（湖南）自由贸易试验区岳阳片区建设这一历史机遇，围绕电子信息、体育休闲用品制造等主特产业，持续招大引强，依托龙头企业引进上下游配套产业和项目，促进产业转型升级，进一步推动主特产业提质增效扩容，培育创新型产业集群；加大对高新技术企业所得税减免、研发费用加计扣除等政策的落实力度，引导企业加大研发投入，鼓励科技型企业联合高等科研院所组建新型研发机构、创新联合体等，加大关键零部件、核心技术攻关力度，提升企业自主创新能力水平；建立健全研发和知识产权管理体系，积极"走出去"布局海外知识产权，参与国际标准和规则制定，加大产品国际认证力度，积极拓展国际市场；加大科技型企业孵化培育力度，建立高新技术企业后备培育发展库，建立健全高新技术企业培育机制，推动高新技术企业树标提质，加强上市后备企业帮扶服务，着力培育一批创新型领军企业；按照碳达峰、碳中和要求，积极推进能源梯级利用，降低规模工业单位能耗，推动产业绿色低碳发展。

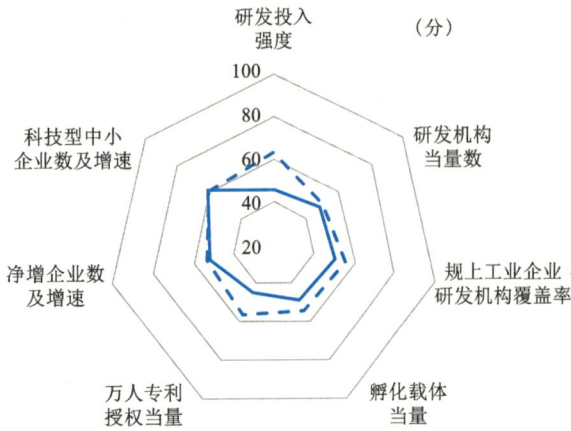

(a) 创新能力和创业活跃度

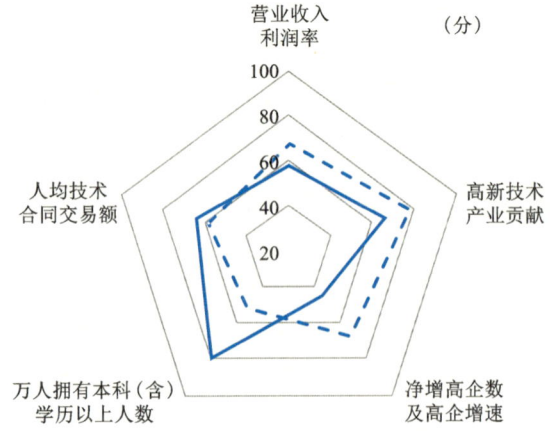

(b) 结构优化和产业价值链

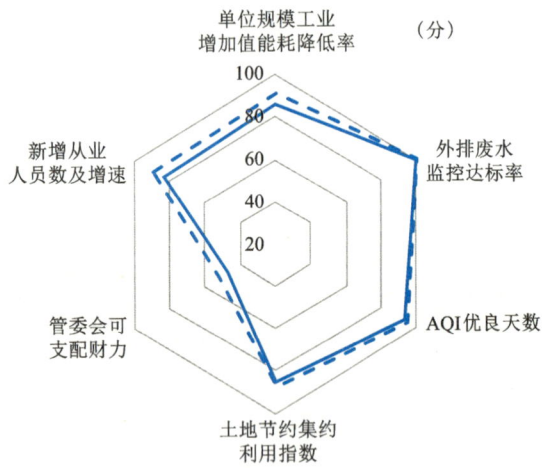

(c) 绿色发展和宜居包容性

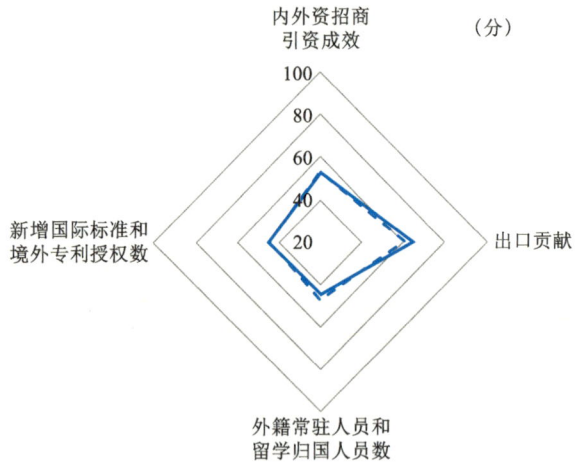

(d) 开放创新和国际影响力

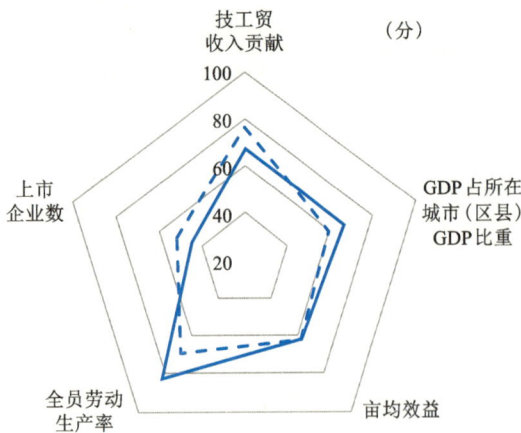

(e) 综合质效和持续创新力

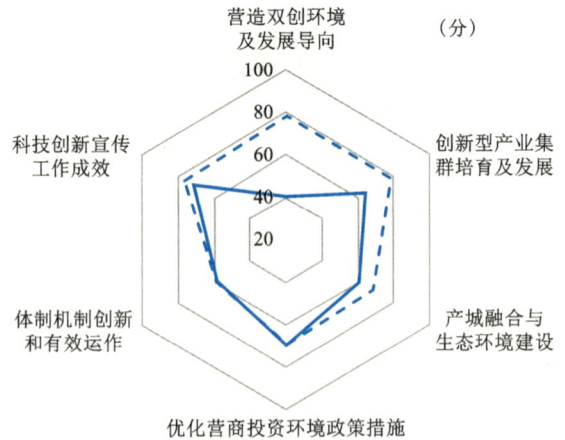

(f) 定性评价得分

—— 临湘高新区得分　　‑ ‑ ‑ ‑ 省级高新区基准值得分

图 3-90　临湘高新区五大能力及定性评价得分情况

三十八、炎陵高新区

炎陵高新区综合排名第46，各一级指标中"创新能力和创业活跃度"排名第44，"结构优化和产业价值链"排名第39，"绿色发展和宜居包容性"排名第38，"开放创新和国际影响力"排名第45，"综合质效和持续创新力"排名第33，其各项创新能力如图3-91所示。

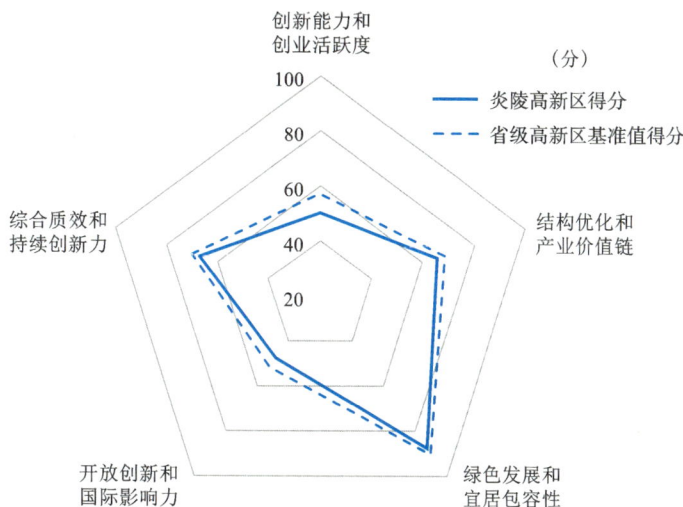

图3-91 炎陵高新区创新能力雷达图

炎陵高新区27项二级定量指标中，有3项指标排名前十，16项指标排名处于后30%。排名靠后的指标为"万人拥有本科(含)学历以上人数""当年技工贸收入贡献""当年登记入库的科技型中小企业数及增速"等。

如图3-92所示，炎陵高新区在技术交易市场活跃度、促进就业、空气质量改善、亩均效益等方面表现较好；在研发投入与成果产出、孵化载体与研发机构建设、科技型企业与上市企业培育、高新技术产业贡献与产业集群建设、从业人员结构优化、招商引资成效、开放创新、经济效益、宜居宜业宜创环境营造等方面表现有待进一步加强。

根据本次评价结果，建议炎陵高新区全面落实"三高四新"战略定位和使命任务，深入推进湘赣边区域合作示范区建设，围绕新材料、电子信息等主特产业，引导企业加强技术创新、做强核心业务，推动企业加强技术攻关，提升技术的先进性、产品和服务的创新性，推进高新技术产业结构优化升级，提高劳动生产效率，进一步推动主特产业提质增效扩容，推动形成产业集群集聚效应和品牌优势；引导企业加大研发投入，加强产学研合作，通过设立分支机构、联合共建等方式，积极引入省内外高校、科研院所等创新资源，大力推进高水平研发载体建设，加大关键零部件、核心技术攻关力度，提升企业自主创新能力水平；加快众创空间、科技企业孵化器等孵化载体建设，积极对接省内外高校共建异地孵化器，促进创新要素高效集成，加速科技成果转化；积极完善相关人才政策，加大对高学历、高层次人才的引进及培育，进一步优化人才结构；围绕"迎老乡、回故乡、建家乡"主线，突出产业链招商，加大招商引资力度，优化营商环境，吸引优质企业、优选高质量项目在园区落地。

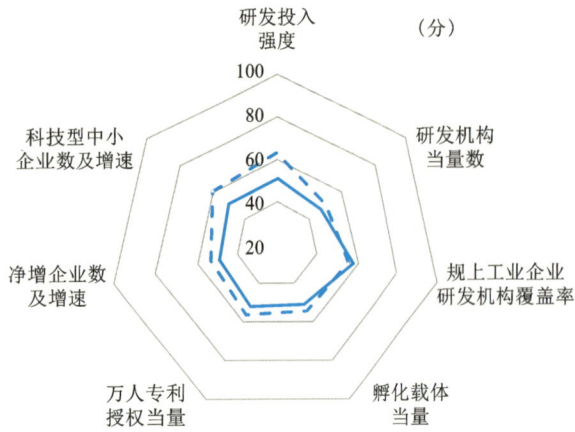

（a）创新能力和创业活跃度

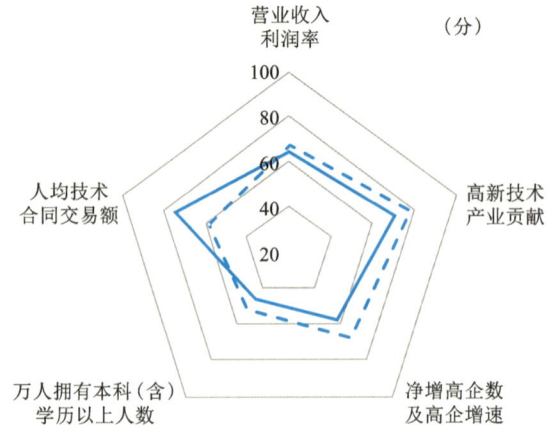

（b）结构优化和产业价值链

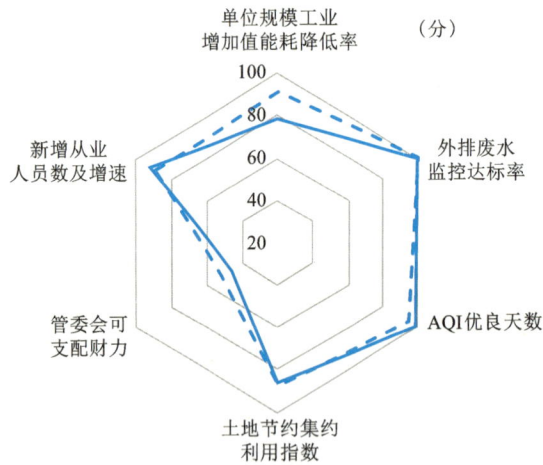

（c）绿色发展和宜居包容性

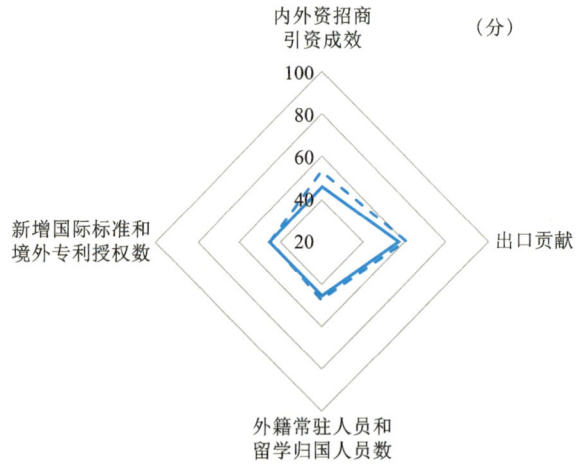

（d）开放创新和国际影响力

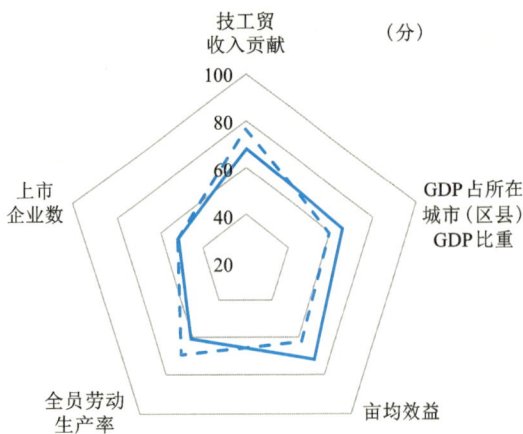

（e）综合质效和持续创新力

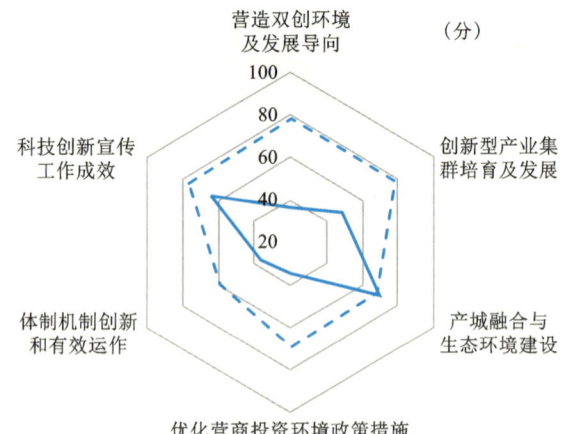

（f）定性评价得分

———— 炎陵高新区得分　　- - - - - 省级高新区基准值得分

图 3-92　炎陵高新区五大能力及定性评价得分情况

附录 湖南省高新区创新发展绩效评价指标体系及相关说明

一、湖南省高新区创新发展绩效评价指标体系

评价指标体系由创新能力和创业活跃度、结构优化和产业价值链、绿色发展和宜居包容性、开放创新和国际影响力、综合质效和持续创新力 5 项一级指标组成，下设 27 项定量指标、1 项定性指标，共 28 项二级指标。其中，定量指标权重 90%，定性指标权重 10%。

评价指标体系在上年度基础上主要对指标权重进行了调整。其中，创新能力和创业活跃度的权重由原来的 20% 调整至 30%、综合质效和持续创新力权重由 30% 调整至 25%、开放创新和国际影响力权重由 15% 调整至 10%；部分复合指标内部计算比重适当提高了增速贡献。

表 A1 湖南省高新区创新发展绩效评价指标体系

一级指标	序号	二级指标	权重	类型
创新能力和创业活跃度（30%）	1.1	研发投入强度贡献	1.0	定量
	1.2	省级及以上研发机构数	1.1	定量
	1.3	规上工业企业研发机构覆盖率	1.1	定量
	1.4	科技企业孵化器和众创空间数	1.0	定量
	1.5	万人新增授权专利数	1.0	定量
	1.6	当年净增企业数及增速	0.8	定量
	1.7	当年登记入库的科技型中小企业数及增速	1.0	定量
结构优化和产业价值链（20%）	2.1	营业收入利润率	0.9	定量
	2.2	高新技术产业贡献	1.1	定量
	2.3	当年新认定高新技术企业数及增速	1.0	定量
	2.4	万人拥有本科（含）学历以上人数	1.0	定量
	2.5	人均技术合同交易额	1.0	定量

续表A1

一级指标	序号	二级指标	权重	类型
绿色发展和宜居包容性（15%）	3.1	单位规模工业增加值能耗降低率	1.1	定量
	3.2	污水集中处理设施外排废水自动监控达标率	1.1	定量
	3.3	当地环境空气质量指数（AQI）不大于100的天数	1.0	定量
	3.4	园区土地节约集约利用指数＊	1.0	定量
	3.5	管委会当年可支配财力	0.9	定量
	3.6	新增从业人员数及增速	0.9	定量
开放创新和国际影响力（10%）	4.1	内外资招商引资成效	1.1	定量
	4.2	出口贡献	1.1	定量
	4.3	外籍常驻人员和留学归国人员数	0.9	定量
	4.4	当年新增国际标准和境外专利授权数	0.9	定量
综合质效和持续创新力（25%）	5.1	当年技工贸收入贡献	0.7	定量
	5.2	上年度园区生产总值占所在城市（区县）GDP的比重	0.6	定量
	5.3	亩均效益	1.1	定量
	5.4	全员劳动生产率	0.6	定量
	5.5	上市企业数	0.6	定量
	5.6	创新驱动发展工作成效评价：①管委会营造创新创业环境及发展导向符合国家总体要求评价；②园区科技创新宣传工作成效；③创新型产业集群培育及发展状况评价；④管委会的体制机制创新和有效运作评价；⑤管委会促进产城融合与生态环保建设评价＊；⑥管委会优化营商投资环境政策措施评价；⑦参与评价工作所报数据和相关材料的及时性、准确性评价。	2.4	定性

注：
＊ 3.4 园区土地节约集约利用指数：当年在土地利用方面因违法问题被省政府进行会议约谈和通报的园区，该指标计0分；
＊ 5.6⑤管委会促进产城融合与生态环保建设评价：当年因环境问题被省级及以上生态环境主管部门挂牌督办、编制规划环评未通过评审以及发生重大安全事故的园区，该指标计0分。

二、湖南省高新区创新发展绩效评价指标说明及数据来源

（一）指标说明

1 创新能力和创业活跃度

1.1 研发投入强度贡献

计算公式：规上工业企业研发经费投入强度×0.6+园区研发经费投入强度×0.4。其中，规上工业企业研发经费投入强度=规上工业企业R&D经费内部支出总额/规上工业企业主营业务收入；园区研发经费投入强度=园区研发经费内部支出总额/园区生产总值。

指标说明：衡量园区研发投入强度，反映园区对研发和技术创新的重视程度及投入能力。

1.2　省级及以上研发机构数

计算公式：国家级研发机构×2+国家级研发机构分中心+省级研发机构+新型研发机构。

指标说明：当年经认定的国家级和省级工程（技术）研究中心、企业技术中心、重点实验室、工程实验室、院士专家工作站、博士后科研工作站、技术创新中心、外资研发机构、新型产业技术研发机构、各类大学以及其他国家级和省级研发机构的数量，鼓励园区积极引进和培育各类研发载体，提升研发实力。

1.3　规上工业企业研发机构覆盖率

计算公式：拥有市级及以上研发机构数的规上工业企业数/园区规上工业企业数。

指标说明：衡量园区具有研发实力的规上工业企业培育成效，鼓励园区自主培育具有创新能力的企业。

1.4　科技企业孵化器和众创空间数

计算公式：国家级科技企业孵化器×3+国家级众创空间数×2+省级科技企业孵化器×1.5+省级众创空间数。

指标说明：引导创业孵化载体在园区集聚，反映园区整体的创业服务能力。

1.5　万人新增授权专利数

计算公式：（发明专利授权数×3+实用新型专利授权数）/期末从业人员数×10000。

指标说明：衡量园区企业高质量创新成果的人均产出效率，引导企业开展具有较高原创性的创新活动。

1.6　当年净增企业数及增速

计算公式：当年净增企业数分值×0.4+企业增速分值×0.6。

指标说明：体现园区大众创业活力，反映园区对全省创业的示范和引领作用。

1.7　当年登记入库的科技型中小企业数及增速

计算公式：园区当年登记入科技部科技型中小企业信息库中的企业数分值×0.4+登记入库的科技型中小企业增速分值×0.6。

指标说明：反映园区科技型企业的新生力量培育情况。

2.结构优化和产业价值链

2.1　营业收入利润率

计算公式：利润总额/技工贸总收入。

指标说明：衡量园区企业的营利能力和发展绩效。

2.2　高新技术产业贡献

计算公式：高新技术产业主营业务收入占技工贸总收入比重分值×0.4+高新技术产业增加值分值×0.2+高新技术产业增加值增速分值×0.4。

指标说明：反映园区产业结构调整情况，鼓励发展高新技术产业。

2.3　当年新认定高新技术企业数及增速

计算公式：当年净增高企数分值×0.4+高企增速分值×0.6。

指标说明：引导企业申报高新技术企业，考量园区高新技术企业的培育情况，促进产业价值链提升。

2.4　万人拥有本科（含）学历以上人数

计算公式：园区拥有本科及以上学历从业人员/期末从业人员×10000。

指标说明：衡量园区从业人员的知识结构，引导企业进一步提升从业人员综合素质，也是衡量产业结构优化的重要指标。

2.5 人均技术合同交易额

计算公式：技术合同交易额/期末从业人员。

指标说明：衡量园区技术交易活动频率和规模，体现园区科技创新活跃态势。

3 绿色发展和宜居包容性

3.1 单位规模工业增加值能耗降低率

计算公式：单位规模工业增加值综合能耗＝规模工业企业能源消耗总量(吨标准煤)/园区规模工业增加值(万元)，单位规模工业增加值能耗降低率为本年园区企业综合能耗与上年园区企业综合能耗的增减率。

指标说明：全球度量产业能耗的重要指标，对衡量园区低碳经济实现程度具有重要参考意义。

3.2 污水集中处理设施外排废水自动监控达标率

计算方法：园区污水集中处理设施外排废水自动监控达标率＝1–超标数据天数/全年有效数据天数。

指标说明：评估园区污水处理能力和成效。

3.3 当地环境空气质量指数(AQI)不大于100的天数

计算公式：园区所在区县环保局统计的全年AQI(即环境空气质量指数)不大于100的天数，即空气质量优良的天数。

指标说明：评估园区所在地全年环境空气质量情况。

3.4 园区土地节约集约利用指数

计算公式：经省自然资源部门按照自然资源部制定的"开发区土地节约集约利用评价规程"和"开发区土地节约集约利用评价数据库标准"，以及评价办法确认的园区土地节约集约利用综合指数。当年在土地利用方面因违法问题被省政府进行会议约谈和通报的园区，该指标计0分。

指标说明：衡量园区土地节约集约利用水平。

3.5 管委会当年可支配财力

计算公式：园区管委会可用于其全面创新发展的资金总额。

指标说明：衡量园区管委会整体财政实力，体现其综合统筹各类资源的财政储备情况。

3.6 新增从业人员数及增速

计算公式：园区当年期末从业人员新增数分值×0.4+园区期末从业人员增长率分值×0.6。

指标说明：从业人员的增长是反映园区持续发展活力的重要指标，吸纳就业人口也是对全省经济发展和社会稳定的重要贡献。

4 开放创新和国际影响力

4.1 内外资招商引资成效

计算公式：内外资招商引资到位金额当量分值×0.4+内外资招商引资到位金额当量增速分值×0.6。

指标说明：衡量园区招商引资能力。内外资招商引资到位金额当量＝实际使用的外资额×2+实际使用省外境内资金额。

4.2 出口贡献

计算公式：园区出口总额占技工贸总收入的分值×0.4+出口额分值×0.2+出口额增速分值×0.4。

指标说明：衡量园区企业"走出去"，拓展国际市场的能力。

4.3　外籍常驻人员和留学归国人员

计算公式：外籍常驻人员和留学归国人员的数量。

指标说明：从业人员的国际化是提升全球竞争能力的重要因素，该指标体现园区对全球人才的吸引力。

4.4　当年新增国际标准和境外专利授权数

计算公式：当年新增国际标准数+当年新增境外专利授权数。

指标说明：衡量园区企业海外知识产权布局情况。

5　综合质效和持续创新力

5.1　当年技工贸收入贡献

计算公式：园区技工贸总收入分值×0.4+技工贸总收入增速分值×0.6。

指标说明：反映园区经济成长力，衡量园区新动能的培育成效。

5.2　上年度园区生产总值占所在城市(区县)GDP的比重

计算公式：

国家高新区：上年度园区生产总值/所在城市GDP；

省级高新区：上年度园区生产总值/所在区县GDP。

指标说明：反映园区对所在城市经济产业的贡献，引导园区发挥辐射带动作用。

5.3　亩均效益

计算公式：园区每亩已开发面积的生产总值分值×0.3+每亩税收产出强度分值×0.4+每亩固定资产投入强度分值×0.3。

指标说明：引导园区企业提高资源要素集约节约利用水平，提高可持续发展能力。

5.4　全员劳动生产率

计算公式：园区生产总值/期末从业人员数。

指标说明：衡量园区价值创造效能，激励园区企业不断提高生产效率。

5.5　上市企业数

计算公式：境外上市+主板+创业板+科创板×1.5+区域股权×0.5。

指标说明：反映园区中具有发展实力的企业增长情况，同时引导园区企业积极通过金融市场进行科技融资。

5.6　创新驱动发展工作成效评价

计算方法：参与评价的高新区填报定性指标调查问卷并提供相关佐证材料，结合专家评分进行综合判断。

指标说明：评价内容包括园区管委会营造创新创业环境及发展导向符合国家总体要求评价、创新型产业集群培育及发展状况评价、管委会的体制机制创新和有效运作评价、管委会促进产城融合与生态环保建设评价、管委会优化营商投资环境政策措施评价、园区科技创新宣传工作成效、参与评价工作所报数据和相关材料的及时性、准确性评价等。

(二)数据来源

本报告采用的绩效评价数据为高新区自主填报的2021年度数据，对照各高新区提交的佐证材料，对高新区上报数据进行分析核实，对存在的部分存疑数据，进一步与园区核实和修正。同时，分别调度省统计局、省自然资源厅、省生态环境厅相关业务数据，对高新区数据进行最后核准。

三、湖南省高新区创新发展绩效评价测算过程

(一)综合得分计算过程

1 各二级指标权重计算

各二级指标权重计算方法如下:

$$w_{ij} = \frac{\omega_{ij}}{\sum_{j=1}^{n} \omega_{ij}}$$

式中:w_{ij} 为计算后的各二级指标权重;ω_{ij} 为各二级指标原始赋权值;i 是指一级指标序号;j 为二级指标序号。

2 定量指标数据标准化处理

由于不同类别数据之间的数量级差距较大,故需将数据转化到同一数量级下再进行比较分析,因此对各评价指标进行归一化处理,以解决不同类别数据指标之间的可比性问题。

本报告采用线性归一化方法对原始值进行处理,使其结果映射到[0,1],因本指标体系中所有指标均为正向指标,故公式如下:

$$P_{ij} = \frac{X_{ij} - X_{ij,\,min}}{X_{ij,\,max} - X_{ij,\,min}}$$

式中:P_{ij} 为各指标归一化处理后得到的标准值;X_{ij} 为各指标的原始值,$X_{ij,\,max}$ 为当年各高新区该指标的最大值,$X_{ij,\,min}$ 为当年各高新区该指标的最小值。

3 定性指标得分

6 个定性指标对应调查问卷的各个专题板块,要求 5 名专家对定性调查问卷评分,去掉一个最高分和一个最低分,取平均值为该园区指标得分。

4 综合得分加权计算

各高新区创新发展绩效评价综合得分为各项一级指标权重得分总和,一级指标得分为该一级指标下二级指标权重得分总和。一级指标得分为:

$$s_i = \sum_{j=1}^{n} (P_{ij} w_{ij})$$

式中:s_i 为一级指标得分;P_{ij} 各指标归一化处理后得到的标准值;w_{ij} 为二级指标的权重。总得分为:

$$S = \sum_{i=1}^{5} (s_i W_i)$$

式中:S 为总得分;s_i 为一级指标得分;W_i 为一级指标权重。

(二)创新发展指数计算过程

1 测算范围

参考国家高新区创新发展指数测算方法,首先对全省高新区各项指标数据进行归一化处理,然后分层级对各一级指标进行加权求和,将各一级指标的合成指数作为湖南省高新区创新发展指数。

考虑到高新区会不断升级，本期纳入指数测算的高新区数量以上期 42 家为标准，2021 年新升级的 4 家高新区则未纳入指数测算范围；同时，考虑到高新区各个指标存在破零倍增的情况，计算增长率时采用对称增长率，即以本期和上期的平均数为基数求得的相对增长率。

2　计算对称增长率

对称增长率可以有效消除基数变化的影响，较一般增长率而言更为平稳，能有效防止因分母为 0 造成的无法计算情况，使各项指标增速范围控制在 [−200, 200]，计算公式如下：

$$y_{ijt} = \frac{x_{ijt} - x_{ij(t-1)}}{\dfrac{x_{ijt} + x_{ij(t-1)}}{2}} \times 100$$

式中：y_{ijt} 为第 ij 个指标在第 t 年的对称增长率，t 为年份，$t = 2021$（下同）；x_{ijt} 为第 ij 个指标在第 t 年的归一化标准值。

3　计算一级指标加权增长率

$$Y_{it} = \sum_{j=1}^{n} \left(y_{ijt} w_{ij} \right)$$

式中：Y_{it} 为一级指标加权增长率；w_{ij} 为二级指标的权重。

4　合成分项指数

$$z_{it} = z_{i(t-1)} \times \frac{200 + Y_{it}}{200 - Y_{it}}$$

式中：z_{ij} 为第 t 年的分项指数；$z_{i(t-1)}$ 为基期，初始值设为 100。

5　合成总体指数

$$Z_t = \sum_{i=1}^{5} \left(z_{it} W_i \right)$$

式中：Z_t 为第 t 年的总体指数；W_i 为一级指标权重。

四、湖南省高新区名录（2021 年）

截至 2021 年底，全省高新区共 49 家，望城、开福因统计数据不全未参与评价，衡阳白沙绿岛高新区于 2021 年 11 月获批省级高新区，评价期内建设未满 1 年，未参与评价，实际 46 家高新区参与 2021 年度湖南省高新区创新发展绩效评价；2021 年新升级的石门、邵阳县、华容和炎陵高新区，不参与创新发展指数计算，实际 42 家高新区参与 2021 年度湖南省高新区创新发展指数计算。

表 A2　湖南省高新区名录（2021）

序号	高新区	获批年份	级别	所属地区	所属市州	分类	备份
1	长沙高新区	1991 年 3 月	国家级	长株潭地区	长沙		
2	株洲高新区	1992 年 11 月	国家级	长株潭地区	株洲		参与创新发展评价及创新发展指数计算
3	湘潭高新区	2009 年 3 月	国家级	长株潭地区	湘潭		
4	益阳高新区	2011 年 6 月	国家级	洞庭湖地区	益阳		
5	衡阳高新区	2012 年 8 月	国家级	湘南地区	衡阳		

续表 A2

序号	高新区	获批年份	级别	所属地区	所属市州	分类	备份
6	郴州高新区	2015 年 2 月	国家级	湘南地区	郴州		
7	常德高新区	2017 年 2 月	国家级	洞庭湖地区	常德		
8	怀化高新区	2018 年 2 月	国家级	大湘西地区	怀化		
9	岳阳临港高新区	2012 年 4 月	省级	洞庭湖地区	岳阳	稳定期	
10	韶山高新区	2012 年 4 月	省级	长株潭地区	湘潭	稳定期	
11	衡阳西渡高新区	2012 年 4 月	省级	湘南地区	衡阳	稳定期	
12	沅江高新区	2012 年 4 月	省级	洞庭湖地区	益阳	稳定期	
13	汉寿高新区	2012 年 4 月	省级	洞庭湖地区	常德	稳定期	
14	岳阳高新区	2015 年 5 月	省级	洞庭湖地区	岳阳	稳定期	
15	平江高新区	2015 年 5 月	省级	洞庭湖地区	岳阳	稳定期	
16	宁乡高新区	2015 年 5 月	省级	长株潭地区	长沙	稳定期	
17	浏阳高新区	2016 年 7 月	省级	长株潭地区	长沙	稳定期	
18	湘阴高新区	2016 年 7 月	省级	洞庭湖地区	岳阳	稳定期	
19	津市高新区	2016 年 7 月	省级	洞庭湖地区	常德	稳定期	
20	娄底高新区	2016 年 7 月	省级	大湘西地区	娄底	稳定期	
21	泸溪高新区	2016 年 7 月	省级	大湘西地区	湘西州	稳定期	
22	岳麓高新区	2018 年 1 月	省级	长株潭地区	长沙	新升级	参与创新发展评价及创新发展指数计算
23	衡山高新区	2018 年 1 月	省级	湘南地区	衡阳	新升级	
24	隆回高新区	2018 年 1 月	省级	湘南地区	邵阳	新升级	
25	岳阳绿色化工高新区	2018 年 1 月	省级	洞庭湖地区	岳阳	新升级	
26	汨罗高新区	2018 年 1 月	省级	洞庭湖地区	岳阳	新升级	
27	桃源高新区	2018 年 1 月	省级	洞庭湖地区	常德	新升级	
28	张家界高新区	2018 年 1 月	省级	大湘西地区	张家界	新升级	
29	江华高新区	2018 年 1 月	省级	湘南地区	永州	新升级	
30	新化高新区	2018 年 1 月	省级	大湘西地区	娄底	新升级	
31	攸县高新区	2019 年 2 月	省级	长株潭地区	株洲	新升级	
32	澧县高新区	2019 年 2 月	省级	洞庭湖地区	常德	新升级	
33	桂阳高新区	2019 年 2 月	省级	湘南地区	郴州	新升级	
34	宁远高新区	2019 年 2 月	省级	湘南地区	永州	新升级	
35	洪江高新区	2019 年 2 月	省级	大湘西地区	怀化	新升级	
36	湘西高新区	2019 年 2 月	省级	大湘西地区	湘西州	新升级	
37	雨湖高新区	2020 年 1 月	省级	长株潭地区	湘潭	新升级	
38	临湘高新区	2020 年 1 月	省级	洞庭湖地区	岳阳	新升级	
39	临澧高新区	2020 年 1 月	省级	洞庭湖地区	常德	新升级	
40	祁阳高新区	2020 年 1 月	省级	湘南地区	永州	新升级	
41	道县高新区	2020 年 1 月	省级	湘南地区	永州	新升级	
42	双峰高新区	2020 年 1 月	省级	大湘西地区	娄底	新升级	

续表 A2

序号	高新区	获批年份	级别	所属地区	所属市州	分类	备份
43	石门高新区	2021 年 3 月	省级	洞庭湖地区	常德	新升级	
44	邵阳县高新区	2021 年 4 月	省级	大湘西地区	邵阳	新升级	参与创新发展评价
45	华容高新区	2021 年 4 月	省级	洞庭湖地区	岳阳	新升级	
46	炎陵高新区	2021 年 4 月	省级	长株潭地区	株洲	新升级	
47	开福高新区	2017 年 12 月	省级	长株潭地区	长沙市	新升级	
48	望城高新区	2017 年 12 月	省级	长株潭地区	长沙市	新升级	未参与评价
49	衡阳白沙绿岛高新区	2021 年 11 月	省级	湘南地区	衡阳市	新升级	

五、湖南省高新区创新发展绩效评价排名结果

表 A3　湖南省高新区绩效评价排名结果

高新区	综合		创新能力和创业活跃度 30%		结构优化和产业价值链 20%		绿色发展和宜居包容性 15%		开放创新和国际影响力 10%		综合质效和持续创新力 25%	
	得分	排名	得分	排名	得分	排名	得分	排名	得分	排名	得分	排名
长沙	93.79	1	94.79	1	91.07	1	97.18	7	95.22	1	92.14	1
株洲	90.30	2	90.58	2	85.36	6	97.25	6	88.05	2	90.64	2
衡阳	84.14	3	84.95	4	76.64	17	98.80	2	77.54	3	83.04	7
湘潭	83.80	4	78.45	6	85.87	5	92.08	15	76.37	4	86.61	4
宁乡	82.34	5	70.68	11	90.42	2	99.82	1	74.25	6	82.61	8
益阳	79.98	6	79.58	5	68.18	30	90.88	18	74.70	5	85.49	5
怀化	78.15	7	86.92	3	71.50	25	96.80	8	57.32	21	70.09	23
常德	76.75	8	65.63	17	82.89	8	91.72	16	73.55	7	77.43	12
岳阳临港	76.63	9	70.04	12	67.30	35	95.33	10	68.61	10	83.99	6
岳麓	76.39	10	78.20	7	88.70	3	83.41	46	68.36	11	63.36	39
湘西	74.32	11	69.79	13	77.32	13	98.16	4	57.38	20	69.83	24
浏阳	74.32	11	75.07	8	72.18	23	98.58	3	48.87	44	70.72	22
郴州	73.84	13	72.68	9	58.49	46	88.83	31	71.88	8	79.29	11
平江	72.96	14	60.45	25	78.39	11	91.68	17	62.57	16	76.58	16
雨湖	72.08	15	72.46	10	83.72	7	87.95	35	52.24	36	60.78	41
娄底	71.61	16	59.88	26	73.91	21	92.88	14	57.53	19	76.75	14
隆回	70.96	17	56.01	37	70.34	26	88.93	29	64.08	15	81.34	10
湘阴	70.67	18	61.43	22	86.58	4	85.29	44	49.51	42	68.74	28
祁阳	70.67	18	57.13	32	67.39	34	96.00	9	65.00	13	76.62	15
津市	70.56	20	66.82	14	74.75	18	89.51	26	57.01	22	65.76	35

续表A3

高新区	综合		创新能力和 创业活跃度 30%		结构优化和 产业价值链 20%		绿色发展和 宜居包容性 15%		开放创新和 国际影响力 10%		综合质效和 持续创新力 25%	
	得分	排名	得分	排名	得分	排名	得分	排名	得分	排名	得分	排名
桂阳	70.26	21	57.16	31	70.05	27	87.74	36	55.78	23	81.45	9
江华	69.99	22	62.97	20	72.55	22	90.50	19	66.82	12	65.32	36
岳阳绿色化工	69.99	22	57.38	30	61.33	43	86.17	42	53.58	31	88.89	3
桃源	69.50	24	62.97	20	74.66	19	88.63	33	64.84	14	63.66	38
韶山	69.28	25	65.12	18	61.11	44	89.80	25	50.76	38	75.87	17
岳阳	69.26	26	59.03	28	77.12	14	89.49	27	54.55	28	69.01	26
洪江	69.11	27	65.75	16	76.97	15	88.88	30	62.17	17	57.75	44
澧县	68.47	28	55.22	38	66.96	36	95.22	11	55.64	24	74.70	19
汉寿	67.90	29	54.62	40	60.92	45	90.13	22	71.43	9	74.68	20
道县	67.71	30	58.96	29	79.57	10	93.89	13	54.30	29	58.41	42
沅江	67.61	31	55.17	39	67.87	32	90.24	21	52.24	36	74.92	18
临澧	67.55	32	61.41	23	80.99	9	89.05	28	53.41	33	56.93	46
攸县	67.39	33	54.25	41	66.39	37	90.32	20	50.08	41	77.08	13
宁远	67.39	33	56.91	34	64.88	40	97.96	5	54.03	30	68.99	27
汨罗	67.18	35	56.63	35	71.72	24	93.91	12	54.70	27	65.17	37
石门	67.15	36	59.42	27	68.08	31	88.41	34	52.63	34	68.74	28
双峰	66.95	37	53.32	42	74.18	20	89.83	24	54.82	26	68.70	30
衡阳西渡	66.84	38	64.33	19	67.74	33	89.97	23	49.26	43	62.25	40
新化	66.31	39	56.62	36	64.50	41	88.67	32	53.53	32	71.08	21
张家界	66.31	39	57.00	33	68.50	29	84.05	45	55.18	25	69.54	25
衡山	66.20	41	60.84	24	76.96	16	87.63	37	50.38	39	57.53	45
泸溪	65.71	42	65.83	15	62.87	42	87.08	40	58.16	18	58.03	43
华容	64.70	43	49.57	45	77.42	12	86.43	41	46.47	46	66.91	34
邵阳县	64.64	44	52.09	43	69.37	28	87.39	39	50.13	40	68.08	32
临湘	63.21	45	49.26	46	65.87	38	86.01	43	52.28	35	68.53	31
炎陵	62.88	46	50.38	44	65.75	39	87.45	38	47.26	45	67.09	33